KB217018

포기하지 마

카일 아이들먼

kyle idleman

DON'T
GIVE
UP

포기하지 마

전의우 옮김

규장

———

카일 아이들먼은 계속 믿고 끊임없이 싸우면서 균형 잡힌 시각을 유지
하라고 독려한다. 삶에서 맞닥뜨린 숱한 도전 가운데 용기와 힘을 찾
아야 하는가? 그렇다면 이 책은 당신을 위한 책이다.

케빈 리먼 | 심리학자이자 강연가

우리는 살면서 주저앉고 싶고, 포기하고 싶고, 도망치고 싶은 수많은
순간을 만난다. 그러나 카일 아이들먼이 전하는 메시지는 강력하면서
도 인격적이다. 우리가 하나님의 은혜의 손아귀에서 절대 벗어나지 못
한다는 것이다. 무슨 일이 있어도 우리는 절대 그 손을 놓아서는 안 된
다. 이 책은 보물 같은 통찰과 실제적 조언이 조화롭게 어우러져 있다.
당당하게 전진하며, 하나님이 당신을 위해 준비해두신 도약을 경험하
는 데 필요한 것을 이 책에서 발견할 수 있을 것이다.

마가렛 파인버그 | 복음주의 작가

나는 NFL(프로미식축구) 우승팀 감독이자 NASCAR(전미자동차경주협
회) 우승팀 소유주이며 남편, 아버지, 리더, 보통 사람으로서 무언가

깊이 파고 굳세게 싸우며 절대 포기하지 않는 법을 배웠다. 카일 아이들먼의 이 책을 읽어라. 그러면 하나님이 주시는 확신을 품고 계속 전진하며 힘차게 완주할 용기를 얻는다는 것이 무슨 뜻인지 알게 될 것이다.

조 깁스 | 미식축구팀 감독이자 구단주

관중도 없이 외롭게 마라톤을 한 적이 있다. 누구 하나 응원해주지 않았다. 그런데 1.6킬로미터를 남겨두었을 때 길모퉁이에서 한 남자가 소리쳤다. "대단해요! 잘 달리는데요! 계속 달려요! 거의 다 왔어요!" 나는 그의 응원에 세상을 다 얻은 것 같았다. 이 책이 꼭 나를 응원한 그 사람 같다. 나는 이런 책이 필요했다. 우리 모두 이런 책이 필요하다. 카일, 현실을 콕 집어 이야기해주고, 깊이 응원해줘서 고마워요.

브랜트 한센 | 기독교 작가

카일 아이들먼은 이 책에서 사람들의 응원에 귀기울이고, 거추장스런 짐을 다 벗어던지고, 하나님이 당신 앞에 두신 경주를 하라고 가르친다. 그러면 어떤 장애물을 만나더라도 용기를 가지고 계속 전진할 수 있을 것이다.

타미카 캐칭 | 미국 농구 선수

포기하려는 순간에 용기를 얻기란 말처럼 쉽지 않다. 그러나 카일 아이들먼은 포기하지 말라고, 무슨 일을 만나든지 계속 전진할 힘을 얻으라며 용기를 주고 우리를 격려한다. 이 책은 하나님이 계획하신 삶으로 당신을 인도해줄 것이다.

마이크 코스퍼 | 하버 미디어 설립자

무언가에 짓눌렸거나 주저앉았거나 당장 그만두고 싶을 때가 있었는가? 이 책을 집어 들고 읽어라. 카일 아이들먼은 이 책에서 우리를 가로막고 옭아매는 모든 방해물에서 벗어나라고 가르친다. 카일은 하나님께 힘을 얻어 간신히 버티는 정도가 아니라 넉넉히 이길 방법을 가르친다.

조나단 포크루다 | 워터마크처치 교육목사

카일 아이들먼은 미국 전역에서 주도적인 목소리를 내는 기독교 지도자 중 한 사람이다. 그래서 나는 그의 글과 책을 빼놓지 않고 읽는다. 이 책에서 그는 모두가 겪는 고통과 상실과 거절의 벽을 제시하고, 어떻게 하면 그 벽을 뚫고 나갈 용기를 얻을 수 있는지 가르친다. 이 책은 매우 적절한 때에 나왔다. 책장을 넘길 때마다 감동과 충격을 받을 것이다.

밥 메리트 | 이글브룩처치 담임목사

우리는 저마다 삶에서 무슨 일이 일어날 때 벌떡 일어나 적극 대응할지 아니면 가만히 앉아 지켜만 볼지 선택해야 하는 상황에 직면한다. 카일 아이들먼은 우리가 이럴 때 벌떡 일어나기를 바란다. 이 책은 현실에 안주하지 말고 벌떡 일어나 하나님이 당신을 위해 계획하신 삶을 향해 어떻게 나아가야 하는지 가르친다.

마이클 하이얏 | 베스트셀러 작가, 토머스 넬슨 출판사 전 CEO

우리는 리더로, 배우자로, 부모로 또는 예수를 따르는 자로서 삶의 무게에 짓눌려 수건을 던지고 경기를 포기하고 싶은 순간을 만난다. 그때 우리에게 카일 아이들먼의 이 책이 필요하다. 그 순간 하나님이 주시는 확신과 계속 전진하며 힘차게 완주할 용기를 얻을 것이기 때문이다.

데이브 퍼거슨 | 커뮤니티크리스천처치 리드목사

내가 아는 카일 아이들먼

카일은 성경의 진리를 새롭고 상황에 맞추어 설득력 있게 제시한다. 가슴이 따뜻하고 생각이 깊은 소통을 하는 사람이다.

릭 워렌 | 새들백처치 담임목사

신선하고 통찰력이 깊으며 실제적이다. 수많은 사람들이 그의 글과 교훈을 통해 배운다. 하나님께서 그를 통해 그리스도인은 물론이고 기독교 신앙을 살피는 사람들에게 도전을 주어 그들을 격려하시는 모습에서 전율을 느낀다. 나는 그의 수많은 팬 중 하나다.

리 스트로벨 | 우드랜즈처치 교육목사, 베스트셀러 작가

카일은 우리가 바른 방향으로 나아가도록 돕는 일에 전념한다. 당신의 여정에 도움의 손길이 필요하다면, 그가 딱 맞는 분에게 당신을 안내할 것이다.

맥스 루케이도 | 복음주의 대표 작가

빼어난 작가이다. 그는 자신의 마음과 하나님의 말씀을 열어 감동적이면서도 의미 깊은 이야기를 들려주며, 자신의 약점조차 아주 진술하게 고백한다.

리즈 커티스 힉스 | 《성경 속의 악녀들》 저자

누구에게나 열려 있는 은혜를 전할 줄 아는 사람이다. 카일은 하나님의 사랑과 긍휼을 날마다 받고 거저 나눠주라고 당신을 일깨울 것이다.

마크 배터슨 | 내셔널커뮤니티처치 담임목사, 《올인》 저자

카일은 이미 더없이 순종하는 그리스도인들까지 자신과 그리스도와의 관계를 되돌아보도록 도전할 것이다.

마이크 허커비 | 아칸소주 전 주지사

용기를 주는 목소리

당신과 내가 어디선가 마주친다고 상상해보라. 그 어디라도 괜찮다. 자동차 정비소 대기실, 공항 탑승구, 마트의 시리얼 코너일 수도 있겠다. 시리얼 코너에서 나와 마주쳤다면 내 카트에 담긴 애플 잭스(Apple Jacks) 시리얼이 우리 아이들 거라며, 당신과 대화를 시작할 수도 있을 것이다.

방금 만났지만 우리의 관계는 이미 거짓말에 기초한다.

"요즘 사는 게 어떠세요?"

대화 중에 내가 묻는다. 당신은 무심결에 답한다.

"좋아요" 혹은 "괜찮아요", "더 바랄 게 없어요"라고.

그러나 나는 안다. 이 대답은 전혀 사실이 아니다. 당신의 삶에서 여러 어려운 일이 일어난다. 어떤 일은 바꿀 수만 있다면 바꾸고 싶다. 이런 일을 말하지 않는 당신을 이해한다. 왜냐하면 "어떻게 지내세요?"라는 물음에 자신의 아픔과 어려움과 도전 과제를 솔직히 털어놓는 것은 허물없이 주고받을 수 있는 대답이 아니기 때문이다.

하지만 이 대화는 실제가 아니다. 그저 상상해본 것뿐이다. 그러니 당신이 어떻게 지내는지 내가 정말로 알고 싶어 한다고 상상해보자. 당신은 어떻게 대답하겠는가? 내가 "어떻게 지내세요?"라고 묻는 대신 "당신의 삶에서 바꾸고 싶은 게 하나 있다면 무엇입니까?"라고 물었다면 어떻겠는가?

나는 SNS(social network service)에서 수천 명에게 이 질문을 했고, 갖가지 답을 들었다.

초등학생 아이가 암이라니. 그래서 부모는 하나님께 화가 나 있다.

결혼한 지 2년도 되지 않았는데 부부가 갈라서기 직전이다.

병으로 오래 고생하고 있지만 의사들도 아직 원인을 모른다.

장애가 있는 내 자녀를 사랑한다. 그러나 삶의 무게로 낙담한다.

이번에도 임신 테스트 결과는 음성이었다.

또다시 아이들에게 화를 내고 소리를 질렀다.

이번 경기에도 못 나가고 벤치만 지켰다.

접속하지 말아야 할 웹사이트에 또다시 방문했다.

남편과 아이들에게 나는 투명인간 같다.

빚에서 도저히 헤어나지 못할 것 같다.

우울증에서 도무지 벗어날 수가 없다.

실업자 신세를 면할 길이 없다.

아무도 나를 사랑하지 않을 것 같다.

이밖에 얼마든지 더 나열할 수 있지만, 굳이 그럴 필요는 없을 것 같다. 당신에게도 자신만의 이야기가 있다. 이보다 더 생생하고 피부에 와 닿는 이야기가 당신에게도 있다. 당신의 이야기가 무엇이든 간에 당신을 격려하는 나의 말은 십중팔구 같다. 내가 늘 들어야 하는 말이기도 하다.

"포기하지 마!"

다르게 표현할 수도 있다. "계속 나아가라", "멈추지 마라", "단단히 붙잡아라", "견고히 서라" 등 이 주제와 관련한 표현은 많다. 또 눈부신 일출 장면이나 등대 사진이 추가되기도 한다. 왜인가? 이런 간단한 격려가 누구에게나 필요하기 때문이다.

"포기하지 말라"는 말은 우리에게 위로를 주는 데 그치지 않고 용기를 불어넣는다.

슬픔을 겪는 사람은 죄책감에 시달리는 사람과는 다르게 이 말을 들어야 한다.

직장에서 퇴출당한 사람은 제 발로 직장을 그만둔 사람과는 다르게 이 말을 들어야 한다.

화가 난 사람은 중독된 사람과는 다르게 이 말을 들어야 한다.

겁에 질린 사람은 병든 사람과는 다르게 이 말을 들어야 한다.

필사적인 사람은 무관심한 사람과는 다르게 이 말을 들어야 한다.

나는 목사로서 "포기하지 말라"는 의미의 다양한 표현이 모든 사람이 들어야 할 메시지임을 알았다. 내가 동일한 투로 말하지 않더라도 말이다. 나는 때로 이 말을 부드럽게 한다. 이것을 '미스터 로저스(Mister Rogers, 미국 교육방송 프로의 주인공, 친절하고 따뜻한 이웃집 아저씨) 방식'이라고 부르자. 삶의 무게에 짓눌린 사람들에게는 위로가 필요하다. 미스터 로저스의 따뜻한 미소와 부드러운 목소리, 그의 멋진 스웨터 카디건이 이것을 의미한다.

"포기하지 말라"는 격려는 대체로 등을 토닥이며 건네는 말들을 포함한다.

그런 일을 겪고 계시다니 마음이 아픕니다.
많은 일이 있으셨네요. 지금껏 어떻게 이겨내셨는지 모르겠습니다.
이건 공정하지 않아요. 당신 잘못이 아니에요.
다 잘될 거예요. 좀 기다려봅시다.

사람들은 이런 말을 듣고 싶어 한다. 누군가 《Don't Give Up 포기하지 마》라는 제목 때문에 이 책을 집어 들었다면, 당신도 지금 이런 말을 듣고 싶을 것이다. 때로 우리는 포기하고 싶을 때, 미스터 로저스가 찾아와 문을 두드려주기를 바란다. 그러나 정작 우리에게 필요한 사람은 윌리엄 월리스(William Wallace, 13세기 스코틀랜드의 독립 영웅)이다.

윌리엄 월리스가 누구인가? 멜 깁슨 주연의 영화 〈브레이브하트〉(Braveheart)를 봤는가? 이 영화는 그의 이야기이다. 내 기억에 그는 미스터 로저스처럼 하늘색 스웨터 카디건을 입거나 흰색 테니스 신발을 신지 않았다. 힘내라고 격려하며 포옹하는 사람도 아니다. 그는 얼굴에 미식축구광처럼 페인트칠을 한다. 당신의 어깨를 붙잡고 말하며 심지어 으르렁거린다.

지금은 포기하고 집으로 돌아갈 때가 아닙니다!
지금은 싸워야 할 때입니다!
절대 물러서지 마십시오!
여러분은 지쳤습니다. 낙담에 빠졌습니다.
그러나 절대 포기하지 마십시오!

그만두기 직전에 녹초가 되었을 때, 엄청난 눌림을 느낄 때, 위로가 우리를 지탱시켜줄지도 모른다. 그러나 이 순간 우리가 다시 전진하는 데 필요한 것은 '용기'(courage)일 때가 많다. 용기는 전투에서 잃은 땅을 되찾게 해준다.

여기에 다른 이름을 붙여보자. 사전에서는 '격려'(encouragement)를 이렇게 정의한다. "누군가를 응원하거나 그에게 확신이나 희망을 주는 행위." 우리가 생각하는 격려는 대부분 이런 의미이다. 그런데 사전에서 격려의 두 번째 정의를 이렇게 제시한다. "무엇인가를 하거나 계속하도록 설득함." 1)

두 번째 정의는 동사를 포함한다. 이제 우리는 어딘가 가고 있다. 격려는 싸움을 돋우는 함성이다. 움직이고, 행동하며, 전진하라는 요청이다. 어떤 종류의 단어가 이것을 성취하는가? '격려한다'(encourage)는 말은 "용기를 준다", "용기를 불어넣는다"는 뜻이다. 기분을 더 좋게 해주는 것과 다르다. 이것은 상처를 대충 싸매

14

는 것이 아니라 손에 무기를 들려주는 것이다. 팔팔한 말 한 필을 주고 앞으로 나가려는 의지를 불어넣는 것이다.

나는 당신에게 지금 무엇이 필요한지 모른다. 하늘색 스웨터 카디건을 입은 사람인지, 얼굴에 하늘색 페인트를 칠한 사람인지 모른다. 대부분 둘 다 조금씩 필요할 것이다. 그러나 내가 볼 때 많은 사람이 살면서 위로의 목소리를 듣지만, 우리에게 정말 필요한 것은 용기를 주는 목소리이다. 우리에게 동정이 필요하다고 느끼는 순간에도 정작 필요한 것은 용기이다.

차례
contents

1

DON'T

허다한 증인들에게 들어라

GIVE UP

중학생 아들이 뛰는 농구팀의 감독을 맡은 적이 있다. 경기는 토너먼트(tournament, 승자 진출전) 방식이었다. 첫 경기를 이기면 같은 날 결승 경기까지 치러야 했다. 우리는 첫 경기를 이겼다. 그러나 연장전까지 가는 바람에 선수들은 몹시 지쳤다. 결승전을 치를 때쯤 아이들의 연료 탱크에는 신체적, 정서적으로 남은 기름이 얼마 없었다. 게다가 몇몇은 주중에 열까지 나고 아팠는데도 경기에 나왔다. 한 녀석은 경련이 계속 일어났다. 처음 있는 일이었다. 우리는 그 아이에게 좀 더 애쓰면 경련이 사라질 거라고 말했다.

4쿼터가 시작되었다. 여기저기서 더는 못 뛰겠다고 했지만 그럴 수는 없었다. 몇 분 후면 경기가 끝날 참이었다. 폼 나는 플라스틱 우승 트로피도 눈앞에 있었다. 준우승 트로피와 달라 보이지 않았다. 참가 트로피와도 다른 점은 없었다. 그래도 나는 우승 트로피를 원했다.

그런데 우리 팀의 목사 감독이 나 하나만이 아니었다. 한 녀석이 이를테면 목사 감독이었는데, 나보다 더 '목사' 같았다. 나보다 더 공감하고, 더 부드러우며, 더 자애로웠다. 그는 작전 타임 때 선수들을 둘러 세우더니 이렇게 말했다.

"얘들아, 오늘 진짜 잘했어! 정말 열심히 싸웠다고! 다들 힘든 거 알아. 젖 먹던 힘까지 다 짜냈잖아."

그 녀석이 뒤이어 뭐라고 했는지 아는가? "니들, 지금까지 아주 잘했어! 그러니 벤치에 걸터앉아 물이나 마셔!"가 아니었다. 그 녀석은 그런 식으로 '목사 같지'는 않았다. 대신에 고전적인 격려를 쏟아냈다. 영화로 만들었다면 감동을 주는 명대사 모음에 올랐을 테고, 젖 먹던 힘까지 짜내자는 연설로 영원히 기억될 법했다.

그의 말은 동기를 부여하는 세 단어로 시작하고 끝났다. 그는 이렇게 말했다.

"젖 먹던 힘까지 짜내야 한다고! 젖 먹던, 힘까지, 짜내자고! 다른 사람은 안 지쳤다고 생각하는 거야? 여기서 그만두기에는 너무 열심히 했잖아! 자, 다시 나가서 마지막 한 방울까지 짜내는 거야! 경기가 끝나면 쉴 수 있어. 하지만 아직 안 끝났어. 지쳤다는 불평일랑 집어치우고, 젖 먹던 힘까지 다 짜내자고. 이 경기, 꼭 이기자!"

나는 아이들의 눈을 바라보았다. 작은 불꽃들이 이글대고 있었다. 이기겠다는 의지가 고조되고 있었다. 아이들은 폭풍처럼 코트로 돌아갔다. 마치 한 마을을 약탈하는 중학생 훈족 같았다. 그리고 마침내 우승 트로피를 들어 올렸다. 아이들은 열심히 했기 때문에 인정받고 싶어 했다. 자신들이 시작한 일을 끝낼 수 있도록 격려가 필요했다.

수많은 증인

성경은 우리 삶에 용기를 불어넣는 구절로 넘쳐난다. 그중에 언제나 나에게 특별한 힘을 불어넣어주는 구절이 있다. 히브리서 12장 1-3절이다. 이 구절은 우리에게 약해지거나 포기하지 말라고 독려한다.

이러므로 우리에게 구름같이 둘러싼 허다한 증인들이 있으니 모든 무거운 것과 얽매이기 쉬운 죄를 벗어버리고 인내로써 우리 앞에 당한 경주를 하며 믿음의 주요 또 온전하게 하시는 이인 예수를 바라보자 그는 그 앞에 있는 기쁨을 위하여 십자가를 참으사 부끄러움을 개의치 아니하시더니 하나님 보좌 우편에 앉으셨느니라 너희가 피곤하여 낙심하지 않기 위하여 죄인들이 이같이 자기에게 거역한 일을 참으신 이를 생각하라 히 12:1-3

히브리서 기자가 누구인지는 알 수 없다. 그러나 청중이 누구인지는 아주 분명하다. 연약한 사람들이요 낙담한 사람들이다. 달리 말해 모든 사람을 말한다. 히브리서 기자는 독자의 마음에 용기를 불어넣고 싶어 한다.

"이러므로 우리에게 구름같이 둘러싼 허다한 증인들이 있으니…"(히 12:1).

히브리서 기자는 단 몇 단어로 우리에게 포기하지 말라고 촉구할 뿐 아니라 우리를 동기의 원천으로, 영감의 원천으로, 책임의 원천으로 인도한다. 그는 마지막에 그것을 "구름같이 둘러싼 허다한 증인"(cloud of witnesses)이라 부른다. 도대체 그게 뭔가?

실마리는 '이러므로'라는 단어이다. 이 단어는 우리를 바로 앞 장으로 되돌린다. 히브리서 11장은 '믿음의 명예의 전당'이라 불리는데, 숱한 도전에 직면하여 믿음을 지켰고 끝까지 싸울 용기를 얻은 사람들을 열거한다. 따라서 그 증인들은 바로 이들을 가리킨다.

그러면 구름은 또 무엇인가? 신약성경에서 '구름'을 가리키는 단어는 두 가지이다. 하나는 하늘에서 보는 하얗고 군데군데 뭉쳐진

구름이다. 그런데 여기에 사용된 다른 하나는 더 넓고 강력하다. 이때 구름은 우리를 둘러싸는 짙은 안개와 더 비슷하다. 하늘을 보면 첫 번째 의미의 구름이 보인다. 두 번째 구름은 느끼는 것으로, 우리 주위를 에워싼다.

고대 그리스인들은 무리(crowd), 굉장히 많은 사람들을 가리킬 때 두 번째 구름의 의미를 사용했다. 따라서 히브리서 12장은 우리가 어디를 가든지 엄청나게 많은 사람에게 둘러싸인다는 의미이다.

변상증(pareidolia)이라는 심리 현상이 있다. 실재하지 않는 이미지를 보는 마음의 능력이다. 예를 들면 그릴에 구운 치즈 샌드위치에서 성모 마리아의 얼굴을 보는 것이다(이 샌드위치가 2만 8천 달러에 팔렸다. 재료가 유기농이었다면 더 비싸게 팔렸을 것이다). 이런 유의 가장 흔한 경험은 구름에서 그림을 보는 것이다. 그렇다면 히브리서 11장에서 믿음의 영웅 이야기를 읽을 때, 이것이 우리 삶의 힘든 문제라는 구름에서 보이는 얼굴이라고 생각하라.

보는 사람

구름같이 허다한 증인들이 어떻게 우리가 계속 나아가고, 전진하며, 포기하지 않도록 돕는가? 또 다른 단어 '증인'(witnesses) 곧 목격자는 일어난 일을 직접 지켜본 사람이다.

이런 의미 탓에 어떤 사람들은 히브리서 12장을 읽으며 '구름같이 둘러싼 허다한 증인들이' 우리가 어떻게 사는지 하늘에서 지켜본다고 생각한다. 나는 이런 생각에 회의적이었다. 왜냐하면 과거의 영웅들이 천국, 즉 완전한 평화와 기쁨의 나라에 산다고 이해했기 때문이다. 이들이 우리의 힘겨운 삶을 지켜본다면, 그들이 과연 완전한 평화와 기쁨을 누릴 수 있을지 의문이 든다.

한편 이것을 다른 방식으로 생각하면 증인의 의미를 이해할 수 있다. 이 영웅들이 땅의 기쁨이 아닌 하늘의 기쁨에 사로잡혀 있었다고 생각하면 어떻겠는가? 예를 들어 어떤 학자들은 하늘의 기쁨은 땅의 일을 외면함으로써 얻는 것이 아니라 땅의 일이 갖는 의미를 완전하고 영원한 시각으로 바라볼 때 얻는다고 주장한다. 우리가 가장 힘든 시련과 싸우며 그것을 헤쳐 나갈 때 가장 큰 복을 향해 나아가고 있다고 이해했다.

그렇다면 이 영웅들이 하늘의 관중석에서 우리의 경주를 지켜보고 있는가? 이 구절을 이렇게 해석하는 것이 가능하며 일리도 있다고 해야겠다. 영어성경 리빙 바이블(Living Bible)은 히브리서 12장 1절을 이렇게 풀어쓴다.

엄청나게 많은 믿음의 사람이 웅장한 관중석에서 우리를 지켜보고 있다. (역자 사역)

이 표현은 비유적일 수도 문자적일 수도 있다. 그러나 증인을 '보는 사람'으로 정의한다면 강력하고 고무적이다. 우리가 더없이 외롭고 세게 짓눌린다고 느끼는 그 순간, 역사상 가장 위대한 영웅들이 우리에게 갈채를 보낸다. 야곱과 요셉과 모세와 다윗을 비롯한 영웅들이 힘을 내라고 소리치고 우리를 격려한다(나는 모세가 "젖 먹던 힘까지 짜내라고!" 이렇게 소리치는 모습을 상상해본다).

낙담하고 그만두고 싶을 때 이 광경을 머릿속에 그려보라. 당신보다 앞서갔고, 당신이 느낀 바를 그대로 느꼈으며, 경기장으로 돌아와 우승 트로피를 손에 넣은 수많은 성취자가 있다. 당신은 절대 혼자가 아니다.

히브리서 11장의 하이라이트로 다시 돌아가보라. 영웅들의 이야기를 다시 읽고 그들이 어떻게 인내했는지를 생각해보라. 그들은 인내할 힘을 어디서 얻었는가? 당신이 그들의 하이라이트를 볼 때, 그들 또한 당신의 하이라이트를 지켜보고 있음을 기억하라.

친구에게 들은 이야기이다. 그는 켄터키주 루이빌에서 열린 마라톤에 참가했다가 거의 포기할 뻔했다(내가 친구의 마라톤 이야기를 들려줄 수밖에 없는 이유는 나의 마라톤 이야기가 없기 때문이다. 모름지기 마라톤 이야기는 실제로 경험한 것이어야 한다). 그가 오르막길로 악명이 높은 공원에 이르러 그 공원을 빠져나올 무렵 그의 양쪽 다리에는 감각이 없었다. 피로에 지쳐 쓰러지고 싶은 마음이 간절했다. 바로 그때 길가에서 자신을 응원하는 친구가 갑자기 눈에 들어왔다고 한다. 그는 곧바로 책임감을 느꼈다. 그냥 지켜보는 이름 모를 구경꾼이 아니라 얼굴도 알고 목소리도 아는 사이였다. 그는 완주할 새 힘을 얻었다.

삶이 고단해도 계속 나아가려 할 때 성경의 목소리를 듣는다면, 살아서 우리를 응원하는 허다한 증인들의 목소리로 듣는다면 모든 것이 사뭇 달라진다.

말하는 사람

따라서 무언가를 보는 사람, 이것이 증인의 한 부류이다. 그러나 또 다른 가능성이 있다. 증인은 무엇을 말하는 사람을 의미한다. '증언하는'(bearing witness) 사람은 뭔가를 보았을 뿐 아니라 그것을 증언한다. 이들은 진실한 증인이다. 히브리서를 보면 이것도 맞다. 믿음의 영웅은 성경 곳곳에서 증언한다.

그렇다면 히브리서 기자는 증인을 어떤 의미로 사용했는가? 히브리서 11장에는 증인을 의미하는 단어가 5회 나온다. 그때마다 문맥은 보는 것(seeing)보다 말하는 것(saying)을 가리킨다. 히브리서 11장 4절이 그 핵심적인 예인데, 아담과 하와의 아들 아벨을 언급한다. 왜 아벨이 믿음의 명예의 전당에 올랐는가? 하나님께 드린 제사 때문이다. 히브리서 11장 4절은 아벨이 "죽었으나 그 믿음으로써 지금도 말하느니라"라고 밝힌다. 따라서 그가 증인이라는 말은 전적으로 그가 우리에게 증언한다는 것과 연결된다. 심지어 그는 무덤 너머에서 아직도 우리에게 말하고 있다.

아벨을 비롯한 믿음의 영웅들은 시간과 영원을 뛰어넘어 자신들의 이야기를 우리에게 들려준다. 우리가 지치고 피곤할 때, 그만두고 싶을 때마다 이들은 계속 말한다. 하나같이 계속 전진하고 승리하라고 말한다. 절대로 아무도 "이봐, 네가 지금까지 한 것만 해도 대단해. 네가 지금 보따리를 싼다고 해도 누구 하나 너를 비난하지 않을 거야!"라고 말하지 않는다.

이 책의 1부 '허다한 증인들에게 들어라'에서 나는 더 많은 메시지를 나누려고 한다. 이 증인들은 주먹을 쥐고 환호성을 올리며 응원을 보내지 않는다. 이 증인들에게는 허우적대는 우리에게 들려줄 생생한 말, 우리에게 힘을 줄 말이 있다. 때로 이들의 말은 우리가 그 순간 듣고 싶은 말이 아닐 수도 있다. 그러나 우리에게 꼭 필요한 말이다.

명예의 전당을 둘러볼 준비를 하라. 구름처럼 우리를 둘러싼 허다한 증인의 명단에 오른 몇몇의 삶을 살펴보겠다. 당신이 감동을 받아 다른 인물에 대해서 더 배우기를 바란다. 이들의 메시지는 세월이 흘러도 결코 빛이 바래지 않기 때문이다. 포기하고 싶을 때 구름처럼 허다한 증인들에게 들어라.

계속 믿어라

완성 그림이 있는 상자 없이 조각 퍼즐을 맞춰본 적이 있는가?

내가 어릴 때 우리 가족은 할아버지 할머니 댁을 방문하곤 했다. 휴대전화나 아이패드가 없던 시절이었고, 할아버지 할머니 댁에는 할 만한 게 별로 없었다. 나는 누나와 사촌들에게 놀아달라고 성가시게 졸랐다.

며칠 후 나는 절망에 빠져 할머니의 퍼즐을 하나 꺼냈다. 그런데 문제가 있었다. 할머니의 퍼즐은 대부분 상자에 담겨 있지 않았다. 할머니는 퍼즐 조각을 커다란 지퍼백에 나누어 보관했다(나는 그 이유를 묻지 않았다. 아마 대공황과 관련이 있었을 것이다. 무슨 질문을 할 때마다 할머니는 늘 그렇게 대답하셨다). 나는 지퍼백을 열어 수백 개의 퍼즐 조각을 바닥에 쏟았다. 과연 무슨 그림일지 궁금해 하며 그림이 위에 오도록 퍼즐을 뒤집었다. 완성된 퍼즐은 시카고 스카이라인일 수도, 들판의 낡은 농가일 수도, 도도한 고양이 세 마리일 수도 있었다. 도무지 감을 잡을 수가 없었다. 나는 결국 퍼즐을 완성하지 못했다. 그래봤자 애초에 무슨 그림이었는지 누가 알겠는가? 가장자리는 그런대로 맞췄고 쉬운 조각도 여럿 끼워 맞췄다. 하지만 이내 좌절하여 퍼즐 조각을 지퍼백에 도로 넣고 말았다. 이렇게 몇몇 조각만 있고 큰 그림이 없으면 포기하기가 쉽다.

큰 그림이라는 믿음

큰 그림은 전 과정을 안내하는 인도자다. 큰 그림은 당신이 어디로 가는지 보여주고, 모든 것이 앞뒤가 딱딱 맞게 연결된다는 확신을 준다. 히브리서 11장은 구름같이 둘러싼 허다한 증인들의 큰 그림을 '믿음'이라고 정의한다. 믿음이야말로 이들의 다양한 삶을 하나로 묶는 원리이다. 성경은 이렇게 표현한다.

> 믿음은 우리가 바라는 것에 대한 확신(confidence)이요 우리가 보지 못하는 것에 대한 보증(assurance)입니다. 선조들은 믿음 때문에 칭찬을 받았습니다. 히 11:1, 2, NIV 역자 사역

믿음이란 보고 맞출 큰 그림이 없을 때에도 모든 조각이 어떻게든 맞아 들어간다고 계속 믿는 확신이다. 믿음이란 아무 이유가 없어 보일 때에도 하나님은 목적이 있으시다고 믿는 것이다.

목사들은 여러 이유로 병원에 입원한 교인들을 심방한다. 그러나

당신이 있는 병실에 내가 방문하는 것을 원치 않을 것이다. 내가 병실로 누군가를 심방한다면 상황이 심각하다는 신호이기 때문이다. 우리 교회는 교인들을 심방하는 부목사들이 따로 있다. 그리고 상황이 심각할 때는 내게 심방을 요청한다. 당신이 편도선을 제거하는 수술을 받고 마취에서 깨어나 눈을 떴는데 내가 앞에 앉아 있다면, 수술 중에 뭔가 심각한 일이 벌어진 것이다.

이렇듯 나는 상황이 심각할 때 교인들을 심방한다. 내 심방이 비극과 일치하는 경향이 있다는 것은 삶이 이해되지 않는 순간에도 믿음이 얼마나 큰 그림에 잘 들어맞는지 알게 된다는 것을 의미한다.

어느 날 밤, 병원으로 젊은 부부를 심방해달라는 연락을 받았다. 부부는 곧 첫아이를 출산할 예정이었고, 릴리라는 이름까지 미리 지어두었다. 친구들과 가족이 모여 축하 준비가 한창이었다. 그러나 분만 시간이 다 되도록 아기의 심장 박동이 좀처럼 잡히지 않았다. 의료진은 결국 릴리가 숨을 거뒀고, 사산아(死産兒)로 태어날 거라는 긴박한 소식을 전했다.

나는 이 슬픔과 애통의 상황 속에 들어가 절망의 울음을 들었다. 가족들과 함께 산모가 누워 있는 침대를 빙 둘러서서 같이 울었다. 그때 누군가 나를 옆방으로 인도했다. 아이 아버지가 생명이 없는 아이를 안은 채 흔들의자에 앉아 있었다. 그의 눈물이 아기를 위해 특별히 손으로 뜬 핑크색 담요 위로 떨어졌다.

때때로 가장 좋은 말은 아무 말도 하지 않는 것이다. 고통당하는 사람들과 가만히 앉아 슬픔을 나누는 것이다. 나는 그렇게 했다. 그러면서 그 가족을 위해 말없이 기도했다. 몇 분 후, 아이를 잃은 아버지가 심호흡을 하더니 놀라운 말을 했다.

"목사님, 지금이 제가 믿는다고 말하는 것을 정말로 믿는지 알 수 있는 순간이겠지요."

이번에도 나는 고개를 끄덕이며 계속 기도할 뿐이었다. 마침내 나는 흔들의자 옆에 무릎을 꿇고 한 손을 그의 어깨에 올린 채 그를 위해 소리 내어 기도하기 시작했다. 겨우 몇 마디 기도했을 때, 가족과 친구들이 산모 곁에 둘러선 옆방에서 노랫소리가 들렸다. 나는 기도를 중단하고 귀를 기울였다.

"위대하신 주 찬양해… 위대하신 주 위대하신 주."[1]

이들은 가사를 잘 몰라 후렴 부분만 반복해서 불렀다. 그럴 때마다 찬양 소리는 조금씩 커졌다. 찬양의 가사에 대한 이들의 확신도 점점 커지고 확고해졌다. 나는 그 자리를 가만히 빠져나왔다. 가족이 함께할 시간을 주기 위해서다. 복도를 걸어 나올 때에도 노래는 계속되었다. 간호사 셋이 복도에서 듣고 있었다. 조용히, 놀라며, 압도되어.

당신이 믿는다고 말하는 것을 정말 믿는지 알 수 있는 순간이 있다. 믿음이란 이런 순간에 설령 그것이 뒤죽박죽으로 보이더라도 큰 그림이 있다는 확신을 갖는 것이다.

지원한 대학에 또 떨어졌다.

면접 본 회사에서 또 연락이 없다.

청혼을 했지만 또다시 퇴짜를 맞았다.

이번에도 병원에서 정확한 진단이 나오지 않았다.

믿음은 헤쳐 나간다.

지도 밖으로 가라

아브라함은 히브리서 11장에 등장하는 증인들 중 하나이다. 하나님의 계획은 한 민족을 세우고 거기서 마침내 메시아가 태어나 세상을 죄에서 구원하는 것이었다. 하나님은 아브람을, 후에 아브라함이 된 사람을 이 큰 민족의 시조로 선택하셨다. 아브라함의 이야기는 구약성경에 기록되어 있지만 신약성경에서도 약 75회 언급된다. 히브리서 11장은 아브라함에 대해 이렇게 말한다.

믿음으로 아브라함은 부르심을 받았을 때에 순종하여 장래의 유업으로 받을 땅에 나아갈 새 갈 바를 알지 못하고 나아갔으며 히 11:8

전체 이야기는 창세기 12장에 나온다. 하나님은 아브라함에게 고향을 떠나라고 하셨다. 그러나 최종 목적지를 알려주지는 않으셨다. 아브라함과 아내 사라는 하란에 살았다. 하란은 지금의 터키와 시리아 지역의 경계에서 가까운 곳으로, 이들에게 편안한 곳이었다. 하란의 삶은 예측 가능하고 안전했다. 아브라함과 사라에게는 계획이 있고 자신들의 미래에 대한 큰 그림이 있었다. 물론 그 장소는 하란이다.

그런데 느닷없이 하나님께서 아브라함에게 그곳을 떠나라고 하신다. 하나님의 큰 그림은 전혀 다른 풍경이다. 그다지 예쁘지도 않다. 사실 아직은 그림이 아니라 맞추지 않은 부분이 더 많은 이상한 조각이다. 이것은 믿음을 요구하는 계획이다.

아브라함에게 믿음이란, 그가 아는 곳으로 떠나는 것이 아니라 목적지도 모른 채 그냥 떠나는 것이었다. 그때 그 무게를, 필요한 용기를 상상해보라. 부부 사이에 이런 대화가 오가지 않았을까?

"여보, 방금 주님의 음성을 들었어요. 그분이 우리에게 떠나라고 하셨어요."

"진심이에요? 우리는 평생 여기서만 살았잖아요! 떠나다니, 도대체 어디로 간다는 거예요?"

"글쎄요. 하나님이 그건 말씀하지 않으셨어요. 어쨌든 이삿짐 트럭을 빌려놓았으니 짐 실을 준비를 해요."

"잠깐만요. 도대체 무슨 얘기를 하는 거예요? 이사하는데 어디로 가는지 모른다고요? 이사를 왜 해야 하죠? 우리가 미친 건가요?"

"우리가 하나님을 믿기 때문이에요."

"어느 하나님 말인가요?"

잠깐! 어느 하나님이라니?

여기서 우리가 알아야 할 것이 있다. 아브라함은 주일학교 교육을 받지 않았다. 설교를 듣지 못했고, 부를 찬송도 없었다. 그는 하나님을 모른 채 자랐다. 이스라엘도 없고, 선민(選民)도 없었다. 그는 이방 부족의 일원이었다. 여호수아서 24장에 따르면 아브라함의 아버지 데라는 우상숭배자였다. 우리 중 많은 사람이 하나님 한 분이라는 개념에 친숙하다. 그분은 항상 약속을 지키고, 상상을 초월할 만큼 사랑이 많은 아버지이시다. 그러나 아브라함은 이 가운데 어느 하나도 들어본 적이 없었다.

군센 믿음의 부모가 없는 가정에서 자라는 것을 상상해보라. 어쩌면 당신이 이런 가정에서 자랐을지 모른다. 그런 부모는 세상을 보는 확고한 시각 없이 살아간다. 아이가 그 부모의 모습을 보며 자랐다고 생각해보라. 부모는 이랬다저랬다 하고 이 신, 저 신에게 기도한다.

그런데 이제 하나님이 아브라함에게 나타나셔서 정말 엄청난 요구를 하시는 것이다. "모든 짐을 꾸려서 떠나라. 내가 멈추라고 할 때까지 멈추지 말고 가라."

아브라함은 이렇게 반응했다.

"이에 아브람이 여호와의 말씀을 따라갔고…"(창 12:4).

아브라함에게는 앞으로 나아가는 믿음이 있었다. 설령 그것이 말이 되지 않더라도 말이다. 그는 자신이 큰 그림을 알지 못한다는 이유로 퍼즐 맞추기를 그만두려고 하지 않았다.

우리는 불확실성을 좋아하지 않는다. 미지의 세계로 들어가는 것은 어리석다고 배웠다. 그래서 확실한 지도나 GPS(위성항법장치)가 없으면 쉽게 포기하는 경향이 있다. 그러나 인내하는 믿음은 우리가 어디로 가는지 알지 못할 때라도 하나님은 아신다고 확신한다.

우리는 자동차 내비게이션을 믿으며 여행한다. 조금씩 나아갈 때마다, 방향을 틀 때마다 미리 많은 정보와 더불어 지시를 받는다. 사실 생각할 필요가 없다. 유쾌한 음성 안내가 "우회전입니다"라고 말해준다. 이것이 우리가 좋아하는 방식이다. 삶에서 더 많은 세부 정보를 얻고 싶고, 스트레스 없이 이동하고 싶었던 순간을 생각해보라. 그러나 삶은 절대 이런 식으로 작동하지 않는다. 그 누구에게도.

매달 마음을 졸이며 임신 테스트를 하는 부부에게도 삶은 이런 식으로 작동하지 않는다. 처음 찾아온 기회를 잡으려고 열심히 일하는 직원에게도 삶은 이렇게 작동하지 않는다. 그는 승진해야 마땅했는데, 누군가 그의 등을 두드려주는 데서 그친다. 특별한 사람을 찾는 30대 후반에게도 삶은 결코 이런 식으로 작동하지 않는다. 그 어떤 인공위성도 우리 인생의 가장 중요한 순간에 우리가 어느 방향으로 가야 할지 알려주지 않는다.

삶의 우회로는 어김없이 울퉁불퉁하고 혼란스러우며 예상보다 길다. 그러나 실제 도로의 우회로처럼 일단 목적지에 이르면 지나온 우회로를 이해할 수 있다. 그렇지 않을 때도 있지만, 우리는 그것이 괜찮다고 판단한다. 마침내 바라던 목적지에 이른 기쁨, 설령 이해되지 않더라도 우회로가 시야에 들어오기를 바랐기 때문이다.

위험을 감수하는 믿음

아브라함과 사라의 용감한 믿음은 위험을 감수하라고 요구한다. 위험이 수반되지 않은 위대한 믿음의 이야기는 없다. 위험 회피는 여정을 시작하기도 전에 포기하는 방법일 수 있다. 그러나 숨은 역설이 있다. 위험을 피하는 것이 가장 위험할 수 있다는 것이다. 믿음의 영웅들의 삶이 이것을 말해준다.

과학 철학자 래리 라우든(Larry Laudan)은 지난 10년간 위기와 위험 관리를 연구했다. 그는 우리가 사회에서 두려움에 심하게 짓눌려 살다보니 리스크락(risk-lock, 위험 부담), 아무것도 못하고 옴짝달싹 못하게 우리를 가두는 그리드락(gridlock, 정체 상태) 같은 상황을 겪는다고 말한다. 우리가 위험을 피하려고 하면 할수록 "모든 것은 위험을 수반한다"는 것이 진실이라고 결론지었다.[2] 무위험(risk-free)이란 신화이다.

어디를 가든, 얼마나 위험을 피하든, 위험 요소가 당신을 기다린다. 우리 집 안락의자는 건강과 함께 위험을 동반한다. 리모컨은 때로 무기보다 배나 위험하다. 때로 나는 하나님이 나를 집 밖으로 불러내신다고 느낀다. 그러나 나는 애플 잭스 시리얼 한 통을 들고 안락의자에 앉아 리모컨으로 TV 채널을 훑는다. 마치 내 몸과 의자를 접착제로 붙여놓은 것만 같다. 하나님은 나를 남편, 아버지, 목사로 부르셨다. 그러나 나는 텔레비전 앞에 느긋하게 누워 많은 시간을 허비할 수도 있다. 나는 날마다 이런 위험을 마주한다. 다 포기하고 내게 맡겨진 책임을 회피하고 싶은 유혹에 굴복하는 것이 가장 큰 위험이다. 그러나 우습게도 이것이 아주 안전해 보인다.

아브라함은 위험 부담이 덜한 미래를 계획했다. 하란에서 두 발을 뻗고 사는 것이었다. 자신의 아버지처럼, 그 아버지의 아버지처럼 사는 것이었다. 이것저것 요구하는 특정한 신(神)을 섬기지 않는 것이었다. 그러나 믿음은 우리가 그 자리에 안주하도록 내버려두지 않는다. 믿음은 언제나 우리를 어딘가로 내보낸다. 나는 이런 질문과 씨름한다.

나는 믿음이 요구되는 방식으로 하나님을 따르고 있는가?

나는 삶에서 용기와 확신이 필요한 무언가를 하고 있는가?

동일한 질문을 당신에게도 하겠다. 당신이 포기하거나 그만두었느냐고 묻지 않겠다. 그 대신 이렇게 묻겠다. "당신은 자신의 삶에서 용기와 확신이 필요한 무언가를 하고 있습니까?" 당신이 "예"라고 답한다면 계속해서 묻겠다. "당신의 이야기를 들려주시겠습니까?" 위험을 감수하는 믿음, 아브라함에게서 보는 용기 있는 믿음은 언제나 이야기가 따라온다.

히브리서 11장은 믿음을 신학적으로 길게 설명하지 않고 여러 사람의 이름과 그들의 이야기를 제시함으로써 우리가 믿음을 이해하도록 돕는다. 당신에게 믿음이 있다고 말하지 말라. 당신의 이야기를 들려줘라. 믿음에 대한 이야기는 언제나 인내를 "포기하지 말라"는 내용을 담고 있다. 최종 완성될 그림이 분명하지 않아도 헤쳐 나가고 퍼즐 맞추기를 그만두지 않는 이야기이다. 자신을 한탄하고 불공정한 상황에서 주저앉는 것이 우리의 습성이다. 그러나 포기하지 않는 믿음은 행동하고 전진한다. 이미 일어난 일 때문에 주저앉기보다 일어나야 할 일을 토대로 행동하겠다는 결단이다. 아브라함의 이야기처럼 믿음에 관한 이야기는 하나같이 "그 자리에 머물러 위험을 피할 것인가?" 아니면 "위험을 감수하고 전진할 것인가?" 결정해야 하는 갈림길을 만난다. 당신의 삶에서 갈림길을 만났을 때 계속 전진했던 순간의 이야기를 들려줄 수 있겠는가?

바랄 수 없는 중에 바라는 믿음

창세기 15장에 이르렀을 때는 이미 많은 시간이 흘렀다. 그런데도 아브라함과 사라에게 아직 자식이 없다. 하나님은 많은 부분에서 대략 넘어가셨지만 자녀와 관련된 부분에서는 아주 분명히 말씀하셨다. 부부가 이것을 잊을 리가 없었다.

하지만 여러 해가 지났는데도 아무 일도 일어나지 않았다. 그들은 틀림없이 의심하기 시작했을 것이다. 어쩌면 하나님의 말씀을 잘못 들었거나 하나님이 깡그리 잊으셨는지도 모를 일이다. 그러나 하나님은 자신의 약속을 되풀이해서 말씀하신다.

그를 이끌고 밖으로 나가 이르시되 하늘을 우러러 뭇별을 셀 수 있나 보라 또 그에게 이르시되 네 자손이 이와 같으리라 창 15:5

정말 멋지게 들린다. 실제로 그렇다. 그러나 이들을 줄곧 괴롭히는 문제가 있다. 아브라함과 사라는 늙은 불임 부부이다. 히브리서 11장은 사라가 "나이가 지나서 수태할 수 없는 몸"(11절, 새번역)이었고, 아브라함은 "죽은 자와 같은 한 사람"(12절)이라고 말한다. 물론 나는 의사가 아니다. 그러나 "죽은 자와 같았다"는 말은 아버지가 될 훌륭한 조건으로 보이지 않는다. 사라의 생물학적 시계 역시 깜빡거리고 있었다.

한 달이 가고 또다시 한 해가 흐른다. 부부는 자녀를 갖기 위해 노력했지만 아무 일도 일어나지 않았다. 계속 아무 일도 일어나지 않으면 우리는 어느 순간 희망을 잃게 된다. 하나님의 약속이 애초에 말이 안 되는 것 같다. 그러나 아브라함은 하나님의 약속에 이렇게 반응한다.

"아브람이 여호와를 믿으니…"(창 15:6).

무엇을 근거로 믿었는가? 이 세상에 있는 것이 아니었다. 오직 믿음 그 자체였다. 대부분 이 시점에서 사람들은 퍼즐 조각을 다시 지퍼백에 넣는다. 퍼즐의 가장자리조차 들어맞지 않는다. 온통 파란하늘이고 도무지 길이 보이지 않는다. 그러나 아브라함은 계속 믿었다. 로마서 4장은 아브라함이 고집스런 믿음 때문에 인내했고 포기하지 않았다고 설명한다.

아브라함이 바랄 수 없는 중에 바라고 믿었으니 이는 네 후손이 이 같으리라 하신 말씀대로 많은 민족의 조상이 되게 하려 하심이라 그가 백 세나 되어 자기 몸이 죽은 것 같고 사라의 태가 죽은 것 같음을 알고도 믿음이 약하여지지 아니하고 믿음이 없어 하나님의 약속을 의심하지 않고 믿음으로 견고하여져서 하나님께 영광을 돌리며 약속하신 그것을 또한 능히 이루실 줄을 확신하였으니 롬 4:18-21

"바랄 수 없는 중에"(against all hope). 영화 제목으로도 아주 멋질 것 같다. 모든 희망이 사라진 것처럼 보일 때 아브라함은 포기하지 않았다.

이 단락을 읽을 때면 나는 내 친구 콜린 맥케인이 떠오른다. 그녀는 우리 시대 믿음의 영웅이다. 콜린은 포기하지 않는 믿음의 이야기를 들려줄 수 있다. 그래서 나는 그녀의 이야기를 직접 들려달라고 부탁했다.

크리스와 저는 일찍 결혼했습니다. 둘 다 예수님을 사랑했고, 우리
는 서로 사랑했습니다. 그러나 결혼한 지 20년이 지날 무렵 둘 사이
에 갈등이 깊어졌습니다. 저희는 어떻게든 헤쳐 나가려고 노력했습
니다. 겉으로는 안 그런 척하려고 애썼지만, 상황은 갈수록 나빠졌
습니다.

결혼 21주년이 되던 해에 남편이 충격적인 이야기를 꺼냈습니다. 자
신이 얼마 전까지 바람을 피웠다는 거였어요. 그래도 저희는 어떻게
든 가정을 지키려고 추스르며 앞으로 나아갔습니다. 그렇게 하는
것이 옳아 보였기 때문입니다. 그 후 남편은 4년 동안 세 차례나 더
바람을 피웠습니다.

제가 이 사실을 알게 되었을 때, 저희 관계는 물론이고 결혼생활도
완전히 끝이었습니다. 희망이라곤 없었으니까요. 그 4년 동안 남편
이 수상쩍기도 해서 남몰래 남편 없는 저의 미래를 계획해보기도 했
습니다. 돈을 모았고 신용도 쌓았습니다.

저는 끝이라 생각했고, 그럴 만한 이유도 있었습니다. 누구도 저를
탓하지 않을 상황이었습니다. 제 사정을 아는 사람이라면 누구라도
저를 가엾게 여겼습니다. 제 이야기를 들으면, 하나같이 제 결혼생
활에 희망이 없다는 데 동의했습니다. 저는 제 삶의 그림에서 남편이
사라질 거라고 확신했고, 솔직히 기뻤습니다.

남편의 마지막 외도를 알게 된 날 이른 아침이었습니다. 하나님께서
제게 성경 한 구절을 보여주셨습니다.

"너희는 이제 가만히 서서 여호와께서 너희 목전에서 행하시는 이 큰 일을 보라"(삼상 12:16).

저는 느끼고 싶지 않은 것을 느꼈습니다. 바로 '희망'입니다. 이후 며칠 동안 이 구절이 자꾸 떠올랐습니다. 남편에게 더없이 화가 나고 분노를 느꼈습니다. 그러나 그 분노 가운데서 이 구절이 떠오르곤 했습니다. "가만히 서서 여호와께서 너희 목전에서 행하시는 이 큰 일을 보라."

마침내 저는 하나님께 무슨 일을 하실지 지켜보겠다고 했습니다. 그분이 무엇을 해내실지 의심하면서도 말입니다. 어쨌든 그때까지 하나님은 결혼생활에 대한 제 기도에 응답하지 않으셨습니다.

독수리처럼 남편을 지켜보기 시작했습니다. "하나님이 무엇을 하실지 지켜보겠다"는 제 약속을 지키면서 말입니다. 그런데 놀랍게도 남편이 달라지기 시작했습니다. 그동안 함께한 시간이 있었기 때문에 저는 그 변화가 '진짜'임을 알았습니다. 이번에는 다르다는 것을 알았습니다. 제가 여러 해 동안 남편을 위해 기도한 것들이 남편의 삶에서 보이기 시작했습니다. 이것은 오직 하나님의 개입으로 일어난 일이었습니다. 저는 포기할 준비가 되어 있었지만, 하나님은 시작하고 계셨습니다.

하나님은 제게 계속 믿음을 주셨습니다. 그런데 그 믿음은 남편이나 저에게 있는 것이 아니었습니다. 저는 하나님이 우리의 결혼생활을 회복하실 거라고 믿게 되었습니다. 정말 그렇게 믿고 나니까 제 모든 것을 걸게 되었습니다.

물론 치유 과정은 쉽지 않았습니다. 열띤 대화와 집중 상담과 주님에 대한 깊은 신뢰가 필요했습니다. 그러면서 저희 두 사람의 삶에서 다루어야 할 부분들이 드러나기 시작했습니다. 세상의 지혜와 제 눈으로 볼 때 저는 결혼생활을 포기했습니다. 그러나 하나님의 계획은 달랐습니다. 이제 새로워진 남편이 있고, 그 과정에서 제 자신도 새로워졌습니다.

저는 여러분의 이야기를 모릅니다. 여러분이 무슨 일을 했고, 어떤 일을 겪었는지 알지 못합니다. 여러분이 어떤 말을 들었는지, 어떤 배신을 당했는지 알지 못합니다. 제가 모르는 게 많습니다. 그러나 하나님께서 여러분의 눈앞에서 큰일을 행하실 수 있다는 사실은 압니다. 그러니 이 희망을 붙잡으십시오. 곁길로 나가지 마십시오. 그분이 무엇을 하실지 지켜보십시오. 포기하지 마십시오.

하나님의 성품을 믿는 믿음

당신에게 계속 믿고 나아갈 확신을 주는 믿음은 환경을 믿는 믿음이 아니라 하나님의 성품을 믿는 믿음이다. 때때로 믿음은 병을 낫게 하고, 공과금을 해결하기도 한다. 그러나 믿음은 더 귀한 것을 준다. 완전한 치유가 없는 날에도, 공과금을 내지 못하는 날에도 그 날들을 헤쳐 나갈 힘을 준다.

때때로 믿음은 보호자 대기실에서 무릎을 꿇고 종양 제거 수술을 받는 남편을 위해 기도하는 아내처럼 보인다. 의사가 말한다.

"종양이 안 보여요. 종양이 어디로 사라졌는지 저희도 모르겠습니다. 그냥 없어졌어요. 저희도 설명을 못하겠습니다."

때로는 이것이 믿음의 모습이다. 그러나 때때로 믿음은 무덤에 남편의 관이 묻히는 광경을 지켜보는 아내이다. 알다시피 이것도 믿음이다. 나는 두 가지 예를 다 보았다. 하나님은 두 곳에 모두 계셨다.

때로 믿음은 어떻게 될지 모른 채 학교에서 성경공부를 하기로 결심한 고등학생이다. 그러나 이 학생은 놀림과 조롱을 받고, 인생의 3년을 무시와 오해를 받으며 보낸다. 이것도 믿음이다. 때로 믿음은 사장실에 들어가 자신의 확신 때문에 고객에게 거짓말하지 않고, 고객을 오도하지 않겠다고 당당히 말하는 것이다. 그래서 승진에서 누락되는 것이다. 이런 동일한 믿음이 때로 당신을 실직자 대열에 넣을 것이다.

우리의 믿음은 영원의 이편에서는 완전히 이해하지 못할 하나님과 큰 그림을 믿는 것이다. 믿음은 세상 성공으로 쉽게 또는 좀처럼 측정되지 않는다. 그러나 믿음은 우리를 영혼 깊이 울리는 진리의 편에 서게 한다. 조각이 제대로 들어맞지 않아 보일 때라도 믿음은 우리를 계속 믿게 한다.

하나님의 숨은 뜻

실제로 아브라함과 사라에게 그 일이 일어난다. 기다림은 마치 영원처럼 보였다. 그러나 어쨌든 일어난다. 사라가 잉태한다. 아이가 태어난다. 다시 말해, 죽어 있던 생물학적 시계가 다시 움직인 것이다. 아브라함이 기뻐서 어쩔 줄 모른다. 그의 몸도 "죽은 것 같았으니" 오죽했겠는가? 부부는 이삭이라는 아들을 갖게 되었다. 이들은 오랜 세월 믿음을 잃지 않고 굳게 붙잡았다. 결코 쉽지 않았지만, 이들은 그 상을 받았다. 그리고 행복하게 살았다. 그 행복이 깨질 때까지.

그 일 후에 하나님이 아브라함을 시험하시려고 그를 부르시되 아브라함아 하시니 그가 이르되 내가 여기 있나이다 여호와께서 이르시되 네 아들 네 사랑하는 독자 이삭을 데리고 모리아 땅으로 가서 내가 네게 일러준 한 산 거기서 그를 번제로 드리라 창 22:1,2

성경에서 하나님이 인신(人身) 제사를 요구하시는 예는 없다. 사실 신명기 여러 구절에서 하나님은 인신 제사를 분명하게 정죄하신다. 인신 제사는 하나님께 저급한 행위이다. 1절에서 우리에게 이 진실을 귀띔해주고 있다.

"그 일 후에 하나님이 아브라함을 시험하시려고…"(창 22:1).

그러나 아브라함은 이런 통보를 받지 못했다. 하나님은 그저 아브라함에게 아들을, 그의 긴 인생에서 가장 깊고 강렬한 희망이자 꿈을, 아브라함 자신과 사라가 그토록 아끼는 아들을 데려다가 제물로 바치라고 하신다.

아브라함이 어떻게 반응하겠는가? 다음 구절은 이렇게 시작한다.

"아브라함이 아침에 일찍이 일어나…"(창 22:3).

아브라함은 왜냐고 따져 묻지 않는다. 넘겨짚지도 않는다. 아무 이의도 제기하지 않는다. 아브라함은 아침을 기다린다. 날이 밝자

예리한 칼을 챙겨서 아들을 데리고 모리아산으로 향한다.

아브라함의 마음에서 숱한 질문이 일어났을 것이다. 그것이 인간의 본능이다.

'왜 제 아들입니까? 말이 안 되잖아요! 제가 큰 민족의 조상이 될 거라고 하셔놓고, 제 외아들을 죽이라니요? 그리고 왜 모리아산인가요? 무슨 의미가 있나요?'

두려움이 가득하고 시시때때로 슬픔이 몰려오는 긴 여정일 것이다. 한 걸음 내딛을 때마다 돌아가고 싶고, 견디기 힘든 유혹이 일어난다. 그러나 아브라함의 개인적인 생각이 어떻든 간에 그의 몸은 순종으로 반응한다. 아브라함은 그 여정에 종을 몇 명 데려간다. 며칠 후 일행이 모리아산에 이르렀을 때, 아브라함이 종들에게 이렇게 말한다.

"너희는 나귀와 함께 여기서 기다리라 내가 아이와 함께 저기 가서 예배하고 우리가 너희에게로 돌아오리라"(창 22:5).

눈치 챘는가? '우리'라는 단어 말이다. 아브라함은 종들에게 "우리가 너희에게로 돌아오리라"라고 말한다. 아브라함은 하나님께 순종하고 있다. 그러나 이 순간에도 아브라함은 이삭이 죽지 않으리라고 믿는다. 이야기의 앞뒤가 맞지 않을 때라도, 아브라함은 하나님의 약속을 붙잡고 믿음을 놓지 않는다. 이 구절에서 믿음이 우리를 가만히 엿본다.

아브라함에게 여러 개의 퍼즐 조각이 있다. 그렇더라도 그는 완성된 그림을 볼 수 없다. 그런데도 계속 믿을 용기를 얻는다. 하나님께 실제로 그 그림이 있고, 하나님이 아름다운 그림들을 만들어내시고, 하나님은 신뢰할 수 있는 분이라고 확신하기 때문이다.

히브리서는 이것을 이렇게 설명한다.

"그가 하나님이 능히 이삭을 죽은 자 가운데서 다시 살리실 줄로 생각한지라"(히 11:19).

이런 믿음이 우리가 낙담하고 좌절하지 않도록 우리를 지켜준다. 상황이 계획대로 풀리지 않을 때, 모든 일이 허물어질 때, 우리는 굳건한 자세를 취한다. "하나님은 이 일을 이루실 수 있다. 하나님은 죽은 자를 살리실 수 있다." 이때 이런 질문이 일어난다. 당신이 모든 희망을 포기할 것 같은 부분은 어디인가? 아브라함에게는 이 명령 어디쯤이었던 것 같다.

"네 아들을 포기하라!"

생각해보라. 아브라함의 한계가 규정되어 있지 않다. 아브라함의 희망은 하나님께 있으며 그는 한계를 모른다. 우리는 여기에 한계가 없을 거라고 생각해야 한다. 한계 없는 희망을 품는 것이 가능하다고 여겨야 한다. 이유는 간단하다. 하나님이 죽은 자를 살릴 만큼 능력이 무한하시다면, 무엇인들 못하겠는가? 하나님이 사랑이 무한하신 분이라면, 무엇인들 하시지 않겠는가?

하나님은 아브라함이 절망의 붉은 선(red line, 협상에서 당사자가 양보하지 않으려고 하는 쟁점이나 요구)을 넘는지 보려고 그를 시험하셨다. 당신에게는 이 시험이 어떤 형태로 찾아오겠는가? 당신의 믿음이 얼마나 커지겠는가?

한계를 모르는 희망은 계속 전진하고, 절대 포기하지 않으며, 언제나 하나님의 숨은 뜻을 믿는 믿음을 촉구한다.

큰 그림을 생각하라

우리는 아브라함과 이삭의 이야기가 어떻게 전개되는지를 안다. 이들은 하나님이 말씀하신 곳에 이르고 아브라함은 외아들을 번제로 드리려고 제단을 쌓는다. 그러나 아브라함이 칼을 치켜드는 순간 천사가 나타나 그를 제지하며 이삭의 몸에 손을 대지 말라고 명한다.

아브라함은 브엘세바에 살았다. 남부 광야 지대에 자리한 작은 오아시스이다. 아브라함은 사흘 길을 걸어 모리아산에 이르렀다. 당시 그곳에는 별 게 없었다. 그러나 약 2천 년 후, 자신의 외아들을 희생하는 또 다른 아버지의 이야기가 그곳에서 펼쳐진다. 오직 이때만 시험이 없고, 훈련도 없다. 하나님이 소중하고 완전한 아들을 포기하신다. 자신이 사랑하는 소중하고 불완전한 자녀들 때문이다.

세월이 흘러 모리아산 근처에 예루살렘이라는 도시가 세워진다. 예수님은 한때 모리아산으로 알려진 언덕 한곳에서 십자가에 달려 돌아가신다. 그 언덕이 정확히 어디인지는 모르지만, 추측해볼 수는 있다.

아브라함 이야기는 그리스도가 이 땅에 오시기 약 2천 년 전에 일어났다. 우리는 지금 그리스도가 태어난 지 약 2천 년이 지난 시점에 있다. 그런데도 아직까지 그림이 완성되지 않았다. 하나님이 제자리에 깔끔히 두셔야 하는 퍼즐 조각들이 아직도 남아 있다.

당신의 이야기는 그 조각 중 하나이다. 그러니 계속 믿어라. 조금 미심쩍은 생각이 드는가? 당신이 살아온 삶의 조각들이 한데 맞춰져 아름다운 그림을 이룰 수 없을 것처럼 보이는가? 그렇다면 아브라함이 구름 속에서 당신에게 들려줄 메시지가 있다. 이를테면 이런 메시지이다.

"알죠. 인생이란 게 기대처럼 그렇게 술술 풀리는 게 아니죠. 당신만 그런 게 아니에요. 누구나 다 그렇다고요. 나도 그랬으니까요. 나는 계획이 있다고 생각했고, 그래서 기다리고 또 기다렸어요. 나는 점점 늙어갔고, 결국 사라와 나는 멋쩍게 서로 머리를 긁적이게 되었죠. 하지만 포기하지 않았어요. 실망과 환멸을 느끼더라도 계속 믿으세요. 혼란스럽고 혹시 하나님의 계획을 놓친 게 아닌가 하는 의문이 들더라도, 계속 믿으세요. 자신의 방식으로 일하려다가 상황이 악화되었더라도, 계속 믿으세요. 큰 그림이 있어요. 지금 거기서는 보이지 않겠지만 여기 구름 위에서는 믿기 어려운 광경이 눈앞에 펼쳐져요. 퍼즐이 한 조각씩 맞춰지고 있어요. 그러니 그 그림을 향해 포기하지 말고 나아가세요. 그림이 아주 마음에 들 거예요. 우리가 약속할게요. 계속 믿으세요! 포기하지 마세요!"

CHAPTER 02

끊임없이 싸워라

　《깊은 어둠 속에서》(Deep Down Dark)라는 책을 매우 흥미진진하게 읽었다.[1] 이 책은 2010년 칠레에서 광부 33명이 69일간 지하 갱도에 갇혔던 실제 이야기를 다뤘다. 뉴욕 엠파이어 스테이트 빌딩의 두 배나 되는 거대한 바윗덩어리가 갱도를 막아버리는 바람에 이들은 지상으로 나갈 길이 없었다. 구조는 불가능해 보였다. 착굴을 시도했다가는 갱도가 무너져 내려 이들이 매몰되기 십상이었다. 어느 보도에 따르면, 이들이 살아서 구조될 확률은 고작 2퍼센트에 불과했다.

　광부 33명은 상황이 암담하다는 것을 알았다. 이들이 살아서 나갈 가망은 사실상 없어 보였다. 그래서 이들은 사람들이 깊은 어둠 속에서 하는 것들을 하기 시작했다. 자신들의 삶을 생각했고 사랑하는 사람들을 생각했다. 자신들이 내렸던 결정들, 또 그렇게 하지 않고 달리 어떻게 할 수 있었을지를 생각했다. 물론 자신들이 죽으면 어떻게 될지도 생각하지 않을 수 없었다. 이것들이 우리가 깊은 어둠 속에서 생각하는 것이다.

광부 중에 호세 엔리케즈라는 사람이 있었다. 그는 54세였고, 1970년대부터 줄곧 광부였다. 모두 그가 예수님을 따르는 사람이라는 것을 알았다. 그래서 자신을 위해 기도해달라고 부탁했다. 그는 그러겠다고 했다. 그런데 조건을 하나 내걸었다. 그는 하나님 앞에서 자신을 겸손히 낮추는 한 방법으로 무릎을 꿇고 기도하기를 좋아했다. 그는 자신이 기도할 테니 모두 자신처럼 무릎을 꿇으면 좋겠다고 말했다. 광부들은 그를 중심으로 빙 둘러 앉아 무릎을 꿇고 눈을 감았다.

그러자 호세가 기도하기 시작했다.

"하나님, 우리는 그렇게 착한 사람들이 아닙니다. 하지만 주님이 우리를 불쌍히 여겨주십시오. 우리는 죄인입니다. 주님께서 이 상황을 책임져주셔야 합니다."

호세는 자신들이 절망적인 상황에 처했으며, 하나님이 유일한 희망이라고 하나님께 분명히 밝혔다.

기도가 끝났을 때 광부들은 이제 어떻게 해야 하느냐고 물었다. 호세는 각자의 죄를 소리 내어 자백해야 한다고 말했다. 광부들은 각자 자신의 죄를 자백하기 시작했다. 한 사람이 자신의 알코올중독을 고백했다. 그러면서 가족에게 안긴 고통을 돌아보았다. 또 다른 사람은 혈기를 참지 못할 때가 많았다고 고백했다. 어린 딸에게 자신이 좋은 아버지가 아니었다고 고백하는 사람도 있었다. 한 사람씩 자신의 삶을 돌아보고 잘못 걸어온 길을 회개했다. 이들은 생생한 절망 속에서 하나님께 부르짖었고, 하나님이 자주 그러시듯 하나님께서 이들에게 나타나셨다.

이들이 갱도에 갇혀 하루하루를 보낼 때, 호세는 이들에게 예수님에 대해 들려주었다. 빛이 없었지만 그의 목소리가 어둠 속에서 울려 퍼졌다. 그는 기억의 은행에서 찾아낸 성경 구절만으로 이들에게 말씀을 전했다. 광부들은 한마디도 놓치지 않고 그것을 마음에 새겼고, 마음 깊은 곳에서 솟구치는 기도를 드렸고, 영으로 예배했으며, 하나님께 부르짖어 도움을 구했다. 하나님께서 자신을 이 캄캄한 공포에서 구해주시면 새 사람이 되어 이전과 다르게 살겠다고 약속했다.

절망의 순간들

절망의 순간, 희망이 없다고 느낄 때 당신은 포기하겠는가, 아니면 하나님께 부르짖어 도움을 구하겠는가? 모든 희망이 사라진 것처럼 차갑고 칠흑 같은 절망의 순간은 우리로 하여금 신음 가운데 하나님의 이름을 부르게 하는 무언가가 있다. 이러한 절망의 순간, 통제 불능의 상황에서 자신이 아무것도 할 수 없다고 느낄 때, 심오한 기회가 있다.

덴마크 철학자 쇠렌 키에르케고르는 그의 책 《죽음에 이르는 병》에서 모든 절망의 순간은 주목할 만한 은빛 테두리가 있다고 말한다.[2] 절망의 순간 당신은 더 이상 붙잡을 것이 없다. 당신 바깥에 있는 것에만 희망을 둘 수 있다. 하나님의 능력과 임재를 이전에 전혀 경험하지 못한 방식으로 발견할 수 있다.

패배의 순간, 수건을 던지고 항복하고 싶은 순간은 창조 세계에서 가장 황량한 모퉁이처럼 보인다. 그러나 그 패배의 순간이 실제로 하나님의 능력과 공급을 경험하는 최고의 자리에 당신을 둔다. 하나님은 절망에 빠진 자들에게 이끌리시기 때문이다. 성경에서 이런 개념을 추적해보면, 하나님의 구원이 절망의 순간을 바짝 뒤따를 때가 많다. 하나님의 복은 산산이 부서진 상황에 임하는 경향이 있다. 가장 강력한 하나님의 종들은 역사 내내 하나같이 절망과 패배의 자리에 있었다.

깊은 어둠 가운데 있다면 지금은 포기해야 할 때가 아니다. 잠긴 문에서 눈을 돌려 열린 창문을 보라. 그곳으로 하늘의 빛이 들어온다. 계속 싸워 나가고 여기서 구해달라고 하나님께 부르짖어야 할 때이다. "4기 암입니다", "더 이상 당신을 사랑하지 않아요", "인원 감축입니다" 같은 말을 들을 때, 그냥 포기하고 싶은 마음뿐일지 모른다. 그러나 구름같이 허다한 증인들이 당신에게 상황에 맞서 계속 싸울 것을 촉구하고 있다.

이런 날 당신은 하나님을 만날는지 모른다. 야곱에게 이런 일이 일어난다. 야곱 역시 히브리서 11장에 나오는 강력한 믿음의 증인이다. 앞서 아브라함과 그의 아들 이삭에 대해 배웠다. 야곱은 이삭의 아들이자 아브라함의 손자이다.

구약성경은 야곱이 하나님의 천사와 씨름하는 기이한 이야기를 들려준다. 야곱은 말 그대로 초자연적 존재와 맞장을 떴다. 야곱이 도무지 상대가 될 것 같지 않다. 어쨌거나 상대는 천사이고, 야곱은 싸움에는 영 소질이 없었으니 말이다.

우리가 알다시피 사람들은 무언가에 강하게 짓눌리는 순간, 싸우려는 충동을 느끼거나 또는 그 자리에 얼어붙는다. 포기하지 않는 사람이라면 대개 반격을 가한다. 재빠른 사람 같으면 얼른 반대 방향으로 도망친다. 그런가 하면 어떤 사람들은 전조등 불빛에 멈춰 선 사슴처럼 행동한다. 두려워서 그 자리에 그대로 얼어붙고 마는 것이다.

야곱은 도망 중이었다. 연이어 안 좋은 상황에 처하고, 늘 잔꾀를 부려 모면하며 항상 떠돌아다녔다. 형 에서는 싸움꾼이었다. 야곱은 보통 사람과 비슷하다. 어디에나 싸움꾼이 있고 겁쟁이가 있기 마련이다. 그러나 두려움을 대하는 가장 흔한 반응은 도주이다. 실제로 자신을 잠 못 들게 하는 것이 무엇인지 인정하는 것보다는 마주칠 것 같지 않은 물리적 위협에 대해 이야기하는 편이 더 쉽다. 나도 거절에 대한 두려움을 이야기하기보다 나를 기겁하게 만드는 거미에 대해 이야기하는 것이 편하다. 탁자에 둘러앉은 또래들에게 나의 미흡함에 대한 두려움을 이야기하느니 토네이도에 대한 두려움을 이야기하는 편이 낫다.

그러나 어둠과 불안 가운데 거짓말을 하는 것은 거미나 토네이도에 관한 것이 아니다. 기대에 부응하지 못하고, 다른 사람을 실망시키고, 최선을 다하지 못한 것에 관한 것이다. 누구에게나 말하고 싶지 않은 두려움이 있다. 우리는 맡은 책임을 제대로 해내지 못할까 봐 두려워한다. 다시 말해, 자신의 부족함을 두려워한다.

'잘못되면 어쩌지? 내가 무너지면 어떡해? 똑똑하지 못하면? 예쁘지 않으면 어쩌지? 재미없다고 하면? 무능하면 어쩌지?' 우리는 이런 부분을 드러내기보다 도망친다. 우리는 거절이 두려워 친구들과 거리를 둔다. 심지어 배우자조차 너무 가까이 다가오지 못하게 한다. 이것은 실제로 도주의 한 형태이다.

우리는 실패를 두려워한다. 그래서 승진 심사나 선수 선발을 위한 입단 테스트에 지원하지 않고, 데이트 신청을 하지 않는다. 그러나 실제로 무엇을 하고 있는가? 도망치고 있다.

두려움이 우리를 어떻게 도망치게 하는지 생각해보자. 〈샤크 탱크〉(Shark Tank)에 내보면 어떨까 하는 아이디어가 떠오른 적이 있다. 〈샤크 탱크〉는 발명가와 창업자들이 자신의 아이디어를 투자자들에게 설명하는 TV 프로그램이다. 투자자들은 그들의 아이디어에 따라 투자하기도 하고 거들떠보지 않기도 한다.

내 아이디어는 주자들을 더 빨리 달리게 하는 사운드트랙(soundtrack)이다. 운동할 때 더 격렬하게 움직이도록 돕는 재생 목록은 많다. 박자가 빠른 음악은 아드레날린 분비를 촉진하고 걸음을 더 빠르게 몰아붙인다. 그러나 내 발명품은 조금 다르다. 각 트랙은 깊이 자리한 두려움에 영향을 주어 더 빨리 달리게 하는데, 트랙의 몇 가지 예를 들어보겠다.

트랙 1 : 좀비 대재앙(Zombie Apocalypse). 재생 버튼을 누르면 좀비들의 괴성이 들리고, 이들이 가까워질수록 소리는 점점 커진다. 당신은 본능적으로 더 빨리 달릴 것이다.

트랙 2 : 시어머니(Mother-in-Law). 당신이 아는 목소리다. 이 목소리는 당신의 핏비트(Fitbit, 일일 활동과 수면 상태를 측정하는 스마트 밴드 이름)와 연동되어 당신의 심박수를 체크하며, 당신의 속도가 떨어지면 그녀의 목소리가 더 가깝게 들린다.

이런 아이디어가 투자를 이끌어내지 않을까? 우리는 모두 두려운 상황에 처하면 너나없이 도망치기 때문이다. 두려워하는 대상이 빠르게 다가올 때, 가장 자연스러운 반응은 포기하고 반대 방향으로 도망치는 것이다.

끝없이 도망하다

야곱의 쌍둥이 에서는 싸움꾼이었다. 엄밀히 말하면, 에서가 형이다. 둘은 쌍둥이였지만 달라도 너무 달랐다. 에서는 사냥꾼으로 야외 활동을 좋아한 반면 야곱은 집에 있는 것을 좋아했다. 에서가 저녁거리를 사냥해오고 야곱이 요리 채널을 돌려가며 조리법을 찾는 광경을 상상해볼 수 있겠다.

아버지 이삭이 어떤 아들을 더 좋아했을지 짐작해보라. 아버지 이삭은 야외생활을 즐기는 에서를 총애했고, 어머니 리브가는 야곱을 애지중지했다. 어찌 보면 야곱은 성경에 등장하는 첫 마마보이다. 머리 쓰는 사람과 몸 쓰는 사람이 부딪치는 고전적 사례이다. 둘이 맞붙어 싸웠다면 에서가 쌍둥이 동생을 때려눕힐 수 있었을 것이다. 그러나 야곱이 에서보다 똑똑해서 참사를 면할 수 있었다. 야곱은 상황을 자신에게 유리하게 만드는 데 선수였다. 사실 그의 이름은 "움켜쥐는 자, 속이는 자, 계략을 꾸미는 자, 강요하는 자"라는 뜻이다.

야곱과 에서의 첫 충돌은 장자권 때문에 일어났다. 야곱은 자라면서 할아버지 아브라함에 대해서, 하나님이 그에게 주신 복에 대한 약속을 들었다. 이 복과 장자권을 이삭이 물려받았고, 이제 야곱을 한 뼘 차이로 제치고 먼저 태어난 에서가 물려받을 참이었다. 에서는 장자로서 모든 중요한 것을 소유할 권리가 있었다.

야곱은 이 점을 잊지 않았다. 그래서 자신이 이것들을 차지할 계략을 꾸민다. 야곱은 형에게 장자권과 팥죽 한 그릇을 맞바꾸자고 한다. 에서는 사냥에서 막 돌아왔기 때문에 배가 너무 고팠고, 눈앞의 따뜻한 음식이 나중의 장자권보다 나아 보였다.

야곱은 또 다른 계략을 꾸민다. 야곱이 장자권을 얻었지만, 당시 문화에서 부모의 축복은 더없이 중요했다. 그것은 아버지가 유산을 물려받을 아들에게 손을 얹고 축복하는 의식이다. 야곱은 아버지가 늙고 눈이 어두워 잘 볼 수 없다는 것을 알고 에서로 위장해 아버지의 축복을 가로챈다. 두 팔에 염소 털까지 붙였다. 이삭이 팔을 만져보고 그 감촉으로 앞에 서 있는 아들이 장자가 틀림없다고 생각하게 했으니까. 야곱의 속임수는 모두 통했다.

야곱은 이제 장자권을 가졌다. 아버지의 기업과 유산을 물려받는다는 뜻이다. 뿐만 아니라 아버지의 축복까지 받았다. 비록 속임수를 써서 받았지만, 그에게는 꼭 필요한 것이었다.

에서는 이를테면 형광등이다. 그러나 마침내 자신이 사기당한 것을 알아차린다. 그는 다시 사냥을 하고 싶어 한다. 하지만 이번에는 사냥감이 다르다. 동생 사냥 시즌이 시작된다.

야곱은 자기 꾀에 자기가 속았음을 깨닫는다. 그는 자신이 획득한 상을 누리지 못한다. 그러려면 싸움을 해야 하는데, 야곱은 싸우지 않고 도망친다.

긴 여정 끝에 야곱은 외삼촌 라반을 만나고 안정된 일자리를 얻는다. 그뿐 아니라 라반의 사랑스런 딸 라헬과 사랑에 빠진다. 야곱은 라헬을 아내로 얻기 위해 7년간 일하기로 삼촌과 거래한다. 그렇게 7년이 지났다. 성경은 야곱이 사랑에 빠진 나머지 7년이 획 지나갔다고 말한다. 그러나 야곱은 목장의 사기꾼이 자기 혼자가 아님을 알게 된다. 라반은 결혼식 날 밤에 딸을 바꿔치기했다.

야곱이 아침에 눈을 뜨니 곁에 라헬이 아니라 언니 레아가 누워 있다. 야곱은 화를 내며 라반에게 따진다. 라반은 말로 야곱을 제압하고, 새로운 거래를 제안한다. 7년 더 일하기로 하면 맹세코 이번에는 라헬을 아내로 주겠다고 약속한다.

7년 동안 야곱은 라반을 상대로 수동적인 공격 전법을 쓴다. 그는 가축을 모으고, 라반의 가장 좋은 가축을 가로채서 재산을 모았다. 숱한 속임수와 계략이 오간다. 아무도 이런 가족과 같이 모노폴리(monopoly, 땅과 집을 사고파는 놀이를 하는 보드 게임)를 하고 싶어 하지 않을 것이다.

라반은 자신이 속은 것을 알아챘고, 야곱은 라반의 분노를 피해 또다시 도망친다. 이번에는 그의 가족과 종들과 소유물이 다 함께 이동한다. 야곱은 라반보다 사흘 길을 앞섰지만 결국 라반에게 따라잡히고, 둘은 마주한다. 야곱이 말한다.

"내가 도망친 것은 두려웠기 때문입니다"(창 31:31, NLT 역자 사역).

야곱은 조작하고 들키고 두려워서 도망한다. 힘들게 현실을 마주하는 대신에 돌아서서 도망친다. 이것이 포기가 아니면 무엇이겠는가?

얼마나 많은 사람들이 삶에서 이런 형태를 보이는지 모른다. 야곱과 같은 가축 사기나 결혼 사기와 무관할지 모른다. 그러나 우리에게도 자신만의 두려움과 도주의 사이클이 있다. 우리의 어설픈 일처리가 우리를 따라잡고, 우리는 또다시 도망친다. 직장을 수시로 옮긴다. 만나는 사람도 바뀐다. 다짐과 헌신도 수시로 바뀐다. 이것이 악순환으로 이어진다.

당신이 이런 사람이라면 지금 당장은 괜찮을 것이다. 당신은 여전히 통제하려고 하고, 여전히 뭔가 고치려고 한다. 이번에도 당신의 방식이 통한다. 당신은 누구든 술책으로 이길 수 있고, 무슨 일이든 교묘하게 해결할 수 있다고 확신한다. 잔꾀로 상대를 제압한다. 뛰는 놈 위에 나는 놈이 된다. 그러나 모든 방법이 다 실패하면 그때 도망친다.

우리는 자신이 자초한 엉망진창이 된 상황을 포기하고 달아나려고 한다. 어떤 여자는 전공을 잘못 선택하고 앞길이 막막해져서 자퇴한다. 어떤 남자는 가정의 재정 상황이 좋지 않은 것을 느끼면서도, 이 문제를 아내와 상의하기보다 계속해서 물건을 사들인다. 또 다른 사람은 직장 동료를 험담하다가 그 말이 동료의 귀에 들어가면 잘못을 인정하고 용서를 구하는 대신 아예 관계를 끊어버린다.

당신이 이것저것 바로잡기 위해 온갖 노력을 다했는데 오히려 상황을 더 악화시켰을지도 모른다. 적어도 당신은 감정적으로는 한 발 물러났다. 내 말은 노력의 핵심이 무엇이냐는 것이다. 이것은 앞서 말한 것처럼 실패에 대한 우리의 두려움이다. 우리는 예상하지 못한 상황에 처할 때 도망친다. 문제는 두려움이 우리의 현실 감각을 왜곡시킨다는 것이다. 이를테면 우리는 두려움 때문에 늦은 밤 의자에 걸린 재킷을 보고 귀신이나 침입자라고 생각한다.

두려움은 노력하지 말고 포기하라고 우리를 설득한다.

다음은 내 뒷덜미를 잡아끌었던 몇 가지 두려움이다.

- 어떤 사람과 어려운 대화를 해야 한다. 그 사람이 어떻게 반응할지 두렵다. 그래서 미룬다. 나는 안다. 하나님은 내가 그와 대화하기를 원하신다. 그런데도 나는 아직 하지 않았다.

- 남편과 아버지로서 나는 실패가 두렵다. 남편과 아버지 역할은 내게 무척 중요하다. 나는 두려움 때문에 두 가지 역할을 한다. '내가 실패하면 어떡하지? 내가 강하지 못하면 어떡해? 내가 지혜롭지 못하면 어쩌지?' 이런 두려움 때문에 이따금 나는 더 안전해 보이는 다른 일로 도피한다.

- 나는 지금 두렵다. 글 쓰는 것을 피해 도망치고 있다. '이 책을 쓰지만 사람들의 반응이 시큰둥하면 어떡하지? 누군가 이 책을 읽고 얼토당토않은 서평을 올리면? 이 책이 그저 그렇다고 하면 어쩌지?'

포기란 이런 모습일 것이다.

경주를 시작하기도 전에 도망친다.
이 친구 저 친구로 옮겨 다닌다.
갈등을 피해 달아나지만 또 다른 갈등에 직면한다.
약속을 지키지 않고 달아나지만 또다시 약속을 지키지 않는다.

책임감이 없다. 용기도 없다. 밤새도록 싸우지 않기 때문에 아침이 밝아오는 축복에 이르지도 못한다.

삶에서 이런 일들이 자주 일어난다. 전등 스위치만 켜면 무서운 괴물이 힘을 잃고 그 실체를 드러낸다. 의자에 걸린 재킷이다. 우리를 옴짝달싹 못하게 하는 두려움들이 사실은 실체가 없고, 해를 끼치지도 못하는 허깨비일 때가 얼마나 많은가?

도전은 실제이다. 나도 안다. 우리는 너나없이 도전에 직면한다. 그러나 하나님이 맡기신 역할을 수행하려면, 때로 "더 이상은 안 돼!"라고 외쳐야 한다. 지금 당장은 어깨가 딱 벌어진 슈퍼맨 자세로 이렇게 외칠 수 없을지 모른다. 그런데 이것은 자기 자신에게 부드럽지만 단호하게 믿음으로 속삭이는 것이다.

"그만! 더는 도망치지 않을 거야!"

두려움에 직면하면 대부분 도망친다. 야곱도 도망쳤다. 이것이 야곱의 방식이다. 더는 달아날 곳이 없을 때까지 도망치는 것이다. 이런 막다른 골목이 늘 현실이 된다. 더는 피할 곳이 없다. 그런데 포기하고 달아나기 전에 야곱에게 무슨 일이 일어났는지 봐야 한다.

더 이상 달아날 곳이 없다

야곱과 라반은 서로 신뢰하지 않았다. 따라서 서로 간의 분쟁을 해결하는 방법은 하나뿐이다. 경계선을 정하는 것이다. 야곱은 이 경계선을 건너지 못한다. 야곱은 절대로 경계선을 넘어 라반의 땅에 들어가지 않겠다고 약속한다. 라반이 돌아가고, 야곱은 고향을 향해 서쪽으로 계속 이동한다. 그런데 문제가 있다. 야곱의 고향은 형에서의 고향이기도 하다. 에서는 거기서 여전히 사냥을 하고 있을 것이다.

뒤에 라반이 있고, 앞에는 에서가 있다. 진퇴양난이다. 야곱은 이제 어디로도 달아날 곳이 없다. 에서를 속여 장자권을 가로채고 달아난 후, 야곱은 지금껏 한 번도 에서를 보지 못했다. 그래서 선물과 함께 대표단을 보내 자신이 가고 있다는 메시지를 에서에게 전달한다. 대표단이 소식을 가지고 돌아온다. 불길한 소식이다. 대표단은 에서를 만났다. 그런데 에서가 장정 400명을 이끌고 오고 있다는 게 아닌가.

야곱은 공포에 질린다. 누군들 그렇지 않겠는가? 가장 도망치고 싶은 한쪽이 막혔다. 야곱은 아내들과 자녀들과 종들과 가축과 모든 소유물을 두 무리로 나눈다. 에서가 한 무리를 치면 나머지 무리가 도망칠 시간을 벌기 위해서다. 야곱은 싸우는 대신 희생을 최소화하기를 바라고 분산시킨다.

야곱 혼자 뒤에 남았다. 에서가 어느 무리를 치는지 확인하고 나서 안전한 쪽에 합류하기 위해서다. 그의 가족이 위험에 처했다. 그의 삶이 위협받는다. 이제 야곱은 부자라서 예전보다 잃을 게 훨씬 많다. 그의 삶이 이렇게 깊은 어둠에 처한 적이 없다.

창세기 32장은 놀라운 사건을 들려준다. 야곱은 황량한 광야에 혼자 남았다. 모두 보내느라 시끄럽고 혼란스러웠다. 이제 야곱은 말없이 앉아 있다. 그런데 갑자기 뒤에서 무슨 소리가 들린다. 발자국 소리가 점점 가까워진다. 야곱은 본능적으로 달아나려고 한다. 그러나 이제 도망칠 곳이 없다. 게다가 너무 어두워서 어디로 가야 할지도 모른다. 야곱은 발자국 소리의 주인공을 향해 정체를 밝히라고 외쳤으리라.

야곱은 심장이 마구 뛴다. 아드레날린이 급증해 혈관을 내달리는 게 느껴진다. 그 사람이 야곱을 붙잡더니 바닥에 내다꽂는다. 두 사람이 씨름을 시작한다. 둘은 밤새도록 씨름한다. 동이 트기 시작하자 그는 야곱이 절대 그만두지 않으리라는 것을 깨닫는다. 이번에는 절대로. 그가 팔을 뻗어 야곱의 엉덩이뼈를 쳐서 고관절을 탈골시키며 소리친다(창 32:26 참조).

"날이 새려 하니 나로 가게 하라."

야곱이 말한다.

"당신이 내게 축복하지 아니하면 가게 하지 아니하겠나이다."

야곱은 자신의 씨름 상대가 하나님이 보내신 초자연적 존재임을 깨닫는다. 야곱은 자신의 상황이 얼마나 절망적인지 안다. 자신의 가족이 위험에 처했고, 자신의 목숨이 위태로운 상태임을 깨닫는다. 그래서 자신을 축복해달라고 필사적으로 그리고 담대하게 외친다. 야곱은 포기하는 대신 하나님께 도움을 구한다. 하나님의 복을 간구한다. 복을 받기 전에는 멈추지 않을 태세다.

그 사람이 말한다. "네 이름을 다시는 야곱이라 부를 것이 아니요 이스라엘이라 부를 것이니 이는 네가 하나님과 및 사람들과 겨루어 이겼음이니라"(창 32:28).

야곱은 새 이름을 얻었다. 그러나 여기서 그치지 않고 방문자의 이름을 알고 싶어 한다. 그 사람은 야곱에게 이유를 묻고 그를 축복한다. 그것이 전부이다. 해가 뜨고 그는 사라진다.

우리는 이 미스터리 씨름꾼이 누구인지 안다. 야곱은 하나님과 씨름했다. 야곱은 그가 평생 회피했던 싸움에 직면했다. 요나처럼, 성경과 우리 삶의 숱한 인물들처럼 그는 하나님을 피해 달아날 수 없다는 것을 깨달았다.

야곱이 달라졌다. 야곱이 축복을 받기 전까지 씨름을 멈추려 하지 않았다. 이 순간 사기꾼 야곱이 선민 이스라엘로 바뀐다. 협잡과 두려움과 싸움이 끝나고 축복이 시작된다. 모든 좋은 것이 가능하다. 그러나 싸움 없이는 불가능하다.

워싱턴주 스포캔에 있는 휘트워스대학의 제럴드 싯처(Gerald Sittser) 교수는 가족과 함께 미니밴을 타고 여행 중이었다. 그런데 만취한 운전자가 몰던 차량이 느닷없이 나타나 그의 차를 들이받았다. 이 사고로 그는 삼대(三代)를 잃었다. 어머니를 잃었고, 아내를 잃었으며, 어린 딸을 잃었다.

다행히 제럴드는 제 발로 걸어 나올 수 있었다. 그러나 그것이 결코 축복으로 보이지 않았다. 그는 자신이 겪은 일을 《하나님 앞에서 울다》(A Grace Disguised)라는 책으로 출간했다. 그는 로버트 프로스트(Robert Frost)의 시 한 구절을 묵상하며 "축복에 이르는 길은 돌아가지 않고 관통한다"라고 말한다. 그리고 이렇게 표현한다. "누구에게나 태양과 빛에 이르는 가장 빠른 길은 태양을 따라서 서쪽으로 달리는 게 아니라 태양이 뜰 때까지 어둠 속으로 돌진하며 동쪽으로 달리는 것이다."3)

서쪽으로 달리는 대신 어둠 속으로 돌진하라는 것은 본능을 거스르는 행위이다. 생각만 해도 당신의 모든 본능이 저항할 것이다. 우리는 상황이 저절로 좋아지기를 바라며 절망을 피하고, 어둠이 물러가고 빛이 오기를 기다린다. 그러나 절망이 변장한 은혜라면 어떻게 되는가? 싸우며 어둠을 헤쳐 나가는 것이 축복에 이르는 길이라면 어떻게 하겠는가? 절망을 헤쳐 나가는 가장 빠른 길은 절망을 껴안는 것이 아닐까? 절망 속으로 돌진하라. 싸우며 어둠을 헤쳐 나가라.

싸움으로 얻은 복

야곱은 도망치기를 그만두고 밤새 싸우며 헤쳐 나간다. 그는 포기하지 않는다. 도망치지 않는다. 씨름 한판으로 모든 것이 달라진다. 첫째, 그는 축복을 받는다. 새 이름을 받을 때 축복도 받았다. 27절에서 하나님은 야곱에게 "네 이름이 무엇이냐?"라고 물으신다. 하나님은 분명히 질문의 답을 아신다. 하나님이 그의 이름을 잊으신 것이 아니다. 그분은 하나님이시다. 하나님께서 이름을 잊어버려서 누군가를 "이보게", "어이, 친구", "어이, 거기"라고 부르시는 법은 없다.

그런데 야곱은 이 질문에 답하지 않는다. 왜일까? 알 것 같다. 야곱은 자신의 이름이 부끄럽다. 그는 자신의 이름이 무슨 뜻인지 안다. "속이는 자, 비열한 자, 조작하는 자, 사기꾼." 그 시대에 이름은 특별한 의미가 있었다. 이름은 단지 사람들이 누구를 부를 때 사용하는 명칭만이 아니었다. 이름은 그 사람 자체였다. 이름은 자신의 정체성이었다. 야곱은 아마 자신의 이름을 좋아한 적이 없었을 것이다. 그 이름이 꼬리표처럼 자신을 따라다녔기 때문이다. 그의 이름은 그 자신의 성품을 드러냈다.

"어이, 사기꾼. 이리와 봐!"

그의 삶은 이런 그의 꼬리표를 더 확실하게 했다. 그가 자신의 이름을 듣는다는 것은 자신의 죄를 지적받는 것이나 마찬가지였다. 그러나 28절에서 하나님은 그의 이름을 아름다운 이름으로 바꿔주신다. 이스라엘, 이것은 "하나님이 싸우신다"라는 뜻이다.

온전히 자신만의 이름이다. 아버지에게서 온 이름이 아니다. 형이나 삼촌이나 심지어 아브라함에게서 온 이름이 아니다. 그는 이 이름을 위해서 싸워야 했다. 이것은 그의 이름이고 성취이며 그의 미래이자 축복이다. 하나님과 한 사람 사이의 그 무엇이다. 어느 누구도 끼어들지 못한다.

그런데 궁금한 것이 있다. 야곱이 이 복을 받기 위해 정확히 무엇을 했는가? 그날 밤 야곱의 큰 성취는 포기하지 않은 것이라고 말하고 싶다. 그는 계속 싸웠다. 야곱이 어떻게 싸웠는가? 하나님을 붙잡고 보내지 않았다.

내가 사역하는 교회에 예배 때마다 항상 앞줄에 앉는 여자 성도가 있다. 그녀와 남편 데이비드는 여러 해 주일마다 같은 자리에 앉는다. 데이비드와 애니는 늘 성경을 펴서 함께 보며 설교에 집중한다. 데이비드는 동기 부여 전문 강사다. 가만히 앉아 내가 전하는 설교를 비판하기 쉽겠지만, 이 부부는 늘 긍정적이고 고무적이다.

그러던 어느 날, 애니가 유방암에 걸렸다는 소식을 들었다. 내 눈에 눈물이 가득 고였다. 부부를 위해 기도했다. 애니의 병을 고쳐주시고 그녀의 삶에 용기를 불어넣어달라고 하나님께 기도했다. 암이 림프절로 전이되었다. 애니는 개인 트레이너였는데 이제는 매주 다섯 차례 방사선 치료를 받는 환자가 되었다. 포기하고 싶을 때 애니는 계속 싸우며 씨름했다. 하나님을 단단히 붙잡고, 그분을 보내지 않았다.

이 씨름에서 애니는 축복을 발견했다. 애니는 이렇게 표현했다.

"하나님께서 제 육체의 상함을 취하셔서 놀라운 것으로 바꾸셨어요. 저를 암이 없을 때와는 전혀 다른 사람으로 바꿔주셨어요."

애니는 하나님이 투병 중인 자신에게 주신 선물을 이야기한다. 그녀는 깊은 기쁨을 발견하고, 다른 사람들에게 더 큰 자비와 사랑을 베풀었다. 그만두거나 하나님을 신뢰하는 것밖에 할 수 없었기 때문에 많은 두려움과 불안에서 벗어났고, 자신의 삶을 위한 새로운 목적과 사역을 발견했다.

하나님은 당신을 중독이나 학대, 불륜이나 잘못된 관계, 재정적 파탄이나 질병, 실패와 같은 상태에 그냥 두기를 원치 않으신다. 하나님은 당신에게 복을 주고 당신을 의미와 기회로 가득한 새로운 세상으로 인도하기를 원하신다. 그러나 하나님이 주시고자 하는 복에 이르려 하다면 때로 싸우며 밤을 헤쳐 나가야 한다.

야곱은 하나님에게 복을 받고 새 이름을 받았다. 그러나 그의 상처가 사라지지는 않는다. 창세기 32장 25절은 씨름 중에 방문자가 야곱의 허벅지 관절을 쳤다고 했는데 이때 '치다'(touch)로 번역된 히브리어는 문자적으로 "가볍게 치는 것"을 뜻한다. 누군가를 화들짝 놀라게 하고 싶지 않을 때, 어깨를 가볍게 툭 치는 것과 같다.

이것은 하나님의 천사가 경기에서 힘을 거의 쓰지 않았다는 인상을 준다. 걸음마를 배우는 아들과 씨름하는 격투기 챔피언처럼 말이다. 가볍게 치는 것만으로도 야곱의 허벅지 관절이 탈골되기에 충분했다. 야곱은 새 이름을 얻었지만 평생 걸을 때마다 통증을 느끼고 눈에 띄게 다리를 절게 되었을 것이다.

포기하지 않을 때 거기에 당신을 위한 복이 있다. 그러나 이것은 당신이 다리를 절게 되지 않을 거라는 뜻이 아니다. 야곱은 하나님과 씨름했고, 씨름이 끝났을 때 복을 받은 동시에 장애가 생겼다. 평생 보행 장애를 안고 살아가야 한다. 그러나 이 장애는 야곱에게 복을 일깨운다. 야곱은 장애를 입었지만 동시에 자신이 했던 싸움과 그 싸움으로 얻은 복을 떠올리게 되는 것이다.

당신의 삶을 돌아보면 이런 순간이 있었을 것이다. 당장 그만두고 싶었지만 포기하지 않았다. 대신에 하나님을 바라보고 그 상황을 싸우며 헤쳐 나왔다. 돌아보면 다시는 그런 상황을 겪고 싶지 않을 것이다. 그러나 자신이 그 상황을 헤쳐 나온 것에 감사한다.

내 아내의 할아버지는 제2차 세계대전에 조종사로 참전하셨다. 할아버지는 그때 이야기를 하면서 이렇게 묘사하셨다. "다시는 그런 일을 겪고 싶지 않구나! 하지만 100만 달러를 준다고 해도 그 경험을 바꾸지는 않을 거다."

힘들었고 고통스러웠고 지금도 그때 이야기를 하기가 쉽지 않지만 그는 그 경험을 통해 자신이 배운 것에 감사하며 한편으로 그 경험이 만든 자신에 감사한다. 복을 받은 동시에 상함을 받은 자신 말이다.

야곱은 가족, 종들과 재회한다. 에서와 대면하는 것 말고 이제 다른 선택이 없다. 자신의 형, 자신보다 강한 용사인 에서, 자신에게 속아 유업을 빼앗긴 사람이다. 야곱은 에서의 분노가 누그러지기를 바라며 푸짐한 선물을 준비한다. 에서가 한참 멀리 있을 때, 야곱은 형을 향해 몸을 굽혀 절한다. 고개를 들어 보니 형이 곧바로 달려온다. 에서가 두 팔을 벌려 야곱을 끌어안고 입을 맞추며 기쁨의 눈물을 흘린다.

형제가 목을 끌어안고 함께 운다. 아름다운 장면이다. 슬픈 장면이기도 하다. 이렇게 되기까지 시간이 너무 오래 걸렸기 때문이다. 형제애를 나눌 수십 년의 세월을 잃어버렸다. 에서도 그 당시에는 아니었겠지만 나중에 마음의 준비가 되었을 것이다. 어쩌면 그 일이 있고 나서 한 달 후, 에서의 마음이 누그러지기 시작했을지도 모른다. 어쩌면 동생에게 배신당하고 1년쯤 지났을 때 분노가 사라졌을 것이다. 야곱이 좀 더 일찍 용기를 내어 자신을 낮추었다면 가족은 20년 전에 이미 재회했을 것이다.

계속 도망칠 것이 아니라 어둠을 뚫고 싸우며 헤쳐 나가기로 결심할 용기가 있다면, 하나님의 능력과 임재를 발견할 것이다. 그뿐 아니라 회복된 관계 혹은 새로운 목적이나 새로운 정체성과 미래를 위한 희망도 발견할 것이다.

하나님을 붙잡을 때

야곱이 죽은 지 수천 년 후, 지구 반대편 칠레의 한 광산 지하 수천 미터 아래에서 부흥이 일어나고 있었다. 광부 33명이 극한 어둠에 갇혔으나 이들의 영혼은 새로운 빛을 만나고 있었다. 이들은 하나님께 부르짖으며 은혜 가운데 있었고, 위에서는 구조 작업이 맹렬히 진행되고 있었다. 당신도 이 뉴스를 봤을 것이다. 굴착 전문가 팀이 꾸려져 마침내 칠레 광부들이 구조되었다.

당신이 깊은 어둠 속에 있다면 본능적으로 탈출을 시도할 것이다. 밤이 끝나기를 바랄 것이다. 이해한다. 그러나 가장 포기하고 싶을 때 당신은 하나님의 임재를 경험할 가장 좋은 자리에 있다. 이상하게 삶의 어둠 속에 있을 때 하나님을 가장 분명하게 볼 때가 많다. 고요해서 그분의 음성이 들린다. 외톨이라서 그분과 연결된다. 하나님이 어떤 분인지 알기에 이보다 더 좋은 순간은 없다.

좋은 아이디어가 있다. 어둠을 피해 달아나는 대신 어둠 속으로 돌진하라. 항복하는 대신 하나님을 굳게 붙잡고 그분을 보내지 말라. 하나님께 당신을 위한 복이 있다. 그러나 당신은 그 복을 위해 싸워야 할 것이다.

깊은 어둠은 병원 대기실일 수도 있다. 법정일 수도 있고 장례식장이나 소년원일 수도 있다. 아내가 당신에게 집에 들어오지 말라고 했다면 어느 모텔일 수도 있다. 더러는 이 책을 감옥에서 읽을지도 모른다. 당신은 마음이 아프고 눌린다. 절망과 외로움을 느낀다. 두렵다. 무엇보다도 벗어나고 싶다. 벗어날 수만 있다면 어떤 대가를 치르거나 어떤 거래라도 받아들일 것이다. 이해한다. 그러나 도망치는 대신에 싸워야 한다. 하나님을 굳게 붙잡고 그분을 보내지 않는다면 당신을 위한 선물이 있음을 알게 될 것이다. 하나님이 당신에게 그분 자신을 주실 것이다.

당신의 외로움에 그분의 임재를 발견할 기회가 있다.
당신의 두려움에 그분의 평안을 발견할 기회가 있다.
당신의 약함에 그분의 강함을 발견할 기회가 있다.
당신의 아픔에 그분의 목적을 발견할 기회가 있다.
당신의 부끄러움에 그분의 은혜를 발견할 기회가 있다.
당신의 어둠에 그분의 빛을 발견할 기회가 있다.

야곱은 자신이 절뚝거리게 된 일에 관해 할 이야기가 있었을 것이다. 모든 사람이 상처를 입는다. 모든 상처에는 이야기가 있다. 내 다리에 난 상처는 앤디 워드가 갑자기 뛰어들어서 일어난 자전거 사고로 생긴 것이다. 팔에 난 상처는 요새를 만들 때 테리 굿이 녹슨 못이 박힌 판자를 실수로 떨어뜨려서 생겼다.

눈에 띄는 상처가 있는 사람이나 무릎이나 어깨가 시원찮은 친구를 알고 있다면, 무슨 일이 있었는지 물어보라. 그러면 거기에 얽힌 이야기를 들을 수 있을 것이다. 야곱이 들려준 이야기는 아주 특별했을 것이다.

"이보게, 야곱. 자네 걸음걸이가 아주 재미있는데, 왜 그렇게 된 건가?"

"먼저 분명히 해둘 게 있네. 내 이름은 야곱이 아니라 이스라엘일 세. 무슨 일이 있었는지 얘기해주지. 그러니까 나는 하나님과 씨름을 했네. 씨름은 밤새 계속됐지. 나는 하나님이 복을 주시기 전에는 절대 포기하지 않겠다고 했다네."

나는 야곱이 가족이 모일 때마다, 동창회가 열릴 때마다, 파티가 있을 때마다 이 이야기를 했을 거라고 장담한다. 식탁에 둘러앉은 누군가가 어떤 이야기를 하든지, 야곱은 늘 그보다 재미있는 이야 기를 꺼낸다.

"얘들아, 내가 하나님과 씨름했던 이야기를 했던가? 때는 늦은 밤이었고 주변은 고요했지…."

손자들이 눈을 굴렸을 것이다. 이들은 같은 이야기를 숱하게 들 었을 것이다.

"또 그 이야기예요. 씨름 이야기…."

그러나 이들이 인정하든 안 하든 이 친숙한 이야기 듣기를 분명히 좋아했을 것이다. 어느 정도 나이가 들면, 이것이 자신들의 이야기 이기도 하다는 것을 깨닫게 될 것이기 때문이다. 이것은 우리 모두 의 이야기일 수 있다. 이것은 구속(救贖)의 이야기이다. 어둠이 물러 가고 동이 트는 이야기, 저주가 물러가고 복이 오는 이야기, 상처가 실제로 나의 삶을 치유하는 이야기이다.

당신이 지치도록 달아났다면, 걱정되고 두렵다면, 이제 도망칠 곳

도 없고 어둠이 완전히 짙어졌다면, 야곱이 당신에게 들려줄 이야기
가 있다. 그 이야기는 이렇게 끝난다.

"달아나는 것을 그만두세요. 한 발도 더 내딛지 마세요. 당신은
축복으로부터 달아나고 있는 거예요. 이제 축복을 붙잡으세요. 그
것을 위해 싸우세요. 그리고 절대 포기하지 마세요!"

시야를 유지하라

수영 선수 플로렌스 채드윅(Florence Chadwick)의 이야기를 들어보았는가? 플로렌스는 영국 해협을 최초로 헤엄쳐서 왕복한 여성이다. 플로렌스는 카탈리나섬에서 캘리포니아 해변까지 헤엄쳐 건너는 데 도전했다. 그러나 도전은 실패했다. 그런데 실패 이유가 큰 화제가 되었다. 차가운 수온이나 근육 경련 때문이 아니었다. 상어나 해파리 떼 때문도 아니었다. 16시간을 헤엄치느라 지쳤기 때문도 아니었다. 그녀가 포기한 이유는 다름 아닌 '안개' 때문이었다.

짙은 안개가 몰려와 해변이 보이지 않아 도전을 중단해야만 했다. 그녀가 배에 오르자 해변까지 1킬로미터도 남지 않았다는 말을 들었다. 목적지가 얼마나 가까운지 알기만 했어도 어떻게든 인내했을지 모른다. 하지만 그녀는 앞이 보이지 않아 포기했다.

살다보면 안개가 밀려와 해변이 보이지 않을 때가 있다. 믿는 사람에게 발등을 찍히고 사랑하는 사람에게 배신당한다. 좋은 계획이 실패로 돌아간다. 예상하지 못한 건강 문제나 경제적 난관이 순식간에 인정사정없이 몰아닥친다. 이처럼 안개가 짙을 때 우리는 시야를 잃기 쉽다. 상황이 실제보다 더 안 좋게 여겨진다. 실제 상황을 인지하지 못한 채 자신을 가엾이 여기기 시작한다. 그래서 하던 것을 그만두고 안개를 탓한다. 그래도 자신이 포기자라고 느끼지 않는다. 포기하고 싶었던 게 아니라 상황이 안 좋아서 더는 계속할 수 없었던 것뿐이라고 말한다.

"결혼생활을 포기하고 싶지 않았어. 하지만 배우자가 내게 그렇게 한 다음에는 선택의 여지가 없었지."

"새로운 사업에 대한 꿈을 포기하고 싶지 않았어. 하지만 경제 상황이 내 목을 죄어 오는데 어쩌겠어."

"교회를 포기하고 싶지 않았어. 하지만 새로 온 목사님은 내 이름조차 기억하지 못하더군."

"기부를 중단하고 싶지 않았어. 하지만 뜻하지 않게 건강이 나빠져 지출이 많아졌지 뭐야."

힘든 상황과 고통스러운 환경에 처할 때, 흔히 시야를 잃고 믿음을 잃는다. 눈앞의 상처만 보인다. 그 순간 상처가 엄청나게 커 보인다. 그러나 조금만 시야를 확보하면, 모든 것이 달라질 수 있다.

첫 도전에 실패한 지 두 달 후, 플로렌스 채드윅은 다시 도전했다. 이번에도 역시 짙은 안개가 몰려와 해안선이 보이지 않았다. 그러나 이번에는 성공했다. 안개가 짙어졌지만 해안선을 머릿속에 그리며 집중한 것이다. 그녀는 시야를 유지했고 포기하지 않았다.

히브리서 12장 1절은 우리를 일깨운다.

"우리에게 구름같이 둘러싼 허다한 증인들이 있으니…."

기억하듯이 증인은 뭔가를 말하는 사람이다. 성경에 증인들의 이름이 여럿 언급된다. 우리가 약할 때 이들의 이야기를 떠올리라고 권한다. 우리는 이들의 응원을 느낀다.

"해안선이 바로 앞이야! 계속 헤엄치라고!"

아브라함과 야곱은 잘 알려진 믿음의 영웅이며 모두가 사랑하는 성경 위인이다. 그러나 이름이 언급되지 않은 증인도 있다. 그렇다고 이들의 성취가 별것 아니었는가? 당신이 판단하라.

여자들은 자기의 죽은 자들을 부활로 받아들이기도 하며 또 어떤 이들은 더 좋은 부활을 얻고자 하여 심한 고문을 받되 구차히 풀려나기를 원하지 아니하였으며 또 어떤 이들은 조롱과 채찍질뿐 아니라 결박과 옥에 갇히는 시련도 받았으며 돌로 치는 것과 톱으로 켜는 것과 시험과 칼로 죽임을 당하고 양과 염소의 가죽을 입고 유리하여 궁핍과 환난과 학대를 받았으니 (이런 사람은 세상이 감당하지 못하느니라) 그들이 광야와 산과 동굴과 토굴에 유리하였느니라 히 11:35-38

이들은 눈에 띄지 않았으나 훌륭한 삶을 살았다. 이름 모를 증인들이 주는 메시지 중 하나는 낙담과 싸울 때 시야를 유지하라는 것이 아닐까? 부당한 상황에 처한 것 같아 포기하고 싶을 때, 조롱받고 채찍질당하며 사슬에 매여 갇혔던 사람들을 기억하라. 돌에 맞거나 칼에 맞아 죽었지만 성경에 이름조차 소개되지 않은 믿음의 영웅들을 생각하라.

이들은 계속 믿고 나아갈 믿음을 발견했다. 그렇다면 당신도 지금 자신이 겪는 어려움을 헤쳐 나갈 수 있다. 그 어려움을 폄하하지 않으면서 말이다. 당신은 가슴 아픈 상실을 겪었거나 심신을 허약하게 하는 아픔을 겪고 있거나 견딜 수 없는 트라우마를 겪고 있을지 모른다. 당신은 내가 상상조차 하지 못할 고통을 겪을지도 모른다. 나는 당신이 느끼는 아픔이 무엇인지 묻는 게 아니다. 당신이 시야를 유지하기를 바란다. 당신이 지금 느끼는 것은 당신만 느끼는 것이 아니다. 히브리서 11장의 이름 모를 증인들처럼 믿을 수 없는 고난을 견디며 인내한 사람들이 있다.

나는 이들이 당신에게 이렇게 말할 거라고 생각한다.

"당신이 이런 일을 겪고 있다니 마음이 아픕니다. 이 세상의 아픔과 불의가 너무 강하다고 느낄 수 있습니다. 하지만 포기하지 마세요. 하루씩만 견디세요. 하나님이 오늘을 견디기에 충분한 힘을 주실 것입니다. 그분의 은혜가 족하니까요."

그러나 우리 중에는 도전의 메시지가 더 필요한 사람이 많다. 이들이 구름처럼 허다한 증인들 가운데서 곧바로 나와 우리가 들어야 할 메시지를 들려줄 것이다. 적어도 나는 이들이 이렇게 할 거라고 생각한다. 나는 이들 중 누구라도 진부한 이야기를 하거나 등이나 두드려주고 마는 모습을 상상하기 어렵다. 냉정한 사랑의 도구가 손만 뻗으면 닿는 곳에 있다. 이들은 우리 중 어떤 사람들에게 이렇게 말할 것이다.

"자신이 불쌍하다고 생각하지 마세요!"

그렇다. 나는 안다. 조금 가혹해 보인다. 삶은 가혹하다. 다치면 아프다. 상처는 고통스럽다. 내가 무수한 예를 들어 증명하기를 바라는가? 시련은 고달프다. 그러나 시련이 영원히 계속되지는 않는다. 자신이 불쌍하다고 느끼느라 인생을 허비하지 말라. 자신을 희생자로 보는 한, 승리를 맛보지 못할 것이다.

피해 의식

당신이 어떤 책을 읽는다. 그 책에서 더는 자신을 불쌍하게 여기지 말라고 한다. 이런 식으로 이제 자신이 불쌍하다고 생각하는 것을 그쳐야 할 때임을 깨달을 수도 있다. 사람들도 당신에게 스스로 불쌍하게 여기지 말라고 한다. 이때 당신은 마음이 아프다. 그래서 자신이 불쌍하다고 생각하기 시작한다.

당신이 이런 경우라면 내 말을 계속 들어주기 바란다. 자신을 불쌍히 여기고 피해 의식에 사로잡힌 사람들은 이것을 좀처럼 깨닫지 못한다. 주변 사람들이 계속해서 피해 의식을 부추긴다면 특히 더 그렇다. 흔히 의도가 선한 친구들이나 가족이 피해 의식을 더 부추기는데, 왜냐하면 그 아픔을 보고 난 뒤 가장 손쉬운 방법으로 위로하려 들기 때문이다. 그 도구란 동정과 연민이다. 냉정한 사랑의 도구는 늘 창고 구석, 손이 닿기 어려운 곳에 있다.

피해 의식은 항상 있는 게 아니라서 자가 진단이 어려울 수 있다. 우리가 늘 자기 연민에 빠져 살지는 않기 때문이다. 그러나 지금도 작지만 끈질긴 피해 의식과 싸우고 있을 수는 있다. 어쩌면 우리 삶에서 절대 바뀔 수 없다고 생각하는 부분이 있을 것이다. 그 부분을 스스로 책임지는 대신에 다른 사람들을 탓한다. 그 부분이 어디인 가? 결혼생활인가? 직장생활인가? 자녀양육인가? 재정 상황인가? 중독인가? 건강한 관계를 유지하지 못하는 것인가?

피해 의식에 사로잡힌 부분을 찾아내는 방법이 있다. 삶에서 포기하고 싶은 유혹을 받는 부분을 콕 집어내는 것이다. 자기 자신을 들여다보는 일은 아주 어렵다. 그래서 자신이 과연 어떤 사람인지 알아보는 데 도움이 되는 특별한 거울 하나를 소개하겠다. 다음 여러 가지 특징에서 자신이 불쌍하다고 느끼는지, 삶의 어느 부분에서 피해 의식에 사로잡혀 있지 않은지 생각해보라.

쉽게 투덜대고 불평한다

이들은 바꿀 힘이 없다고 느낀다. 그래서 환경을 한탄한다. 잘못된 것에 집착하고 옳은 것을 무시한다. 자신이 어떻게 부당한 대우를 받았고, 어떤 손해를 보았는지 끝없이 늘어놓는다.

저널리스트 제임스 글래스먼(James Glassman)은 미국이 '불평 문화'에 감염되었다고 말한다. 예를 들어 낮은 수입을 불평하고, 높은 식료품 값을 불평하며, 아웃소싱을 불평한다. 그러나 사실은 이렇다.

- 물가 상승을 고려하더라도 임금은 1947년 대비 3배 오른 반면 생필품 값은 하락했다.
- 1950년대 식료품 구입비는 가계 지출에서 3분의 1을 차지했다.

지금은 7분의 1 수준이다.

- 미국인들은 어느 때보다 일을 적게 하면서도 자동차를 더 많이 소유하고, 문화 혜택을 더 많이 누리며, 자녀들을 대학에 더 많이 보낸다.[1]

우리의 불평 중 적어도 몇 가지는 정당하지 않다. 나머지 불평 중에도 정당하지 않은 것이 많다.

투덜대고 불평하는 태도는 포기로 이어지기 때문에 위험하다. 직장에서 불평을 입에 달고 사는 직원이 있다면, 곧 직장을 그만둘 거라고 예측할 수 있다. 함께 장거리 하이킹을 떠났는데 일행이 2킬로미터도 못 가서 투덜대고 불평한다고 생각해보라.

"너무 더워! 배고파 죽겠어! 신발이 불편해! 아, 무릎 아파! 모기가 계속 물어뜯잖아!"

그는 곧 이렇게 말할 것이다.

"도저히 못 가겠어! 돌아가자."

쉽게 탓하고 비난한다

자신이 불쌍하다고 느끼는 사람의 가장 큰 특징은 책임지지 않으려고 한다는 것이다. 어떤 사람들은 하나님을 탓하면서 포기한다. 이들은 대개 이렇게 말한다.

하나님이 이 일을 허락하셨기 때문에 내게 이런 일이 생긴 거예요.
하나님이 내 기도에 응답하지 않으셨다고요.

하나님은 나를 고쳐주실 수 있었는데, 그러지 않으셨어요.
하나님이 나를 보호해주셨어야 했다고요.

어떤 사람들을 다른 사람들을 탓한다. 이들은 이렇게 말한다.

부모님이 그렇게 엄하지만 않았다면….
남편이 좀 더 관심을 가졌다면….
아내가 좀 더 다정했다면….
사장님이 내 재능을 인정해주기만 했어도….

나는 결혼 상담을 하는 경우가 드물다. 그런데 가끔 상담하면서 알게 된 사실이 있다. 부부는 상담 시간에 대부분 배우자 이야기를 하려고 한다. 남편은 자신이 어떻게 희생하는지 말하고 싶어 하고, 아내는 자신이 왜 불쌍한지 말하고 싶어 한다. 이들은 결혼생활에 문제가 있다. 그래서 둘 다 포기하려고 한다. 그러나 책임지려고 하기보다 서로를 탓한다. 안개가 몰려온다. 그러나 해변이 아주 가깝다! 시야를 유지하고 물살을 거슬러 전진하기만 한다면 말이다.

쉽게 냉소적이 되고 비관적인 태도를 보인다
이들에게 포기하지 않으면 상황이 나아질 거라고 말해보라. 이들은 마치 하늘이 녹색이라고 말했다는 듯이 당신을 쳐다볼 것이다. 당신이 틀렸다며, 상황이 좋아질 리 없다는 건 멍청이라도 알 거라고 당신을 설득하려 들 것이다. 그 이유는 이렇다.

지금껏 노력했지만 달라진 게 하나도 없었거든요.

몇 번이나 프러포즈 했지만 번번이 퇴짜를 맞았거든요.

정말 열심히 일했는데 사장이 봉급을 올려줄 생각을 않거든요.

비관주의는 자기 연민의 이웃이다. 그리고 자기 연민의 바로 다음 정거장이 포기이다.

시각을 바꿔라

어느 정도 제대로 된 시각을 가지려면 자기 자신을 가엾이 여기지 않는 것이 좋다. 사역이 어려워지면 나는 나 자신이 불쌍하다고 생각할지 모른다. 그러면 나는 아이티 출신의 목사이자 내 친구인 에드리와 함께하는 시간을 가질 것이다.

에드리 부부는 자녀들과 방 2개짜리 판잣집에 산다. 그 집에는 창문이 없고 전기도 이따금 들어온다. 에드리는 언덕에서 복음을 전하고, 아내는 고정 수입을 얻기 위해 시장에서 일한다. 나는 에드리를 생각하고 기쁨으로 가득한 그의 마음을 떠올리기만 하면 된다. 그러면 갑자기 나의 상황이 그다지 나빠 보이지 않는다.

또 삶 가운데 벌어지는 어떤 일이 나를 일깨워주기도 한다. 우리가 후원하는 선교사가 단지 복음을 전했다는 이유로 돌팔매질을 당했다. 정말이다. 알다시피 이런 일이 지금도 일어난다. 그는 살아남았지만 사람들은 그가 복음을 전하자 그에게 돌을 던져 답했다. 그래서 나는 그에게 말할 때 불평하지 않는다. 그리고 나는 이렇게 말하지 않는다.

"선교사님이 믿지 않겠지만, 교인이 제게 불쾌한 이메일을 보냈어요. 그래서 낙담했답니다."

그러면 그가 뭐라고 말하겠는가?

"까칠한 교인이 목사님에게 언짢은 메일을 보냈단 말이죠? 기분이 어떠셨어요?"

그는 내가 불쌍하다고 느끼지 않을 테고, 이것은 나도 나 자신을 불쌍히 여기기를 그쳐야 한다는 아주 좋은 신호이다.

때로 나는 히브리서 11장에서 언급되지 않은 다른 많은 믿음의 영웅 이야기를 읽으며 날마다 필요한 최소한의 시야를 확보한다. 그렇다. 히브리서 11장은 믿음의 영웅들을 빠짐없이 열거하고 있지는 않다. 기독교 역사에는 믿음의 영웅이 매우 많다.

예를 들면, 아도니람 저드슨(Adoniram Judson)은 미얀마의 선교사였다. 그는 미얀마에 63개 교회를 세웠고, 6천 명이 넘는 사람을 그리스도께 인도했다. 그러나 쉽지 않았다. 그가 미국을 떠나 선교사가 되겠다고 결심한 것은 22세 때였다. 그는 배를 타고 인도로 향했다. 그러나 그와 임신한 아내가 도착했을 때, 사람들은 그들을 받아들이지 않았다. 두 사람은 3주 동안 배에 갇혀 지냈고, 아내는 폭풍우 속에서 출산하다가 아기를 잃었다. 이들은 해변에 내려 6년 반 동안 매일 복음을 전했지만 단 한 사람도 돌아오지 않았다. 미국의 후원자들은 이들에게 귀국할 것을 권고했다. 그는 복음의 씨앗을 충실하게, 그것도 희생적으로 뿌렸지만 하나님은 아무 열매도 주지 않으셨다.

그는 계속 바라보았다. 계속 기도하며 복음을 전했다. 그는 복음을 전했다는 이유로 감옥에 갇혔다. 발에 사슬이 채워졌고 등과 어깨와 머리는 바닥에 닿았으며 두 다리는 공중에 달렸다. 여러 해를 감옥에서 보내며 그 자세로 먹고 자고 용변을 보았다.

아내와 세 자녀가 미얀마에서 죽음을 맞았고, 두 번째 부인과 두 자녀마저 그곳에서 죽었다. 그는 거듭 자신을 가엾이 여기고 그만둘 수도 있었다. 그러나 절대 포기하지 않았다.

결코 쉽지 않았다. 그만두겠다고 결정할 수도 있었다. 고향으로 돌아가 쉽고 편하게 할 수 있는 일이 얼마든지 있었다. 그러나 그는 예수님을 사랑했고 자신의 소명을 확신했다. 그래서 인내를 택했다. 현재 미얀마에는 아도니람 저드슨이 미국에서 건너왔을 때를 기점으로 탄생되었다고 보는 교회가 약 3,700여 개에 달한다.

내가 예배 시간에 아도니람 저드슨 이야기를 했을 때, 예배 후에 세 청년이 나를 찾아와 자신들을 소개했다. 자신들은 미얀마에서 왔으며 미국을 방문 중이라고 했다. 이들은 모두 한 교회에서 그리스도인이 되었다. 그 교회 이름은 바로 '저드슨 교회'였다. 그가 뿌린 씨앗이 열매를 맺은 것이다.

내가 처한 상황이나 내가 마주한 도전을 의도적으로 저드슨 또는 다른 무수한 증인들의 시각에서 본다면 실제로 나 자신을 가엾게 느끼려고 해보아도 그럴 수 없다. 대신에 나는 감명을 받아 계속 전진하고 포기하지 않는 용기를 넘치게 얻는다.

때로 나에게 약간의 시야가 필요할 때면 나는 내가 설교하는 교회의 회중들을 본다. 휠체어에 앉은 채 미소 짓는 제니 스미스가 눈에 들어온다. 그녀에게 자신의 이야기를 독자들에게 들려달라고 부탁했다.

열여섯 살 때, 저는 제 미래를 전혀 생각해보지 않았어요. 체조를 사랑했고, 피아노를 즐겼으며, 개인 교습을 좋아했어요. 하지만 이런 것들이 저를 어디로 이끌는지 저는 전혀 몰랐어요.

그런데 1989년 7월 11일, 척수를 다쳐서 사지가 마비되었어요. 그날 아침, 텀블링을 하다가 이슬이 맺힌 유리 위에 미끄러졌어요. 유능한 체조 선수였지만 젖은 유리 바닥에 미끄러져 치명상을 입고 나자 제 인생이 달라졌어요. 한순간에 두 손과 발을 모두 못 쓰게 되었어요. 그 순간 많은 게 달라졌어요. 더는 체조를 할 수 없게 되었고, 밴드에서 키보드를 연주하거나 교회에서 피아노를 칠 수도 없고, 학교에서 치어리더를 할 수도 없고, 대학에서 배구를 할 수도 없게 되었어요. 저는 제 정체성을 잃었고, 제가 좋아하던 활동도 모두 할 수 없게 되고 말았어요.

그렇지만 휠체어에 앉아서 할 수 있는 것이 무엇인지 다시 집중했어요. 학업에 열중해서 고등학교를 조기 졸업했고, 상담 심리를 공부해서 석사 학위를 받았어요. 희망을 잃은 적이 있냐고요? 전혀 없어요. 어쩌면 남은 거라곤 희망뿐이었기 때문일 거예요. 저는 하나님이 저를 계속 사용하실 수 있다고 굳게 믿었어요. 히브리서 6장에 이런 말씀이 있어요.

"우리가 이 소망을 가지고 있는 것은 영혼의 닻 같아서 튼튼하고 견고하여 휘장 안에 들어가나니"(히 6:19).

제 삶을 지탱해준 것은 '희망'이었어요. 그냥 삶이 아니라 풍성한 삶 말이에요(요 10:10).

포기하지 않기 위해, 저는 저의 안전지대 밖에 있는 것들에 "네!"라고 말할 용기를 찾아야 했어요. 멕시코에 가서 휠체어를 나눠주었어요. 얼마 후 전 세계에 휠체어를 나눠주는 단체의 부회장이 되었어요. 멕시코, 코스타리카, 엘살바도르를 비롯해 제 심장이 뛰게 하는 아프가니스탄의 장애인들과 함께 일하는 게 너무도 좋았어요. 지금까지 9년째 외국인 노동자를 돕는 선교 단체에서 일하고 있어요.

휠체어 테니스, 휠체어 럭비, 오하이오 강에서 하는 조정을 통해 일상에서 조금 더 독립하는 법을 배웠어요. 지금은 아파트를 마련해서 혼자 살고 있어요.

하나님이 하신 모든 일에 감사할 때, 척수 장애 때문에 낙담하거나 좌절한 적이 단 한 번도 없고, 장애 때문에 누군가에게 의존해야 하는 제가 비참하다고 느낀 적이 전혀 없었다고 말한다면 거짓말이겠지요. 그러나 장애 때문에, 장애가 없었다면 의지하지 않았을 방식으로 하나님을 깊이 의지하게 되었어요.

다른 사람들에게 손을 내밀어 새 희망을 갖도록 기도해달라고 부탁하는 게 쉽지 않았어요. 그런데 하나님은 늘 신실하셨어요. 그분은 당신에게도 같은 것을 바라세요. 그것은 그분이 하신 일에 "네"라고 말하는 거예요. 희망을 버리지 마세요.

자기 자신과 대화하기

성경은 생각하는 삶을 거듭 강조한다. 우리는 마음을 새롭게 함으로 변화를 받는다. 모든 생각을 사로잡는다. 작은 생각이 우리에게 엄청난 힘을 미치는 것을 알기 때문이다. 고난에 대해 알았고 시각의 필요성에 대해 알았던 바울은 이렇게 말한다.

끝으로 형제들아 무엇에든지 참되며 무엇에든지 경건하며 무엇에든지 옳으며 무엇에든지 정결하며 무엇에든지 사랑받을 만하며 무엇에든지 칭찬받을 만하며 무슨 덕이 있든지 무슨 기림이 있든지 이것들을 생각하라 빌 4:8

우리의 생각을 제어하는 한 방법은 '자기 대화'(self-talk)이다. 우리는 모두 자기 자신에게 말한다. 한 사람 한 사람은 열혈 청취자가 하나뿐인, 하루 종일 방송하는 일인 라디오 방송국이다. 그 프로그램이 용기를 주는가, 아니면 낙담하게 하는가? 우리의 생각은 우리의 삶에 엄청난 영향을 끼친다.

따라서 자기 대화를 하다가 자신을 속이면 그만두고 싶어진다. 반대로 용기를 주는 자기 대화는 생명을 안겨줄 수 있다. 시편이 이것을 보여준다. 다윗의 독백에 귀 기울여보라.

내 영혼아 네가 어찌하여 낙심하며 어찌하여 내 속에서 불안해하는가 너는 하나님께 소망을 두라 그가 나타나 도우심으로 말미암아 내가 여전히 찬송하리로다 시 42:5

스포츠 심리학자인 친구가 나에게 '만트라'(mantra)의 힘에 대해 들려주었다. 만트라는 자신에게 전략적으로 거듭 말하는 개인적인 모토나 금언이다. 다윗의 말은 한 번만 용기를 불어넣는 자기 대화가 아니라 개인적인 만트라로 보인다. 다윗은 시편 42편 5절에서, 11절에서, 또다시 43편 5절에서 자신에게 이렇게 말한다.

그렇다면 다윗은 왜 자신에게 같은 말을 되풀이하는가? 우리는 다윗의 삶을 웬만큼 안다. 다윗은 의기소침하고 낙심과 실의에 빠질 만한 유혹을 느낄 이유가 충분하다. 그러나 그는 위로 파티 따위를 열지 않았다. 대신에 자신에게 용기를 불어넣어 자신이 그만두지 않도록 자기 대화를 전략적으로 활용했다.

자기 대화란 자신에게 말로 용기를 불어넣는 것이다. 우리는 TV 프로그램을 선택하거나 저녁 메뉴를 고르듯이 우리의 생각을 선택한다. 우리는 언제든지 채널이나 메뉴를 바꿀 수 있다. 자기 연민이 나타나기 시작하면, 우리는 다른 무엇을 작동해야 하는지 확인해야 한다.

연민에서 찬양으로

관점을 유지하고 자기 연민의 반응을 그치는 아주 효율적인 방법이 있다. 우리가 감사할 것이 얼마나 많은지 깨닫는 것이다. 바울의 삶이 이것을 보여준다. 바울은 부당하게 감옥에 갇혔는데도 그곳에서 이렇게 편지한다.

"주 안에서 항상 기뻐하라 내가 다시 말하노니 기뻐하라"(빌 4:4).

자기 연민의 반응을 보이기 쉬울 때, 무엇을 감사해야 하는지 알려달라고 하나님께 기도하라. 자기 연민의 흔적을 다 지우고 새로운 찬양의 옷으로 그것을 대신하라.

나는 플로리다주 올랜도로 향하는 비행기에 타고 있다. 내 앞에 한 엄마와 일고여덟 살쯤 된 아들이 앉아 있다. 엄마는 통로 자리에 아들은 가운데 자리에 앉아 있다. 무정하고 냉정한 어떤 영혼이 창가에 앉아 있다. 그들이 디즈니월드에 가는 길임을 누구라도 쉽게 알 수 있다. 아들은 밝은 색 미키 마우스 셔츠를 흔들고 있다. 엄마는 디즈니월드의 놀이 기구가 얼마나 재미있고 신나는지 설명한다. 그러나 아들은 엄마 말이 전혀 귀에 안 들어온다. 자신이 창가 자리에 앉지 못했다고 짜증을 부린다. 당신은 '마법의 왕국'(Magic Kingdom)에 가는 길이다. 그러나 비행기 창가 자리에 앉지 못해 삶이 불공정하다고 생각한다. 어딘가 친숙하게 들리는가?

지금 나는 어린이 야구장에 있다. 한 아버지가 관중석에 앉아 있다. 잠시 후 그는 아들이 삼진 아웃 당하는 것을 보고 열이 받아 버럭 화를 낸다. 의기소침해져서 대기석으로 걸어가는 아들을 향해 아버지가 이렇게 소리를 지른다.

"왜 그래? 볼을 끝까지 보라고!"

그러고 나서 주심에게 뭐라고 하며 다시 그를 압박한다. 다른 부모들은 어색한지 자신들의 손을 쳐다본다.

아름다운 날이다. 당신의 아들은 건강하고 강하다. 당신은 지구상에서 이곳까지 타고 올 차가 있는 8퍼센트에 속한다. 당신은 아들의 경기를 볼 수 있을 만큼 시간이 넉넉하다. 자신을 불쌍히 여기는 것을 그만두고 감사할 이유를 찾아보라.

　최근에 선교 여행에서 돌아온 여성의 간증을 읽었다. 그녀는 토바고섬의 나환자촌에서 봉사했다. 마지막 날, 그녀는 나환자들을 위해 예배를 인도하면서 좋아하는 찬양이 있는지 물었다. 뒤쪽에서 한 여자가 손을 들었다. 얼굴은 보기에도 흉측했다. 코와 귀의 형태가 사라졌고 입술조차 없었다.

　그러나 그녀는 웃으면서 손가락이 없는 손을 들고 말했다.

　"'받은 복을 세어보아라'(Count Your Blessings)를 함께 불러요."

당신이 알지 못하는 것

　환경을 바라보고 관점을 잃기 시작할 때는 핵심에 밑줄을 긋는 것이 도움이 된다. 우리는 하나님이 우리의 삶에서 무엇을 하시려는지 실제로 알지 못한다. 당신이 겪는 일을 하나님이 어떻게 사용하실지 당신은 전혀 모른다. 하나님이 하신 일을 알기 때문에, 그분이 하실 일이 감동적이고 갑작스러워 보일 것이다. 그 일이 무엇인지 나중에 알게 된다면 말이다.

　뉴스에 소개된 매리 앤 프랑코(Mary Ann Franco)의 이야기를 보았는가? 매리 앤은 1995년에 시력을 잃고 20년간 어둠 속에서 살았다. 2015년 8월에 심하게 넘어져서 목을 다쳤고, 10개월간 고통과 절망에 빠져 지냈다. 그녀는 앞을 보지 못하는 것만으로도 아주 힘겨웠다. 그런데 이제 만성 통증까지 더해졌다.

　매리 앤은 하나님에 대한 믿음을 잠시도 잃지 않았다고 했다. 그

럼에도 하나님이 왜 이런 일을 허락하시는지 의문이 들었을 것이다. 결국 그녀는 팔과 등의 통증을 줄이는 수술을 받았다. 그런데 그녀가 수술실에서 나왔을 때 앞을 볼 수 있게 되었다. 무슨 이유인지 몰라도 이 수술로 시력을 회복하게 된 것이다. 신경외과 의사에게 어떻게 된 일인지 물었지만, 의사도 전혀 설명할 수 없는 일이었다. 하나님이 하신 일을 그가 어떻게 알겠는가? 이것은 분명히 하나님이 하신 일이다.

믿음은 볼 수 없는 것에 대한 확신을 주어 삶의 어려움을 받아들이게 한다. 이 믿음은 지금 우리가 하는 싸움을 어떻게 바라보아야 하는지 시각을 제시한다. 우리는 자신이 불쌍하다고 느끼지 않는다. 우리를 기다리는 것에 대한 확신이 있기 때문이다. 믿음으로 우리는 우리의 가장 좋은 삶이 현재가 아니라는 것을 알 수 있다. 우리의 가장 좋은 삶은 아직 오지 않았다. 그래서 우리는 약해지거나 낙담하지 않는다.

역경을 극복하겠다는 선택

우리는 환경 때문에 자신을 가엾이 여기지 않기로 선택할 뿐 아니라 환경을 극복하기로 선택할 것이다. 우리는 희생자처럼 느끼지 않고 우리에게 일어난 일을 계기로 더 큰 사람이 되기로 선택한다.

너무 낙관적으로 들리는가? 좀 과한 것 같은가? 아니다. 이것이 당신의 삶에서 역사하시는 하나님의 능력이다. 바울은 에베소서 1장 19, 20절에서 예수님을 죽은 자 가운데서 일으킨 바로 그 능력이 우리에게도 역사할 수 있음을 일깨운다. 죽음을 이긴 능력이 환경을 이기도록 우리를 도울 수 있다. 이긴다는 확신은 우리 자신에 대한 확신이 아니라 우리 안에 계신 성령의 능력에 대한 확신이다.

진실은 누구에게나 삶이 힘들다는 것이다. 그러나 어떤 사람은 패배를 택하고, 어떤 사람은 승리를 택한다. 흥미롭게도, 가장 큰 어려움을 마주했던 사람들이 가장 크게 성공한다. 예를 들어, 대영제국이 전성기일 때 영국 수상 중 3분의 2가, 미국 대통령의 3분의 1이 어릴 때 부모를 잃었다는 사실을 아는가? 성공한 기업가 중 3분의 1이 난독증이 있다는 것을 아는가? 이 모두가 우연의 일치일 수도 있다. 그러나 나는 그렇게 생각하지 않는다. 자신이 겪는 어려움을 놀라운 단계로 올라서게 하기 위한 도약대로 본다면 어떤 일이 벌어지겠는가?

말콤 글래드웰(Malcolm Gladwell)은 《다윗과 골리앗》(David and Goliath)이라는 책에서 어려움을 극복하기로 선택한 사람들의 다양한 이야기를 들려주고, 이들과 관련한 통계를 제시한다. 그는 '가치 있는 어려움'(desirable difficulties)에 대해 말하며 끔찍한 환경이 실제로 장애물이 아니라 기회라고 덧붙인다.[2] 역경을 극복해야 하는 사람들은 더 많이 배우고, 더 열심히 일하지 않을 수 없으며, 실제로 좀 더 쉽게 그 과정을 통과한 사람들에 비해 이점이 있다. 역경을 극복하는 사람은 소수이며 선택받은 자들이다. 그들은 분투하는 사람들이다.

그는 장애나 약점을 극복한 무수한 사람이 그런 환경에도 '불구하고' 성공한 것이 아니라, 그 환경 '때문에' 성공했다고 말한다. 물론 그 어려움이 은 쟁반에 성공을 담아 바친 것은 아니다. 대신에 이들은 그 어려움을 자신의 여정을 위한 연료로 사용하기로 했다.

모든 사람이 극복하기로 선택했고 당신도 그렇게 할 수 있다. 사실 이들 중 많은 사람에게 없던 것이 당신에게 있다. 바로 하나님이시다. 로마서 8장에서 이렇게 말한다. "우리를 사랑하시는 이로 말미암아 우리가 넉넉히 이기느니라"(롬 8:37). 다음에 안개가 몰려와 포기하고 싶을 때 당신의 영혼에게 이 말씀을 들려줘라.

삶은 어렵다. 그러나 당신이 겪었거나 겪는 그 무엇도 그분에게는 그리 어렵지 않다. 당신을 향한 그분의 은혜가 넘치며 당신이 약한 데서 그분의 능력이 온전해진다(고후 12:9). 그러므로 당신이 그만두고 싶다면 내가 당신에게 말하겠다. 구름처럼 둘러싼 허다한 증인이 당신에게 하는 말에 귀를 기울이라고.

구름처럼 둘러싼 허다한 증인들 중에는 이름만 들어도 대단한 사람이 있는가 하면 이름도 모르는 사람이 있다. 이들은 양과 염소의 가죽을 입고, 광야를 떠돌았으며, 동굴에 숨었다. 이들은 세상에 가치를 두지 않았다. 이들이 당신의 현재 상황을 보면 뭐라고 말할지 궁금하다. 어쩌면 이렇게 말하지 않을까 싶다.

"제발 그만하세요. 당신이나 당신 주변 사람들을 돕는답시고 자기 자신이 불쌍하다는 생각은 이제 그만하세요!"

"제가 봐도 당신에게 일어난 일은 옳지 않아요. 당신에게 일어난 일은 공정하지 않았어요. 당신이 어떤 아픔을 겪는지 알아요. 많이 아픈 것도 알아요."

"삶은 힘들어요. 그러나 일어난 일은 일어난 거예요. 당신이 겪는 일을 부정할 수는 없어요. 지금은 두 손을 들고 그만둘 때가 아니에요. 당장은 보이지 않을 거예요. 당장은 이해되지 않을 거예요. 당장 그만두고 싶을 거예요. 하지만 해안선이 바로 앞에 있어요."

"그만두지 마세요. 그러지 마세요."

"시야를 유지하세요. 믿음을 지키고 포기하지 마세요!"

2

DON'T

무거운 짐을 벗어버려라

GIVE UP

때로 우리는 실제로 용기가 필요할 때 위로가 필요하다고 생각한다. 지금까지 우리는 그렇게 배웠다. 때로 우리는 정말 힘이 필요할 때 동정을 원한다. 때로 우리는 도전 의식을 북돋아줄 사람이 절실히 필요할 때 우리를 안쓰럽게 여겨줄 사람을 원한다.

우리가 지치고 힘들 때, 감독이 벤치에 앉아 물을 마시며 한숨 돌리라고 말해주기를 바란다. 그러나 우리에게 정작 필요한 말은 이것이다.

"젖 먹던 힘까지 다 내라고! 얼마 안 남았으니까 조금만 더 버텨. 지금까지 잘해왔잖아!"

히브리서 12장은 신자들에게 포기하지 말라고 도전한다. 우리가 구름처럼 허다한 증인들에게 둘러싸여 있음을 상기시킨다. 그들의 믿음과 성실은 우리에게 계속 믿을 확신과 전진할 용기를 준다.

우리는 약해질 때 앞서간 사람들을 기억한다. 구름 속 증인들이 우리에게 말하고 감동을 준다. 이들은 우리를 지켜보고, 우리는 이들을 뿌듯하게 하고 싶다. 이것은 궁극적인 경주이다. 이어달리기 주자들이 자신의 구간을 다 달린 다음 줄 밖에서 그다음 주자들을 응원한다. 당신도 언젠가 구름 속에 자신의 자리를 갖게 될 것이다.

히브리서 기자는 약해지고 낙담해하는 사람들에게 말한다.

"무거운 것과 얽매이기 쉬운 죄를 벗어버리고"(히 12:1).

번역하면 "모래주머니를 벗어버려라"쯤 될 것 같다. "벗어버리고"라고 번역된 어구는 헬라어 합성어에서 왔는데, "무언가 내려놓은 다음 닿지 않는 구석에 밀어놓다"라고 번역할 수 있다. 히브리서 기자는 지쳐 포기하고 싶어 하는 사람들에게 말한다. 그들을 짓누르는 것이 무엇인지 찾아내서 내려놓고 걷어차버리라고 말이다.

유혹을 이기려면

최근에 한 모임에 참석했는데, 바로 앞 탁자에 사탕 바구니가 놓여 있었다. 나는 평소 사탕 바구니에 관심이 없다. 그 바구니에 보통 초콜릿이 담겨 있는데, 초콜릿에 별 흥미가 없기 때문이다. 그런데 그 사탕 바구니에는 스타버스트라는 젤리가 가득했다. 스타버스트라면 이야기가 다르다. 나는 스타버스트를 현금 대신 받는 사람으로 통한다. 그러니까 나는 스타버스트나 현금 어느 쪽이든 괜찮다.

나는 그 바구니를 집어 들어 무릎 위에 놓고 무의식적으로 두세 개씩 집어먹었다. 다음 순간, 내가 무슨 짓을 하고 있는지 깨달았다. 사탕 바구니를 탁자에 다시 올려놓고, 더는 먹지 않겠다고 나 자신에게 말했다.

10분 후, 내 손을 내려다보니 또다시 스타버스트의 포장을 벗기고 있었다. 누가 내 손더러 이렇게 하라고 했어? 좀 더 극단적인 조치가 필요했다. 나는 바구니를 들고 일어나 방 반대편으로 걸어가 손이 닿지 않는 곳에 바구니를 내려놓았다.

나는 스타버스트가 나를 손쉽게 유혹하리라는 것을 안다. 나는 바구니를 내려놓는 데 그치지 않았다. 바구니를 손이 닿을 수 없는 곳에 치워버렸다. 우리를 실수하게 만들거나 주춤거리게 하는 것을 찾아내 아예 손이 닿지 않게 치워야 한다. 이 단어를 다시 잘 보라.

"벗어버려라"(let us throw off). 결코 가벼운 제안이 아니다. 자신의 신체적, 정서적 또는 의지적 힘을 사용하여 상황에 맞게 그 대상을 치워버리라는 직접 명령이다. 일어나 바구니를 들고 방 건너편으로 가서 던져버려라.

히브리서 기자는 하나님이 부여하신 당신의 참된 자아를 죄로 유혹하여 빠져들게 하는 잠에서 불러내고 있다. 메시지는 이렇다. "일어나 그것을 해결하라!"

"벗어버리고"라는 말씀은 이것이 당신에게 달려 있음을 암시한다. 당신은 그것을 느끼거나 경험하거나 결과를 확인할 때 알 수 있다. 삶에서 자신을 짓누르는 무거운 짐을 찾아내고, 자신이 약해지고 낙담하지 않도록 행동을 취해보라.

벗어던져라

히브리서는 두 가지 범주로 우리를 얽매는 것들이 무엇이고 어떻게 우리로 하여금 그만두게 하는지 묘사한다.

1. 무거운 것
2. 아주 손쉽게 얽매는 죄

이 두 문장을 재빨리 읽고 둘을 같은 범주로 생각하는 경향이 있다. 대충 읽으면 성경이 '무거운 것'을 "아주 손쉽게 얽매는 죄"로 정의하는 것처럼 들린다. 이런 해석도 가능하다. 그러나 내가 보기에 이것은 일반적인 것에서 구체적인 것으로 옮겨가는 것으로 보인다. 일단 운동선수는 몸을 무겁게 하는 것들을 피한다. 훈련할 때도 조금이라도 초과되는 것을 피할 새로운 방법을 찾는다.

히브리서가 기록될 무렵 그리스인들은 스포츠 행사를 즐겼다. 결과적으로 올림픽을 생각해냈다. 그리스 경주자들은 훈련할 때 다리에 모래주머니 같은 것을 찼고, 경주할 때는 이것을 벗어버렸다. 사실 이들은 다른 스포츠에서도 모래주머니를 활용했다. 예를 들어, 장애물 경주나 수영에서 모래주머니처럼 무거운 것들이 힘을 길러주었다. 그러나 이것을 벗어던지면 더 가볍고 더 자유로우며 더 강력하고 탁월한 경기를 펼칠 준비가 된다. 특히 달리기에서 그랬다. 그리스 경주자들은 옷의 무게조차 덜기 위해 거의 알몸으로 달리기도 했다.

감사하게도, 알몸 경주가 지금까지 유행하지는 않는다(상하의 운동복 때문에 기록이 0.0002초 느려질 수 있다는 주장에 다들 동의할 것이다). 오늘날 달리기 선수들도 무게를 조금이라도 줄이기 위해 특수 제작한 운동화 끈을 사용하기도 한다. 어느 연구에 따르면, 달리기 선수가 약 0.45킬로그램을 더 달고 뛸 때마다 1.6킬로미터 경주 기록이 1.4초씩 늦어진다고 한다.[1] 그래서 경주용 신발은 최대한 가볍고 기능에 맞게 제작하려고 온갖 연구를 한다. 하지만 조깅하는 일반인들은 이 부분을 걱정하지 않는다. 이들은 휴대전화를 들고 뛴다. 모자를 쓰고 물병까지 들고 뛰기도 한다. 그러나 선수들은 속도를 조금이라도 늦출 만한 것이 있다면 무엇이든 벗어버린다.

선수들은 시합을 앞두고 매우 구체적인 준비를 한다. 머리를 깎고 신발과 옷을 최대한 가볍게 한다. 단 10그램이라도 방해가 되기 때문이다. 이것이 우리를 아주 손쉽게 얽맨다.

영어성경(NIV)에서 'hinders'라는 단어는 실제로 "모든 종류의 무게"를 의미하는 명사이다. 다른 영어성경(NLT)에서는 히브리서 12장 1절을 이렇게 옮겼다. "우리의 속도를 떨어뜨리는 모든 것을 벗어버리자(let us strip off every weight that slows us down)."

이제 우리를 방해하는 짐을 몇 가지 살펴보겠다. 이 짐이 모두에게 동일하지는 않다. 하지만 대부분의 사람들이 낑낑대며 지는 무거운 짐이 있다. 쓸데없는 짐을 조금이라도 지고 다닌다면 속도가 늦어진다. 더욱이 이런 짐을 아주 오래 지고 다니면 더는 걸을 수 없는 상황에 이르게 된다. 그럴 때 당신은 포기하게 될 것이다.

2부에서 무슨 짐을 어떻게 벗어버려야 하는지 살펴보겠다.

불안에 방해받지 말라

"roller coaster struck"(롤러코스터 멈춰 서다).

구글(Google)에서 이 문장을 검색해보라. 이런 일이 얼마나 자주 일어나는지 알면 아마 깜짝 놀랄 것이다. 물론 상대적으로 말하면, 아주 자주 일어나지는 않는다. 그러나 한 번도 많다.

바로 이번 주에 텍사스에 있는 한 놀이공원에서 롤러코스터가 멈춰 섰다는 기사를 읽었다. 열차는 꼭대기까지 올라갔다. 탑승자들은 스릴을 느낄 준비가 되었다. 그런데 아무 일도 일어나지 않았다. 열차가 그대로 멈춰 서고 말았기 때문이다. 탑승자들은 주위를 둘러보다 헛구역질을 했다. 탑승자들은 금방이라도 로켓 속도로 곤두박질치거나 또는 그렇지 않을 것이다. 공중으로 치켜든 손이 일제히 벨트를 꽉 움켜잡았다.

탑승자들은 그 자세로 45분 동안 기다렸다. 궤도 꼭대기에서. 겁에 질린 채. 몸에 잔뜩 힘을 주고. 불안에 떨며.

불안이 모두를 천천히 짓누른다. 당신이 해야 할 일은 주변에서 일어나는 일에 주목하는 것이다. 그러면 무슨 일인지 알게 된다. 심리학자 로버트 리히(Robert Leahy)는 《불안을 벗다》(Anxiety Free)라는 책에서 "오늘날 평균적인 아이의 불안 정도는 1950년대 평균적인 정신질환자 수준이다"라고 지적한 바 있다.[1]

불안의 징후는 대개 두려움, 신경질, 조급증, 수면 장애, 중압감으로 묘사된다. 하지만 이것이 다가 아니다. 호흡 장애, 가슴 통증, 집중력 장애, 소화 불량, 두통, 불면증, 근육 경직, 에너지 저하 그리고 혼란을 일으키고 집착하게 하는 생각, 금전적 손실, 망각까지 일으킬 수 있다.

불안은 정서에 큰 영향을 미칠 수 있다. 불안은 뇌의 세로토닌과 도파민 분비 체계를 어지럽힐 수 있다. 불안은 동요, 분노, 일반적 짜증으로 나타날 수 있고, 침울하게, 외롭게, 슬프게, 우울하게 만들기도 한다. 불안은 불쾌한 냄새나 탈모, 과도한 땀 분비 등으로도 나타난다.

불안은 다양한 신체 증상으로 나타난다. 불안을 전혀 느끼지 않는다는 친구들이 있다. 이들은 불안이 주는 압박감을 느끼지 않는다. 그러나 불안이 몸의 각종 통증이나 마비의 진짜 원인일 수 있다. 불안은 혈액순환 장애, 호르몬 불균형, 고혈압, 편두통, 체중 증가, 체중 감소 등을 일으킬 수 있다. 무엇이든 안 좋은 것을 예로 들어보라. 불안이 그 원인일 수 있다.

리히 박사는 우리에게 만연한 불안에 관한 연구를 발표한 후에 이렇게 결론을 내렸다.

"우리는 불안의 시대를 산다. … 우리는 신경 쇠약의 나라 국민이 되었다."2)

불안은 무수한 부작용을 낳는다. 이러한 부작용은 심각한 결과로 귀결된다. 바로 '포기'이다. 우리가 지는 무게가 얼마이든, 너무 불안하기 때문에 계속 전진할 수 없다고 느낄 수 있다. 불안이 너무 무거워 한 걸음 더 내딛는 것이 불가능해 보일 수도 있다.

정도는 다르지만, 우리 모두 불안을 이고 지고 다닌다. 어떤 사람은 불안의 무게에 눌려 뼈가 으스러질 것 같다고 느낀다. 그런가 하면 어떤 사람은 불안의 무게가 성가실 뿐이다. 불안의 영역에서 어떤 사람들은 과거의 트라우마나 학대로 인한 외상 후 스트레스 장애를 겪으며, 자신이 전혀 안전하지 않다고 느낀다. 이들은 보통 싸우거나 도망치거나 냉담한 반응을 보인다. 그러면서도 그 원인을 도무지 모른다.

어떤 사람들은 불안 장애 판정을 받는다. 이들에게 불안은 영적 문제 그 이상이다. 불안으로 고통당하는 사람들을 돕는 친구가 이따금 말한다. 우리는 마음의 회복을 위해 기도하지만, 필요한 것은 세로토닌 수치의 회복이라고.

어떤 사람들은 자신이 해야 할 일에 대한 생각을 잠시도 멈추지 못해 수면 장애를 겪는다. 어떤 사람들은 출퇴근 문제로 극심한 스트레스에 시달린다. 어떤 사람들은 휴가 때만 되면 걱정이 태산이다. 중압감을 느낀다. 가정의 문제도 이와 다르지 않다.

당신이 불안의 영역 어디에 있든 나는 믿는다. 하나님은 당신의 짐을 벗겨주고 싶어 하신다. 당신이 그분에게 손 내미는 법을 배운다면 당신의 경주 방식이 달라질 것이다. 자신이 무거운 짐에 짓눌리기보다 강하고 여유로우며 자유롭다고 상상해보라.

쉬운 일이 아니다. 짐의 무게가 너무 생생하게 느껴지고 당신을 내리눌러 굴복을 강요한다는 것은 나도 안다. 무거운 게 당연하다. 그 시작은 매일의 생각이다.

오늘 나의 하루가 어떨까?

"어떻게?"라는 물음과 이러저러하면 "어쩌지?"라는 물음이 서서히 당신의 마음을 장악한다. 처음에는 편한 슬리퍼 차림으로 자기 생각의 주변을 가볍게 걷는 데서 시작했다. 그런데 이것이 양쪽 발목에 5킬로그램을 달고 뛰는 힘겨운 경주가 되어버렸다. 이제 피곤하고 지치고 기진맥진하여 포기하고 싶은 마음뿐이다.

하나님께 맡긴다는 것

새로운 기독교 공동체가 커질수록 그리스도를 따르는 자들은 스트레스와 중압감을 느낀다. 베드로는 예수님의 제자로, 어부 출신 지도자였다. 그는 네로 황제 때 체포되어 처형될 위험에 처한 신자들에게 편지로 용기를 불어넣었다.

베드로는 편지를 쓰면서 수신자들을 가리켜 "흩어진 나그네 곧 하나님 아버지의 미리 아심을 따라… 택하심을 받은 자들"이라 부른다(벧전 1:1,2). 이들은 고향에서 쫓겨났다. 대다수가 난민으로 살고 있다. 이들은 직장을 잃었다. 소유를 빼앗겼고, 친구들이나 가족들과도 함께 살지 못했다.

이것이 이들이 경주하며 지려는 많은 짐이다. 이들의 다리는 피곤하다. 이런 짐을 지고 얼마나 더 달릴 수 있을지 알 수 없다.

베드로가 이들에게 말한다.

"너희 염려(anxiety, 불안)를 다 주께 맡기라 이는 그가 너희를 돌보심이라"(벧전 5:7).

좋다. 그런데 이것이 전부인가? 염려를 그분께 맡기면 다 해결되는가? 베드로는 말한다.

"불안과 두려움에 짓눌릴 때, 모든 염려와 불안을 하나님께 맡기세요. 그러면 해결됩니다."

당신이 짐에 눌릴 때 다른 사람이 그 짐을 당신에게 지웠다면 이런 구절은 별 도움이 되지 않을 것 같다. 조금 순진해 보이고 어쩌면 약간 거슬리기까지 한다. 내 말이 맞는가? 자신의 불안에 짓눌려 버둥대는 사람들이 떠오른다. 이들에게 이런 구절은 멋모르고 내뱉는 지나치게 단순한 말처럼 들린다.

나도 안다. 그러나 당신에게 묻겠다. 7절의 마지막 부분, 창조주 하나님이 당신을 돌보신다는 것을 실제로 믿으면 어떻게 되겠는가? 당신은 이 구절이 힘이 없다고 보는가, 강력하다고 보는가? 당신이 하나님을 어떻게 믿느냐에 달렸다. 하나님이 돌보신다고 믿는가? 하나님을 신뢰할 수 있는 분이라고 믿는가? 추측해보면, 이 구절을 믿으려는 의지는 바로 지금 삶에서 무엇을 마주하고 있느냐와 깊은 관련이 있다. 베드로가 그다지 확신에 차 있지 않았을 때 복음서에 잘 기록된 순간들을 보라.

마가복음 4장에서 예수님은 제자들에게 함께 배를 타고 호수 건너편으로 가자고 하셨다. 그런데 갑자기 엄청난 폭풍이 이들을 덮쳤고, 파도가 배 안으로 들이치기 시작했다. 기억하라. 제자 중 몇몇은 어부이다. 이들은 폭풍우를 수차례 겪었다. 그러나 이번 폭풍은 뭔가 달랐다. 성경은 이들이 공포에 질렸다고 말한다.

예수님은 배 끝머리에서 베개를 베고 주무시고 계신다. 이 광경을 보고 어쩔 줄 몰라 하던 베드로와 제자들이 예수님을 막 흔들어 깨우기 시작한다. 일어나세요! 일어나세요!

제자들이 예수님에게 묻는다.

"선생님이여 우리가 죽게 된 것을 돌보지 아니하시나이까"(막 4:38).

더러는 예수님에게 바로 이 질문을 던질 것이다. "돌보지 아니하시나이까?" 당신이 돌보신다면, 왜 우리가 이 배에 타게 두셨나요? 왜 이 집을 사도록 허락하셨나요? 왜 이 동네로 이사 오게 하셨나요? 왜 이 직장에 들어가게 하셨나요? 왜 결혼하게 하셨나요?

돌보신다면서요? 우리가 물에 빠져 죽어가는 것을 돌보지 않으십니까? 빚에 허덕이는 것을 돌보지 않으십니까? 비탄에 빠져 있는 것을 돌보지 않으십니까? 외로움에 괴로워하는 것을 돌보지 않으십니까? 실망에 빠진 것을 돌보지 않으십니까? 당신이 돌보신다면 뭐라도 하셔야 하잖아요!

베드로와 제자들은 하나님의 돌보심을 믿기 어려웠다. 그들이 자주 하는 일, 즉 하나님의 돌보심을 폭풍우가 얼마나 세차게 쏟아지느냐로 측정하고 있기 때문이다.

짐을 옮겨라

"네 염려를 하나님께 맡겨라."

나는 베드로의 편지에서 '맡겨라'(cast, 던져라)라는 단어가 나오면 곧바로 고기잡이와 연결한다. 베드로는 어부이다. 그렇지 않은가? 베드로는 자신의 직업과 관련된 용어를 활용해서 우리가 불안을 어떻게 해결해야 하는지 설명한다.

베드로가 말하는 게 고작 이것이라면 조금 실망스럽다. 고기를 잡을 때 낚싯줄을 던졌다가(cast) 되감기 때문에 이것은 어김없이 우리에게 돌아온다. 그렇다면 이 개념은 적절하지 않다. 그럴 경우 '던지다'라는 단어는 낚시 용어가 아니다. 이 단어는 성경 다른 곳에서도 사용되는데, '옮기다'(transfer) 또는 문자적으로 "짐을 옮기다"로 번역된다.

때로 사람들은 당신의 불안과 염려를 놓아버리라고 말한다. 당신은 지금껏 이 모든 걱정과 염려를 움켜쥐고 있다. 손을 펴서 당신의 불안을 놓으라. 그러나 체육관 기구에 누워 역기를 들고 있다면 당장 역기를 놓으라는 것은 좋은 조언이 아니다. 역기를 놓아버리면 역기가 그대로 떨어져서 당신을 해치기 때문이다.

베드로는 단순히 염려나 불안을 내려놓으라고 말하지 않는다. "옮기라"고 말한다. 당신을 붙잡고 주저앉히는 짐을 하나님이 지고 가시게 하라는 것이다.

다양한 짐

당신이 붙잡고 있지만 하나님께로 옮겨야 하는 짐은 무엇인가? 불안이다. 이것을 조심스럽게 들어 올려라. 불안 항목을 작성하면 불안해진다. 그러니 이렇게 하라. 구체적으로 명시하는 대신에 넓은 범주로 나눠라.

알지 못하는 것들

우리를 마비시키고 전진하지 못하게 하는 숱한 불안의 중심에 "이러면 혹은 저러면 어쩌지?"라는 물음이 자리한다.

테러가 일어나면 어쩌지? 경제가 붕괴되면 어쩌지? 평생 함께할 사람을 끝내 찾지 못하면 어쩌지? 임신하지 못하면 어쩌지? 임신하면 어쩌지? 결혼생활이 원만하지 못하면 어쩌지? 나를 받아들이지 않으면 어쩌지?

키에르케고르의 《불안의 개념》(The Concept of Anxiety)이라는 책에, 심리학 수업과 철학 수업에 어김없이 인용되는 구절이 있다.

"불안은 자유의 현기증이다."[3]

분명히 말해두지만 여기서 말하는 자유는 그리스도 안에서 누리는 자유, 즉 "죄책감과 죄로부터의 자유는 우리를 불안하게 하지 않는다"라고 할 때 의미하는 자유가 아니다. 키에르케고르는 삶에 존재하는 가능성의 자유, 곧 우리가 선택하는 수많은 순간들을 말하고 있다. 우리는 너무 많은 가능성 때문에 어지러울 지경이다. 우리는 예수님이 나타나서서 뭘 해야 할지 보여주시기를 바란다.

그런데 예수님은 우리에게 무엇을 하지 말라고 말씀하신다.

"내일 일을 위하여 염려하지 말라 내일 일은 내일이 염려할 것이요 한 날의 괴로움은 그날로 족하니라"(마 6:34).

우리의 염려 중 다수가 '내일'이라는 범주에 속한다. 이 부분에서 우리는 숱한 가능성의 현기증에 빠져 길을 잃을 수 있다. 그리스도 께서 우리에게 그곳에 가지 말라고 말씀하신다. 내일 일을 염려하지 말고, 순간에 집중하라. 이것만으로도 염려의 목록을 극적으로 줄일 수 있다.

가능성이 희박한 것들

이와 비슷하게, 어떤 것들은 가능하긴 해도 확률이 거의 없다. 우리는 하루종일 뉴스가 쏟아지는 세상에 산다. 재난이 일어난다면 거의 실시간으로 알 수 있다. 어떤 재난이 있었다는 것을 나중에 알고 슬퍼하는 세상이 아니다.

요즘은 텔레비전을 틀 필요도 없다. 스마트폰에 뉴스가 실시간으로 올라온다. 세계 곳곳에서 일어나는 안 좋은 일을 끊임없이 알려 준다. 따라서 우리에게는 '불안 경보'를 끄는 버튼이 필요하다.

"지혜가 많으면 번뇌도 많으니 지식을 더하는 자는 근심을 더하느니라"(전 1:18). 이렇게 우리는 첨단 기술로 인해 마음껏 슬퍼할 수 있다.

그러나 우리의 불안이 누군가의 거짓말에 근거한다면 어떻게 되는가? 2017년에 '가짜 뉴스'(fake news)라는 말이 대중화되었다. 페이스북(facebook)은 가짜 뉴스를 적절히 검증하고 제재하지 않았다는 비난을 숱하게 받았다. 사람들이 읽은 가짜 뉴스의 헤드라

인만 보더라도 가관이다. 그러나 우리가 가짜 뉴스들을 믿는다면, 불안은 생생한 현실이 될 것이다.

통제할 수 없는 것들

우리가 느끼는 불안은 대부분 우리의 통제 밖에 있는 상황과 사람들에게서 비롯된다. 스트레스 전문가 에드워드 할로웰(Edward Hallowell)은 불안에 대해 이런 등식을 제시한다. "고조된 취약성과 감소된 권력감."4) 당신은 갑옷이나 무기 없이 전쟁터에 있다. 매우 위험하다. 의지할 데가 없다.

이 등식을 보니 막내딸에게 운전을 가르치던 일이 생각난다. 딸은 잘했다. 이따금 오른쪽과 왼쪽을 혼동했지만 말이다. 그러나 이런 혼동은 정말 끔찍한 결과를 초래할 수 있다. 딸이 운전대를 잡았고 나는 조수석에 앉았다. 이것이 앞서 말한 등식의 정의이다. 딸이 운전할 때 나는 불안했다. 나는 대시보드를 꽉 움켜잡고 발밑에 있지도 않은 브레이크를 계속 밟았다. 딸에게 지시할 때마다 목소리가 세 옥타브 이상 올라갔다. 통제권이 내게 없었기 때문이다. 나는 취약했다. 이것이 당신이 관계에 대해, 직장 상황에 대해, 하나님이 부르고 맡기신 사명에 대해 느끼는 것일지도 모른다.

'평온을 비는 기도'를 들어보았을 것이다. 사람들의 회복을 돕는 데 자주 사용되는 기도이다. 내용은 이렇다. "하나님, 내가 바꿀 수 없는 것들을 받아들이는 평온을 주시고, 내가 바꿀 수 있는 것들을 바꾸는 용기를 주시며, 이 둘을 분별하는 지혜를 주소서."5) 마지막 부분에 불안이 배어든다. 둘을 분별하지 못하기 때문이다.

어쩌면 당신은 돈 때문에 불안을 느낄 수도 있다. 당신의 재정 상태에서, 당신이 바꿀 수 있는 것이 있고, 바꿀 수 없는 것이 있다. 어쩌면 당신은 자신의 건강 상태에 불안해할지도 모르겠다. 건강과 관련해서 자신이 통제할 수 있는 것이 있고, 그럴 수 없는 것들이 있다. 중요한 것은 이 둘을 분별하는 능력이다.

당신이 불안해하는 관계는 또 어떤가? 당신은 이렇게 생각한다. '이 사람의 반응을 내가 통제할 수 있다면, 내 삶이 평화로울 거야.' 심지어 이들의 감정을 자극하려고 한 시도가 당신의 바람과는 정반대의 결과를 낳는 것처럼 보인다. 당신이 가까이 다가갈수록 이들은 뒷걸음친다. 이들이 뒷걸음칠수록 당신은 더 거칠게 몰아세운다. 당신은 더 불안해진다. 염려에 기초한 행동은 그만큼 더 많은 염려를 낳는다.

당신의 불안이 무엇이든, 베드로는 당신이 훨씬 더 무거운 짐을 지고 경주하고 있음을 분명히 한다. 당신은 속도가 느려지고 기운이 빠져서 포기하려고 한다. 그러나 하나님은 당신이 짐을 가볍게 하고, 더 빨리 달리기를 원하신다.

맡기는 여러 가지 방식

잠시 시간을 내어 자신에게 물어라.

"나는 내가 느끼는 불안을 어떻게 처리하는가?"

스콧 스토셀(Scott Stossel)은 '끈질긴 불안'(Surviving Anxiety)이라는 글에서 자신이 불안을 처리한 여정을 들려준다. 그는 이렇게 썼다.

지금껏 불안을 해결하려고 숱한 시도를 했다. 개인 심리 치료, 가족
치료, 집단 치료, 인지 행동 치료, 합리적 정서 행동 치료, 수용 전념
치료, 최면, 명상, 역할극, 노출 치료, 마사지 치료, 자기계발서, 기
도, 침술, 요가, 스토아 철학, 늦은 밤 TV 광고를 보고 주문한 오디
오 테이프, 수많은 항우울제 약물 치료, 이게 다가 아니다. 많은 종
류의 술, 그러나 아무것도 효과가 없었다. 6)

내가 약물과 전문가의 도움을 깎아내린다고 생각하지 않기 바란
다. 불안이 크게 자리한 사람들에게는 이런 것들이 적절하다. 그러
나 우리의 불안과 염려를 하나님께 맡겨야 할 때, 갈수록 약물이나
술이나 포르노나 쇼핑을 응급조치로 택하는 것 같아 걱정스럽다.
　조셉 칼리파노(Joseph Califano)는 《상류 사회》(High Society)라
는 책에서 이와 관련한 생각을 제시한다. 그는 이 책을 쓸 때, 컬럼
비아대학교 부설 중독 및 약물 남용 연구소의 소장이었다. 그는 이
렇게 말한다.

화학 물질이 이 나라에서 가장 큰 종교의 자리를 놓고 기독교를 뒤
쫓고 있다. 실제로 많은 미국인이 개인적 위기나 정서적이고 정신적
인 고통을 겪을 때, 이전 같으면 사제나 목사나 랍비를 찾아가 천국
의 열쇠를 구했다면, 이제는 '약물 나라'의 열쇠를 가진 일반 의사나
정신과 의사 또는 주류 판매점, 마약 밀매상을 찾는다. 이렇게 위안

과 용서의 원천인 고백을 약물과 술이 대신한다. **7)**

베드로는 약물이나 제사장이나 정신과 의사를 언급하지 않는다. 우리의 염려를 하나님께 맡기라고 한다. 그러나 이 말이 조금 모호하지 않은가? 정확히 어떻게 해야 하는가?

문맥을 살펴보면 도움이 된다. 사람들은 이 구절을 독립 구절로 인용하는 경향이 있다. 그러나 이 구절을 이해하는 실마리를 찾으려면 앞 절인 베드로전서 5장 6절을 함께 생각해보아야 한다.

그러므로 하나님의 능하신 손아래에서 겸손하라 때가 되면 너희를 높이시리라 너희 염려를 다 주께 맡기라 이는 그가 너희를 돌보심이라

벧전 5:6,7

Humble yourselves, therefore, under God's mighty hand, that he may lift you up in due time. Cast all your anxiety on him because he cares for you.

영어성경(NIV)으로 보면, 두 구절을 구별된 두 문장으로 번역하고, 문장 사이에 쉼표가 있어야 할 자리에 마침표를 찍었다. 그래서 "너희 염려를 다 주께 맡기라"는 부분이 실제로 전체 생각의 끝이 된다. 핵심 부분을 한 문장으로 이어서 읽어보자.

Humble yourselves… casting your anxiety on him.

너희 염려를 그분께 맡기면서… 스스로 겸손하라.

이러면 달라지지 않는가? 우리는 염려를 그분께 맡김으로써 스스로 겸손해진다. 그러나 그 반대도 성립한다. 그분께 염려와 불안을 맡길 때 스스로 겸손해진다. 베드로는 서로 배타적일 수 있는 둘을 연결한다. 교만과 불안이다. 교만이 우리를 불안하게 만드는 몇 가지 방법을 살펴보자.

교만은 자기중심적이게 한다

자기중심적일수록 자신의 즐거움과 소망과 위로에 더 신경을 쓴다. 이런 것들에 집중할수록 불안을 더욱 느낀다. 우리가 소셜 미디어에 얼마나 집착하는지 생각해보라. 소셜 미디어는 아주 많은 부분에서 놀랍도록 효율적인 도구일 수 있다. 예를 들면, 소셜 미디어를 통해 최근 소식을 가족과 나눌 수 있고, 옛 친구들과 연결될 수 있고, 업무와 관련된 관계망을 구축할 수 있다. 그러나 소셜 미디어가 득세할수록 불안이 어떻게 확산되는지를 보여주는 연구가 적지 않다.

왜 그런가? 소셜 미디어는 우리 삶에, 우리 이미지에, 다른 사람들이 우리를 어떻게 보느냐에 집착하게 만든다. 하루종일 쉴 새 없이 찍어대는 '셀피'(selfie, 스마트폰으로 찍는 자기 사진)는 불안 해소를 돕는 해독제가 아니다. 소셜 미디어는 다른 사람들의 생각이나 우리가 놓치고 있는 것들을 골똘히 생각하게 만들어 불안을 가중시킨다. 이것은 십대들과 젊은이들이 느끼는 불안, 이른바 포모(FOMO, fear of missing out의 줄임말로 소셜 미디어 공간에서 느끼는 소외감과 관계 단절, 다른 사람에게 잊히는 것에 대한 두려움)의 원인이라고 한다. 우리는 친구들이 자기만 빼고 함께 있는 모습에 불안을 느낀다. 우리는 하루종일 자신이 놓치는 것들을 떠올릴 수 있다.

교만은 도움을 구하지 않는다

우리의 불안 중 아주 많은 부분이 스스로 겸손해지기를 거부하고, 하나님께 혹은 누구에게든지 도움 구하기를 거부하는 데서 비롯된다. 우리는 지금껏 스스로 짐을 지겠다고 고집했기 때문에 포기하고 싶은 마음이 들기도 했다. 당신이 겪고 있는 불안을 생각하며 자신에게 물어라.

"나는 누구에게라도 도움을 구했는가?"

나의 처남 빈스와 그 가족이 최근에 우리가 사는 루이빌로 이사를 왔다. 아주 잘된 일이다. 솔직히 말하면 처남이 좀 얄밉다는 것만 빼고 말이다. 처남이 얄미운 데는 이유가 있다. 나는 못하지만 처남이 잘하는 일이 많기 때문이다.

빈스는 만들고 수리하는 것을 좋아한다. 더 얄미운 건 처남이 실제로 육체노동을 즐긴다는 것이다. 때로 육체노동이 필요하다는 건 나도 안다. 나는 조금 지저분해지고 땀에 젖는 것을 두려워하지는 않지만 누군가 육체노동을 즐긴다면? 이것은 내게 위험 신호다.

이제 빈스가 가까이 산다. 아내는 내게 이런저런 잔소리를 해대기 시작한다.

"여보, 빈스에게 전화해서 도와달라고 해요."

몰딩을 교체해야 한다. 차고 문이 말을 잘 안 듣는다. 싱크대 물이 안 내려간다.

"빈스한테 전화해서 도와달라고 하세요."

나는 이 말을 여러 번 무시한다. 그러고 나서 잠시 나 자신에게 물었다.

"이봐, 왜 도움을 구하지 않는 거야?"

처남이 귀찮아서가 아니다. 처남은 십중팔구 이런 일을 기꺼이 해줄 것이다. 그렇다. 그건 얄미워서다. 내가 도움을 구하지 않는 이유는 간단하다. 교만하기 때문이다. 집 주변을 손보는 일은 내 삶에 불안을 일으킨다. 이런 일을 처남에게 맡기면 내 기분이 훨씬 좋아질 것이다. 그러나 나는 "도움이 필요한데, 도와주지 않겠어요?"라고 말하는 데 서툴다. 그보다는 몰딩 교체하는 게 더 낫다.

내가 차고 문을 고칠 때 도움을 구하지 않는 것도 문제지만, 때로 나는 더 나은 남편, 더 나은 아버지, 더 나은 목사가 되기 위해 도움이 필요할 때 "좀 도와주지 않겠어요?"라고 말하지 못했다.

어쩌면 이것은 당신이 겪는 불안에도 적용될 수 있겠다. 지금 당신의 결혼생활에 문제가 있다면 가정에 스트레스가 많을 것이다. 이런 상황이 꽤 지속되었는데도 그동안 당신은 누구에게라도 도움을 구했는가? 하나님 앞에 무릎 꿇고 겸손히 자신을 낮추며 그분의 도움을 구했는가? 패배를 인정하는 것이라고 생각하지 말라. 내 안의 불안과 염려를 내맡기는 것이라고 생각하라.

나는 목사로서 결혼생활에 종지부를 찍으려는 부부를 자주 본다. 그런데 이렇게 되기까지 알지 못했다. 친구와 가족들조차 이들에게 문제가 있다는 사실을 몰랐다. 이들은 상담을 한 번도 받아보지 않은 채 결혼생활을 포기하려고 한다. 아주 오랫동안 스트레스와 부담을 안고 살았으며, 무거운 짐에 눌려 비틀거렸고, 그래서 포기하고 싶어 한다.

그러나 이들이 6개월 전, 재정 문제로 처음 다투기 시작했을 때 도움을 구했다면 어떻게 되었을까? 남편이 처음 동료에게 도움을 구하고 싶었을 때 정말 그랬다면 어떻게 되었을까? 이들이 자신을 겸손하게 낮추고 자신의 짐이 너무 무거워지기 전에 자신보다 강한 분에게 그 짐을 맡겼으면 어떻게 되었을까?

어쩌면 당신이 그동안 잘못된 결정을 몇 차례나 내렸기 때문에 재정 문제가 불거져 불안할 수 있다. 당신은 오래전에 도움을 요청해야 했지만 그러지 않았다. 그러자 상황이 악화되었고, 어느 때보다 도움이 절실한데도 도움을 구하기가 더 힘들어졌다. 당신의 삶에 당신을 돕고 싶어 하는 사람들이 있을 것이다. 문제는 그런데도 당신이 도움을 청하지 못한다는 것이다.

교만은 통제 문제가 있다

우리는 통제할 수 없는 데서 비롯되는 불안에 대해 이야기했다. 그런데 왜 통제 문제가 그토록 많은 불안을 일으키는가? 교만 때문이다. 교만은 밤잠을 설치면서 상황을 통제하도록 요구한다. 그러나 겸손은 우리의 통제에 한계가 있음을 인정한다. 겸손은 상황을 하나님께 맡기지만, 교만은 자기 스스로 통제하려고 한다. 겸손은 하나님이 돌보심과 능하심을 믿고 그분께 짐을 내맡긴다.

교만은 나를 이기적이게 한다.

그래서 나는 내 방식대로 되지 않을 때 불안을 느낀다.

교만은 나를 완고하게 한다.

그래서 나는 누군가 내 의견에 동의하지 않을 때 불안하다.

교만은 나를 질투하게 한다.

그래서 나는 누군가 성공하거나 나를 능가할 때 불안하다.

교만은 나를 비판적이게 한다.

그래서 나는 누군가 잘못하거나 다른 방식으로 일하려고 할 때 불안해진다.

베드로는 이것이 어떻게 작동하는지 안다. 그는 하나님 앞에서 겸손해짐으로써 우리의 염려와 불안을 하나님께 맡기라고 말한다. 어떻게 하면 되는가? 가장 중요한 첫 단계는 우리가 방금 한 것이다. 다시 말해, 연결이다. 교만과 그 폐해를 솔직히 인정하고 고백하는 것이다. 이것은 우리를 매우 겸손하게 한다.

우리는 예배할 때 스스로 겸손해진다. 예배와 염려는 양립할 수 없다. 그래서 예배는 불안을 해결하는 강력한 해독제이다. 예배와 염려는 공존할 수 없다. 우리는 하나님을 예배할 때 그분의 위대함과 능력을 떠올리며 자연스럽게 우리의 불안과 염려를 그분께 맡기기 시작한다.

하나님께 기도하고 도움을 구할 때도 이렇게 한다. 바울은 이렇게 말했다.

"아무것도 염려하지(be anxious, 불안해하지) 말고 다만 모든 일에 기도와 간구로, 너희 구할 것을 감사함으로 하나님께 아뢰라 그리하면 모든 지각에 뛰어난 하나님의 평강이 그리스도 예수 안에서 너희 마음과 생각을 지키시리라"(빌 4:6,7).

바울은 그저 기도하라고 말하지 않고 어떻게 기도하라고 일러준다. 불안과 염려의 짐을 하나님께 맡기는 기도는 감사와 간구로 넘치는 기도이다.

불안과 염려를 하나님께 아뢰라

자신의 불안과 염려를 놓고 기도했지만 잠시 후 더 불안해진 적이 있는가? 당신은 스스로 생각한다. '기도해도 소용없잖아!'

그것은 기도할 때 하나님께 우리의 불안을 이야기하지만, 하나님에 대한 우리의 불안은 절대 말하지 않기 때문이다. 우리의 기도가 감사로 넘칠 때, 우리가 감사해야 할 것에 대한 불안을 이야기한다. 불안은 우리의 눈을 가려 하나님의 복을 보지 못하게 하지만, 감사는 우리의 눈을 열어준다. 감사는 불안을 사전에 공격하는 주도적인 방식이다.

우리의 기도가 간구로 넘치고 그 요구를 하나님께 아뢸 때, 하나님이 우리 편이고 우리의 짐을 지실 수 있다는 것에 대한 우리의 불안을 말한다.

다윗이 쓴 시편은 이 부분과 관련해 우리에게 본을 보인다. 시편을 읽으면 다윗의 기도가 얼마나 자주 바뀌는지 알 수 있다. 그가 자신이 불안해야 하는 이유를 먼저 나열할지도 모른다. 그는 대적에게

쫓기고 있다. 목숨이 위태롭고, 죄책감이 그를 무겁게 짓누른다.

다음 순간, 전환이 일어난다. 거의 모든 시편에서 전환이 일어난다. 다윗은 자신의 불안을 하나님께 아뢰기를 그치고 하나님에 대한 자신의 불안을 말하기 시작한다. "하나님은 나의 대적을 물리치실 수 있어. 하나님은 나를 위험에서 건져내실 수 있어. 하나님은 나의 죄책감을 제거하실 수 있어." 그래서 수많은 시편이 침울하게 시작했다가 예배로 끝난다.

불안과 염려를 하나님께 맡기는 일은 많은 사람에게 매일 반복되는 과정이다. 나는 우리 교회의 한 대학부 청년에게 하나님에 대한 자신의 불안을 아뢰는 법을 어떻게 배웠는지 들려달라고 부탁했다.

지난 5년간의 제 삶을 한 단어로 표현한다면, '배신'이라는 단어가 가장 적절할 것입니다. 제가 겪은 시련 때문에 수년간 분노를 느끼며 살았습니다. 그래서인지 그 누구도 제게 다가오려 하지 않았습니다. 그런데 알고 보니, 저의 가장 큰 원수는 지금 이 이야기를 하고 있는 사람인 것 같습니다. 저는 저 자신과 전쟁 중이었습니다.

지난 5년간, 저는 제 몸의 전부를 장악한 것만 같은 우울증과 싸웠습니다. 저는 산산이 부서졌고 약해질 대로 약해졌습니다. 그래서 주변의 모든 사람이 저를 치료하실 수 있다고 말하는 그분께 제 마음의 조각들을 드리지 못했습니다. 제가 눈물로 베개를 적시고, 아침에 깨어나지 않기를 바라며 힘겹게 잠들었던 긴긴 밤, 치료는 요원해 보였습니다.

저는 이것이 남은 평생 제가 안고 살아야 할 현실이라고 생각했고,

그래서 포기할 준비가 되어 있었습니다. 비록 지난 5년이 잔인했지만 그래도 저는 주님에 대해 많은 것을 배웠습니다. 만약 제가 이 어둠의 계절을 지나지 않았다면 절대 생각하지 못했을 것들이었습니다. 설령 저는 주변 환경을 통제할 수 없더라도 통제하실 수 있는 분이 있음을 깨달았습니다.

저는 제가 달리 할 수 있는 게 없었기 때문에 이제 남은 평생을 침대에서 울며 보낼 거라고 생각했습니다. 그러나 저는 제가 빠진 이 구덩이에서 저 자신과 하나님 아버지에 대해 가장 많이 배웠습니다. 저는 하나님께서 저의 필사적인 기도를 듣지 않으시는 것처럼 느껴질 때에도 성실하게 기도하는 법을 배웠습니다. 저는 하나님이 어디에도 계시지 않는 것 같을 때에도 그분이 성실하시다는 것을 배웠으며, 설령 제가 절망에 빠져 그분을 밀어낼 때에도 그분이 저와 함께하신다는 것을 배웠습니다.

저는 포기하려고 했습니다. 그러나 하나님의 완강한 사랑이 저를 놓지 않으셨습니다. 나의 하나님은 그분이 말씀하시는 그대로입니다. 이것만으로도 제가 오늘뿐 아니라 매일 그분에게 매달리기에 충분합니다.

저는 지금도 힘겨운 나날을 보냅니다. 마치 제 우울증이 다시 승리한 것만 같습니다. 그러나 하나님은 제게 부드럽게 손을 내미시고 이 싸움이 저 혼자만의 싸움이 아님을 일깨워주십니다. 하나님이 제 눈물을 닦아주시고 이미 이 싸움을 이겼다고 하십니다. 제가 흐르는 눈물 때문에 볼 수 없을 때에도 그분이 성실하게 제 마음을 추적하고 계심을 압니다. 이것만으로도 제 영혼이 평안을 누리기에 족합니다. 제가 포기하지 않은 것은 저를 절대 포기하지 않으실 신실하신 아버지께서 제 곁에 계심을 알기 때문입니다.

제 말에 귀를 기울이십시오. 하나님이 당신을 위해 싸우고 계십니다. 온 우주의 하나님이 당신을 다시 일으켜 세우실 것입니다. 그분은 당신의 마음을 아십니다. 당신은 혼자가 아닙니다. 당신이 우울증과 싸우고 있다면 하나님께서 마음이 상한 자들의 곁에 계시며, 밤에는 눈물을 흘릴지라도 아침에는 기쁨이 오리라는 것을 기억하십시오. 포기하지 마십시오.

그저 당신의 불안이나 염려를 하나님께 아뢰는 데 그치지 말라. 하나님에 대한 당신의 불안을 아뢰라. 여러분 중에 더러는 이렇게 생각할지 모르겠다. '목사님이 제 짐을 알기나 하세요? 엄청나게 무겁다고요. 아무도 대신 질 수 없어요.' 또는 이렇게 생각할지도 모르겠다. '너무 무거워 쓰러지기 직전이지만 그래도 하나님을 성가시게 할 만큼은 아니에요.'

그러나 이것은 마치 내가 당신에게 이렇게 말하는 것과 같다.

"발목을 삐셨다면 다리가 부러지지 않은 것에 감사하세요."

아픔은 아픔이다. 짐은 짐이다. 나는 비교할 생각이 없다. 하나님도 그러시다. 하나님은 우리의 기도를 걱정 저울에 달아보지 않으신다.

내 말을 듣기 바란다. 당신이 지고 있는 짐은 애초에 하나님이 당신을 만드시고 당신에게 지우신 게 아니다. 당신은 하나님께서 사랑하고 감탄하시는 존재이다. 하나님은 버둥대는 당신을, 상처투성이인 당신을, 심지어 교만으로 인한 비통함에 빠진 당신을 보신다. 하나님은 당신이 하는 행동 때문에 마음 아파하시고, 당신을 부드럽게 안으시며, 당신을 불쌍히 여기신다. 하나님은 당신의 짐을 벗겨주고 싶어 하신다. 하나님은 당신이 방해 없이 달리기를 원하신다. 하나님은 당신이 자유로워지기를 바라신다.

당신은 어떤 짐을 하나님께 맡겨야 하는가?

"너희 염려를 다 주께 맡기라 이는 그가 너희를 돌보심이라"(벧전 5:7).

여러 해 전에 이 구절의 능력이 내 삶에 나타났다. 아들이 네 살이었을 때, 우리는 자동차를 타고 가족 여행을 떠나는 중이었다.[8] 우리는 밤새 달렸고 마침내 호텔에 들러 잠시 눈을 붙이고 다음 날 여정을 마무리했다.

내가 트렁크에서 짐을 내리고 있을 때 아들이 자신의 가방을 가지러 왔다. 아들은 잠이 덜 깬 상태였고, 내가 건넨 가방은 곧 바닥에 닿을 것 같았다. 우리는 주차장을 가로질러 호텔로 걸어갔다. 몇 걸음 후, 아들은 걸음을 멈추고 더는 못 가겠다는 눈빛으로 나를 바라보았다. 그래서 내가 물었다.

"아빠가 대신 들어줄까?"

나는 아들이 혼자 하고 싶어 한다는 것을 알았지만, 아들은 너무 지쳐 있었다. 아들은 마지못해 고개를 끄덕였다. 나는 아들의 가방을 들어 내 어깨에 휙 올려놓았다. 짐을 더 올려놓았다는 느낌조차 들지 않았다.

나는 호텔을 향해 걷기 시작했다. 그런데 뒤를 돌아보니 아들은 지친 기색을 하며 여전히 주차장에 서 있었다. 나는 아들에게 돌아가 물었다.

"아들, 안 가니?"

아들은 대답 대신 내게 이렇게 물었다.

"아빠, 나도 들고 가면 안 돼요?"

나는 아들을 번쩍 들어 품에 안았다. 아들의 짐을 내가 지고 가는 게 행복했다. 아들을 안고 가는 게 행복했다. 나는 아들과 그의 가방을 들고 옮겼다. 일이라기보다는 기쁨이었다.

당신이 지고 가는 짐이 너무 무거워졌다면, 이생의 불안이 당신을 짓누르고 있다면, 당신이 지쳐서 포기하기 직전이라면, 하나님은 당신을 짓누르는 짐을 보고 물으신다.

"내가 대신 지고 갈까?"

종교에 매이지 말라

    감옥에 오래 복역한 재소자들이 이따금 겪는 현상이 있다고 한다. 이들은 교도소를 나와 사회생활에 적응하는 데 어려움을 겪는다. 교도소의 생활 방식에 너무 익숙해져서 자유로운 삶을 도리어 불편하고 어렵게 느끼기까지 한다. 자유를 얻었으나 어떻게 해야 자유롭게 사는지 모른다. 이런 현상을 '제도화'라고 한다.

    영화 〈쇼생크 탈출〉(The Shawshank Redemption)에는 이것을 완벽하게 정의하는 장면이 나온다. 영화는 대부분 교도소 안에서 펼쳐진다. 레드(모건 프리먼)는 동료 재소자들에게 제도화를 설명한다(효과를 극대화하려면 최대한 모건 프리먼의 목소리로 읽어야 한다).

    이 벽이란 게 참 재미있지. 처음에는 싫어하지. 그런데 조금 지나면 익숙해지거든. 시간이 꽤 흐르면 벽이 너무 익숙해져서 거기에 의지하게 된다고. 그렇다고 벽을 좋아한다는 뜻은 아냐. 벽을 원한다는 뜻은 더더욱 아니고. 하지만 벽이 익숙해지고, 시간이 흐르면 그 벽을 의지하게 되지.[1]

재소자는 자신이 여느 재소자와 같다는 생각에 빠질 수 있다. 이것이 사람들을 규정할 수 있다. 석방이 되고 나서도 자신이 누구인지 더는 알지 못한다. 레드가 영화에서 보여주듯이 어떤 사람들은 그 벽 안으로, 삶이 말끔히 정의되는 곳으로, 애써 결정을 내릴 필요가 없는 곳으로 돌아가려고 일부러 작은 범죄를 저지르고 싶은 유혹을 느낀다.

1세기 그리스도인들이 이런 경험을 했다. 예수님은 이들을 종교의 무게와 율법의 짐에서 자유하게 하려고 오셨다. 이들은 자신들을 얽매는 종교의 사슬을 벗고 자유로워질 수 있었다. 그러나 많은 사람이 제도화되어 그 짐을 지고 살기로 선택했다.

히브리서 12장 1-3절은 인생 경주를 할 때 불필요한 짐, 곧 방해되는 모든 것을 벗어버리라고 촉구한다. 우리가 보았듯이 '방해'는 모든 종류의 짐을 의미할 수 있다.

불안은 '무거운 짐'(dead weight)이 분명하다. 불안을 벗는 법을 안다면, 이 짐을 벗어버리는 것은 기쁨이다. 그러나 나는 또 다른 종류의 무거운 짐, '좋은 짐'(good weight)으로 가장한 짐에 대해서 생각한다. 왜 종교의 짐을 벗어버리려고 하는가? 어떻게 종교가 짐으로 묘사될 수 있는가?

용어를 분명히 하자. 여기서 말하는 '종교'란 규범과 의식과 규정을 하나님의 호의를 얻는 한 방법으로 강조하는 체계이다. 세계 문명은 다양한 종교를 이런 방식으로 설계했다. 왜냐하면 사람들이 스스로 할 수 없는 것을 신이 대신 해주기를 바랐기 때문이다. 이를테면 농작물에 비를 내리고, 다른 민족과 벌이는 싸움에서 승리하게 하며, 전염병을 몰아내는 것 등이다. 종교는 신과 거래하려는 시도일 수 있다. 또는 우리를 서로 비교하게 하려는 것일 수 있다.

서구 문화에서 어떤 사람들은 이런 짐을 진 채 자라났다. 종교 메시지는 항상 더 열심히 노력하고, 더 잘하라는 것이었다. 어느 주말에 한 친구를 만났다. 그는 이런 짐에 눌려 자랐고, 더는 견디지 못하고 대학 때 이 짐을 벗어버리기로 결정했다. 그는 한동안 기분이 좋았다. 그런데 그의 삶이 몇 차례 힘겨운 난관에 부딪히자 깊은 어둠에 빠졌다. 그래서 다시 교회로 돌아왔다. 주일예배 후에 그와 마주 앉았다. 그는 어렸을 때 교회에서 겪은 일을 내게 들려주었다. 그는 이렇게 말했다.

"교회에 갈 때마다 들은 메시지는 이거였어요. '참가해주셔서 고맙습니다. 다음 주에 다시 도전하세요.'"

나는 이런 식의 표현을 처음 들었지만, 일리 있는 말이었다. 매주 그는 자신의 규칙이 명확하지 않았으며, 끊임없이 추가되는 애매한 게임에서 두각을 나타낼 만큼 충분히 노력하지 않는다고 느꼈다. 그가 압박감에 짓눌린 것은 이상하지 않다. 그는 무거운 짐 때문에 아무것도 할 수 없었다.

더러는 이 개념이 혼란스러울 것이다. 많은 사람이 종교란 하나님이 우리 앞에 두신 경주로라고 생각하며 자랐다. 그러나 예수님은 종교가 짐이라고, 경주를 위한 기술이 아니라 경주의 방해물이라고 말씀하셨다.

마태복음 23장에서 종교 지도자 한 무리가 예수님의 가르침을 듣는다. 이들은 당대 최고의 지식층이자 가장 영적인 사람들이다. 이들은 성경을 속속들이 알고, 사람들의 일상 규범을 정해준다. 이들의 종교 이력은 인상적이다. 예수님을 제외한 모든 사람이 이들을 따른다. 하지만 예수님은 다르다. 예수님은 이들을 매우 신랄하게 꾸짖으신다.

예수님이 다루시는 중요한 문제는 이들이 사람들에게 과도한 규범과 규정의 짐을 지게 한다는 것이다. 예수님은 이들에 대해 말씀하신다.

"저들은 감당할 수 없는 종교적 요구로 사람들을 으스러뜨릴 뿐 그 짐을 가볍게 하기 위해서는 손가락 하나도 까딱하지 않는다"(마 23:4, NLT 역자 사역).

예수님이 그 무엇보다 낫다

종교가 이렇게 한다. 종교는 충분히 선해질 만큼 열심히 노력하라는 짐을 지게 해서 사람들을 으스러뜨릴 뿐 그 짐을 가볍게 하기 위해서는 손가락 하나 까딱하지 않는다. 예수님은 이 점을 간파하셨고, 바울은 각 교회에 편지를 써서 이 부분을 분명히 했다. 선행만으로는 그 누구도 하나님과 가까워질 수 없다.

그러나 히브리서 독자들은 이런 가르침에 담긴 오랜 전통의 짐을 벗어버리는 데 어려움을 겪었다. 그래서 히브리서는 상당 부분 이 주제를 다룬다. 율법을 쓰신 예수님과 그 율법을 마침내 완성하고, 그 율법에 답하며, 율법의 짐을 단번에 제거하신 예수님 간의 화해를 다룬다.

율법은 하나를 이루었다. 하나님을 기쁘시게 하려는 우리의 노력이 헛됨을 생생하게 보여주었다. 그러나 예수님은 우리의 완전함을 위해 기꺼이 자신을 내어주신다. 율법을 완벽히 지키신 분이 그러지 못하는 우리를 위해 완벽하게 중보하신다.

우리를 위한 그분의 중보는 값없는 은혜의 선물이다. 우리는 구하기만 하면 된다. 이것을 이렇게 생각해보라. 올림픽에 장대높이뛰기 종목이 있다. 높은 가로대를 힘차게 뛰어넘는 경기이다. 이 가로대를 율법으로, 가로대를 뛰어넘은 유일한 영웅으로 그리스도를 생각해보라. 그분은 자신의 성취를, 자신의 메달을, 자신의 상 전체를 우리에게 돌리신다. 우리는 차례로 가로대를 뛰어넘어야 했다. 누구나 반드시 뛰어넘어야 했다. 그런데 아무도 가로대 근처에도 이르지 못했다. 모두 바닥에 나뒹굴고 비참해졌다. "참가해주셔서 고맙습니다. 다음 주에 다시 도전하세요." 그런데 마침내 한 사람이 성공했다.

히브리서의 주요 주제 중 하나는 '그리스도의 우월성'이다. 이것이 히브리서 기자가 펼치는 주장이다. 이것을 간단히 "예수님이 낫다"(Jesus is better)라고 표현할 수 있겠다. 시선을 예수님께 고정하라. 예수님이 더 낫기 때문이다. 그분이 다른 모든 사람보다, 다른 모든 것보다 우월하다.

"낫다"(better), "우월하다"(superior)로 번역된 단어가 히브리서에서 15회나 사용되었다. 당시 독자들은 대부분 1세대 유대 그리스도인이었을 것이다. 이들은 신앙 때문에 박해받았으며 사회에서 조롱받고 반대에 직면해 있었다. 그래서 "예수님이 낫다"는 이 메시지는, 돌아가지 말고 포기하지 말라고 이들을 독려하려는 메시지였다.

히브리서를 읽으면서 예수님이 무엇보다 나은지 목록을 작성해볼 수 있다. 예수님이 율법보다 낫다. 예수님이 전통보다 낫다. 예수님이 옛 선지자들보다 낫다.

히브리서의 첫 구절은 하나님이 과거에는 선지자들을 통해 말씀하셨으나 이제 자신의 아들을 통해 우리에게 말씀하신다고 지적한다. 뒤이어 3장은 "예수님이 모세보다 낫다"고 분명히 주장한다. 우리는 모세의 이름을 함부로 대하지 않는다. 모세는 최고의 선지자였다. 그러나 히브리서는 모세가 예수님의 상대도 되지 않는다고 분명하게 말한다. 모세는 종이었고, 예수님은 주인이었다. 목록은 계속된다. 예수님이 천사보다 낫다. 예수님이 대제사장보다 낫다. 예수님이 옛 언약보다 낫다. 예수님이 제사보다 낫다. 그리스도 안에 있는 자유를 종교의 짐과 바꾸지 말라. 예수님은 종교보다 낫다.

예수님이 낫다. 항상 그래왔고 늘 그럴 것이다.

무거운 규범의 짐

율법의 짐을 지고 짓눌리기보다 예수님과 함께 자유롭게 달리겠다는 선택은 많은 초대교회에 하나의 도전이었다. 이것은 새롭고 흥분되는 일이었다. 그러나 천 년 넘게 이어온 습관을 버리기란 쉽지 않다. 많은 신자가 혼란스러워하고 옛 종교 방식으로 슬그머니 되돌아가려고 했다. 이것이 이들이 실제로 아는 전부였기 때문이다.

종교는 매력적이다. 서열과 정해진 기준을 제시하기 때문이다. 당신이 얼마나 선한지 가늠하는 척도를 제시하는 체계는 상당히 매력적인 구석이 있다. 예수님이 마태복음 23장에서 말씀하시는 종교 지도자들 중에 일부는 바리새파였다. 종교인 세계에 챔피언 팀이 있었다면, 바로 바리새파였을 것이다. 이들은 셔츠의 등이 아닌 가슴팍에 바리새인이라고 새겼을 것이다. 이들은 자긍심이 대단했다. 해야 할 것과 하지 말아야 할 것의 규범 목록을 율법의 가르침을 훨씬 뛰어넘어서 빈틈없이 작성했다.

구약성경에 600개가 넘는 규범이 있었지만 바리새인들에게는 턱없이 부족했다. 이들은 세세한 부분을 '명확히 하는' 방식을 찾아냈다. 하나님이 주신 계명 하나마다 그것을 온전히 순종하기 위해 백 개가 넘는 적용을 만들었다. 각 규범은 경주자의 등에 얹은 또 하나의 짐이었다. 하나님은 안식일을 거룩하게 지킴으로써 존중하라고 명하셨다. 그러나 이 존귀한 날이 무엇으로 구성되는지 우리가 어떻게 아는가? 바리새인들은 이 부분에서 선수였다. 이들은 이렇게 결정하고 선포했다.

안식일에는 약 1킬로미터만 걸을 수 있다.
나귀에서 내렸다면, 안장을 내려서는 안 된다. 이것은 일이다.

암탉이 안식일에 알을 낳았다면, 그것을 먹어서는 안 된다. 암탉이 안식일에 일했기 때문이다.

어떻게 이런 접근법이 짐이 될지 알았겠는가? 이들은 규범과 의식 목록을 만들어서 철저히 지켰다. 이들은 매주 거룩의 순위를 발표했을 것이다. 핵심은 자신을 더 좋게 느끼게 하고, 다른 사람들을 더 판단하게 하는 방식이 되었다는 것이다.

그때는 그때고 지금은 지금이다. 하지만 안타깝게도 지금도 똑같다. 전통이 지금까지 지속되는 사례가 숱하다. 이유는 그것이 히브리 전통이 아니라 인간 전통이라는 것이다. 사람들이 교회에 오면 우리는 짐을 지게 한다. 이들은 이 짐을 진 채 달리며 한 주를 보낸다. 성경은 옷을 단정히 입으라고 가르친다. 이에 관해서는 논란의 여지가 없다. 그런데 어떤 사람이 우리가 궁금해 할 필요가 없도록 규범을 만든다.

"여자는 바지를 입어서는 안 됩니다. 치마를 입어야 합니다. 몸에 달라붙는 드레스도 안 됩니다. 무릎에서 15센티미터 위로 올라오는 치마도 안 됩니다."

성경은 우리 입에서 상스러운 말이 나와서는 안 된다고 가르친다. 그러나 정확히 어떤 말을 하지 말라는 것인가? 받아들여질 수 있는 말과 받아들여질 수 없는 말이 정해지고 법제화된다.

이제 당신은 나쁜 말만 할 수 없는 것이 아니다. 나쁜 말처럼 들리는 말도 할 수 없다. 하나님의 이름을 '망령되게'(in vain) 부르는 것만 아니라 "어이쿠"(by gosh)나 "그럴 수가!(good golly)"라고 말하는 것도 옳지 않다. 옮기기에 너무 노골적인 말들도 많다.

성경은 마음을 지키라고 가르친다. 그래서 온갖 하위 조항과 추가 조항을 만들어서 이 가르침을 따르도록 한다. 이를테면 "19금 영화를 보지 말지니라" 또는 "세상 음악을 듣지 말지니라" 하는 것들이다. 이 목록에 다른 것들을 추가할 수도 있다. 목록은 시간이 지나면서 바뀐다. 그러나 규범 마니아들에게는 규범을 변경하고 수정하는 것이 종교가 주는 또 다른 큰 즐거움이다.

종교는 우리에게 우월감을 심어준다. 체육관에서 러닝셔츠 차림으로 5리터짜리 주전자를 물통으로 사용하는 녀석이 느끼는 우월감과 사뭇 비슷하다. 그는 역기에 무게를 점점 더하고, 체육관 안에 있는 사람들에게 보란 듯이 기합을 넣고 역기를 들어 올린다.

한 종교 지도자가 누가복음 11장에서 이렇게 한다. 예수님은 어느 바리새인의 집에서 식사를 하신다. 그런데 식사 전에 손을 씻지 않으셨다. 식사 전에 손을 씻는 것은 종교 지도자들이 만들어 지키게 한 규범 중 하나였다. 예수님이 식사 전에 손을 씻지 않으신 것은 우연이 아니었다. 예수님은 자신이 무엇을 하는지 정확히 아신다. 이를테면 예수님은 러닝셔츠 차림의 사내에게 싸움을 거신 것이다. 이제 때가 되었다.

종교 지도자는 예수님이 손을 씻지 않은 사실을 간파하고 그분에게 이렇게 말한다.

"주께서 우리에게 손을 씻으라고 명하셨소."

어쩌면 예수님은 이렇게 말하고 싶으셨을 것이다.

"그건 아니죠. 나는 정확히 그렇게 말한 기억이 없는데."

예수님은 이들의 모든 다른 규범과 추가 사항이 내키지 않는다고 하신다. 예수님은 뒤이어 종교 지도자들을 고발하신다. 이들이 종교를, 스스로를 높이고 사람들을 통제하는 수단으로 사용하는 패거리라는 것이다. 예수님은 이들을 지지하지 않으셨다. 이 모든 종교의 무게가 사람들을 으스러뜨리기 때문이었다.

우리가 어떻게 이렇게 하는지 생각해보라. 우리의 종교 진영에는 보이지 않는 종교적 공훈 배지에 해당하는 것이 있다. 우리는 이 배지를 무심결에 자랑한다.

"이건 평생 금주 배지랍니다", "이건 혼전순결 배지에요", "이건 전도 전문가 배지입니다", "이건 QT 개근 배지랍니다", "이건 완벽한 가정 배지랍니다."

물론 우리가 실제로 이 배지들을 자랑할 수는 없다. 왜냐하면 그럴 경우 우리가 가장 자랑하고 싶어 하는 '겸손 배지'를 반환하라는 요구를 받을 테니 말이다. 대신에 우리는 이런 우리의 성취를 슬그머니 대화에 끼워 넣어 잘난 체하며 아직도 종교적으로 보이 스카우트 단계를 벗어나지 못한 사람들을 깔보려 한다.

바리새인들은 거룩을 종교적 역도 시합으로 바꿨고, 사람들은 으스러지고 있었다. 종교 지도자들은 양떼를 안전하게 지키는 목자가 아니라 상처 입은 자들을 괴롭히고 약자들을 공격하는 동네 불한당이 되어버렸다.

예수님은 우리에게서 종교의 짐을 벗겨주려고 오셨다. 죄와 사망의 법이 더는 우리를 압제하지 못한다. 나는 《메시지》 성경에서처럼 예수님의 말씀을 풀어쓰는 방식을 좋아한다.

너희는 피곤하고 지쳤느냐? 종교생활에 탈진했느냐? 나에게 오너라. 나와 함께 길을 나서면 너희 삶은 회복될 것이다. 내가 너희에게 제대로 쉬는 법을 가르쳐주겠다. 나와 함께 걷고 나와 함께 일하여라. 내가 어떻게 하는지 잘 보아라. 자연스런 은혜의 리듬을 배워라. 나는 너희에게 무겁거나 맞지 않는 짐을 지우지 않는다. 나와 함께 있으면 자유롭고 가볍게 사는 법을 배울 것이다. 마 11:28-30

예수님은 우리가 선해지기 위해 노력하는 짐에서 우리를 자유하게 하려고 오셨다. 나는 이런 규범을 계속 지킬 수 있다. 이것이 내가 배운 전부이기 때문이다. 그러나 이렇게 한다면 여러 가지 일이 일어날 것이다. 하지만 그중에 무엇도 선하지 않다.

포기하게 만드는 것

일반적으로 우리는 의롭게 보이도록 멋지게 포장된 교만 가운데서 계속 살 것이다. 그러나 더 구체적으로 말한다면, 종교의 짐을 지고 달리려고 할 때 우리는 네 가지 뚜렷한 경험을 하게 될 것이다. 이 경험들이 어떻게 우리를 포기하게 만드는지 쉽게 알 수 있다.

점점 좌절할 것이다

자신이 할 수 없는 일을 하려는 시도만큼 우리를 좌절하게 만드는 것도 없다. 어릴 때 장대높이뛰기 가로대 아래 섰다고 상상해보라. 누군가 당신에게 말한다.

"저 가로대가 보이니? 세계 기록은 6미터가 넘는단다. 그보다 높이 뛴 사람은 없어. 그렇지만 너는 완벽해야 하니까 가로대를 세계기록보다 몇 센티미터 더 높였단다. 너는 저 가로대를 뛰어넘어야해. 그렇지 않으면 실패하는 거야."

감독이 당신 곁을 떠난다. 감독은 당신을 도와줄 수 없다. 감독자신도 그렇게 높이 뛸 수 없기 때문이다. 감독에게는 아무 해결책이없다. 당신이 아는 모든 사람이 그 가로대를 향해 뛰어가 장대 끝으로 바닥을 찍고 뛰어오른다. 그러나 하나같이 실패하고 바닥에 나뒹군다.

이것이 좌절을 부르는 삶의 방식이다. 당신의 모든 삶이 그 누구도 하지 못하는 그 일을 하려는 시도 위에 세워질 것이다. 그렇기 때문에 종교가 우리를 그토록 좌절하게 만드는 것이다. 이것은 우리의 삶을 불가능한 기준 위에 세우고, 그 기준을 충족시키지 못한 우리에게 죄책감을 안기며, 이에 대해 아무것도 할 수 없도록 우리를 무기력하게 한다.

탈진할 것이다

그러나 이것은 우리를 좌절시키는 데 그치지 않는다. 더 열심히 노력하지만 절대 성공하지 못한다고 느끼는 것은 피곤한 일이다. 당신은 매번 바닥에 나뒹굴어 아프다. 멍이 들었다. 기분이 아주 나쁘다. 그런데 올려다보니 가로대가 더 높아진다.

당신의 피로가 실제라고 해서, 이런 시도가 가치 있거나 타당하다는 뜻이 아니다. 누가 인생이 장대높이뛰기라고 했는가? 인생이 마라톤일 수도 있지 않은가? 비치발리볼일 수는 없는가? 또 고기 요리일 수는 없는가?

누가 이 규범들을 만드는가?

거짓 행동을 할 것이다

잠시 후 사람들이 높은 가로대 아래 흙바닥에 주저앉아 계속 이럴 수는 없다는 것을 깨닫는다. 세상 모두가 철저한 실패자라고 인정하는 것은 생각할 수 없다. 그래서 '척하기'(pretend)라는 무언의 합의가 이루어진다. 사람들은 자신이 5분 전에, 당신이 오기 바로 전에 가로대를 뛰어넘었다고 주장하기 시작한다. 또는 자신은 마음만 먹으면 뛰어넘을 수 있다고, 지금은 장대를 든 채 뛰기를 연습하고 있다고 주장하기 시작한다. 또는 누구의 운동복과 신발이 가장 좋은지 평가하기 시작한다. 이들은 또다시 새로운 기준을 만들어낸다. 꽤나 두꺼운 장대높이뛰기 매뉴얼이 나온다. 지금까지 아무도 성공하지 못했는데도 말이다.

이것이 종교가 작동하는 방식이다. 나는 나 자신을 멋지게 포장한다. 사람들은 나를 보거나 내 소셜 미디어를 보면서 내가 잘하고 있다고 생각할 것이다. 종교는 다른 사람들의 생각을 강조하기 때문에, 연기를 잘할 수 있다면 나는 선한 사람이다. 그러나 척하기는 우리를 탈진시킨다.

우쭐대거나 패배하고 말 것이다

종교가 더 열심히 노력하는 것이라면 그것은 언제나 비교로 이어진다. 우리는 다른 사람들을 보며 자신을 그들과 비교하여 우월감을 느끼거나 실패감을 느낀다. 우리는 자신보다 못한 사람들과 비교하며 우쭐대거나, 자신보다 나은 사람들과 비교하며 패배감에 사로잡힌다.

어느 쪽이든, 우리가 낙담하고 그만두거나 교만해져서 넘어지는 것은 시간문제다. 두 결과 모두 하나님이 우리 앞에 두신 경주를 하지 못하게 만든다.

다른 사람들의 생각에 대한 두려움

예수님이 우리를 종교의 짐에서 자유하게 하시는 한 가지 방법이 있다. 다른 사람들이 나를 어떻게 생각하느냐에 대한 두려움에서 자유하게 하시는 것이다. 마태복음 23장에서 예수님은 종교 지도자들이 감당할 수 없는 종교의 짐을 지워 사람들을 으스러뜨린다고 말씀하신 직후, 이들에 대해 "그들의 모든 행위를 사람에게 보이고자 하나니"(마 23:5)라고 하신다.

종교인들은 '다른 사람들의 생각'이라는 짐을 어디를 가든 지고 가는 경향이 있다. 종교의 짐에 눌려 자랐다면, 겉모습을 얼마나 강조하는지 알 것이다. 예수님은 또 종교 지도자들을 향해 이들이 겉으로 아름답게 보이며 모두가 감동을 받을지 모르지만 회칠한 무덤 같다고 하신다(마 23:27). 겉을 보면 깨끗하고 깔끔하게 손질되어 있다. 그러나 그 안에서 시체가 썩는다.

종교 지도자들은 이런 그림 언어를 결코 좋아하지 않았다.

당신이 '다른 사람들의 생각에 대한 두려움'(FOWOT, fear of what others think)을 안고 살아가고 있지는 않은지 보여주는 몇 가지 지표를 제시하겠다.

다른 사람이 원하는 대로 따라가지만 속으로는 못마땅해 한다.
다른 모든 사람의 생각을 토대로 자신의 의견을 바꾼다.
어떤 의견을 제시한 후 이상한 사람 취급을 받을까봐 두렵다.
다른 사람들의 말이나 행동에 지나치게 의미를 부여한다.
좀처럼 도움을 구하지 못한다.
"아니오"라고 말하지 못한다.
다른 사람들을 비판한다.

하나님이 우리를 어떻게 생각하시는지 알면 이 두려움으로부터 자유하게 된다. 우리 자신을 하나님의 눈으로 보면 우리가 다른 사람들의 눈에 어떻게 보이는지 신경을 덜 쓰게 된다. 복음의 좋은 소식은 예수님이 우리를 깨끗하게 하신다는 것이다. 예수님은 우리의 죄를 제거하실 뿐 아니라 우리가 흠도 없고 점도 없이 하나님 앞에 설 수 있도록 우리에게 의(義)를 주신다. 이것이 그분이 우리를 보시는 방식이다.

어쩌면 당신은 자신이 무언가를 하거나 하지 않았기 때문에 하나님이 당신을 더 사랑하실 거라고 배우며 자랐을지 모른다. 어떤 사람들은 자신이 교회에 가면 하나님이 자신을 더 사랑하실 거라는 생각으로 매주 교회에 간다. 이것은 자신을 게임판 위에 두는 것이다. 헌금 바구니가 앞을 지날 때 십일조를 드리면, 하나님의 사랑 포인트가 보너스로 추가되고, 주중에 성경을 읽으면 하나님의 사랑 포인트가 몇 점 더 추가되는 식이다.

그러나 하나님은 이런 식으로 우리를 사랑하지 않으신다. 하나님의 사랑이 조건적이고 우리의 행위에 기초한다면, 우리는 그 사랑을 훨씬 쉽게 이해할 것이다. 받아들이기 어렵겠지만, 진실은 당신이 한 번도 마약에 중독된 적이 없거나 한 번도 여러 남자 혹은 여러 여자와 잔 적이 없거나 한 번도 낙태한 적이 없다고 해서 하나님이 당신을 더 사랑하지는 않는다. 하나님은 이것을 다 경험한 사람들보다 당신을 더 사랑하는 것이 아니다. 하나님은 당신의 옷차림이 단정하기 때문에 또는 당신이 후히 드리기 때문에 당신을 더 사랑하지 않으신다. 하나님은 당신이 팀에서 득점을 가장 많이 했기 때문에, 당신이 찬양대에서 독창을 부른다고 해서, 당신이 훌륭한 지도자이거나 유능한 교사라는 이유로 당신을 더 사랑하지는 않는다.

당신은 사랑을 얻으려고 애쓸 필요가 없다. 하나님의 사랑과 용납을 이해하기 시작할 때, 다른 사람들의 생각에 대한 두려움에서 벗어난다. 마침내 이 무거운 짐에서 자유하게 될 때, 자신이 가볍고 날렵하며, 달릴 준비가 되어 있고, 다시 일어나 자신의 삶에 주어진 사명을 완수하려는 열망으로 가득하다고 느낀다.

한번은 아이티에서 돌아오는 길에, 우리 가족이 탄 비행기가 연착했다. 큰딸이 이번 여정에 친구 한 명을 데려가서 일행은 모두 일곱이었다. 마이애미에서 비행기를 갈아타야 하는데 시간이 빠듯했다. 비행기가 착륙하자 우리는 활주로에서 게이트가 열리기를 기다렸다.

나는 계산기를 두드리고 있었다. 우리 집이 있는 루이빌로 가는 비행기가 이륙할 때까지 1시간도 채 남지 않았다. 그 비행기를 탈 가능성은 거의 없었다. 세관을 통과해야 하고, 짐을 찾아 확인해야 하며, 보안 검색대를 지나야 하고, 환승 게이트까지 가야 하기 때문이다.

우리는 세관에 도착했다. 길게 늘어선 줄을 보니, 몇 시간은 걸릴 것 같았다. 일행이 모두 좌절했다. 아내는 내게 이렇게 말했다.

"보안 요원에게 부탁해보세요. 이륙 시간이 코앞이라고 하면, 어떻게든 편의를 봐줄지도 모르잖아요."

나는 그렇게 할 수 없었다. 다른 사람들이 어떻게 생각할까? 그들 모두 기다리고 있으니 말이다.

몇 분이 흘렀다. 아내가 내게 다시 말했다.

"어떻게 좀 해봐요."

나는 성공 가능성을 포기하고 패배를 받아들일 준비가 되어 있었다. 아내는 이번 비행기를 못 타면 셔틀버스를 타고 근처 호텔에서 자고 이튿날 아침에 다른 비행기 좌석 일곱 자리를 구할 수 있기를 바라며 공항에 다시 나와야 한다고 강조했다. 평소 아내는 내게 이것저것을 해야 한다고 거듭 일러주고, 나는 그제야 마지못해 그 일을 하는 이상한 버릇이 있다.

내가 말했다.

"따라와요."

일곱 명이 우르르 보안 요원에게 달려가 우리를 앞쪽에 세워달라고 애절하게 부탁했다. 그는 우리의 탑승권을 보더니 "절대로 못 타요!"라고 했다. 그래도 우리를 맨 앞줄에 끼워주었다. 그는 우리의 여권을 체크하며 말했다.

"눈썹이 휘날리도록 달리세요."

나는 이따금 뛰는 것을 좋아한다. 그러나 고등학교 시절 이후 '눈썹이 휘날리도록' 뛰어본 적은 없다. 그 일은 그리 인상적이지 않았다. 불안했다. 사람들이 우리를 가리키며 쳐다보았다. 어떤 사람은 민망했는지 고개를 돌렸다. 우리는 다시 짐 검사를 하고 체크인을 했다. 사람들이 탑승하고 있었다. 그러나 우리는 또다시 보안 검색대를 거쳐야 했다.

보안 검색대 앞에 20여 명이 줄을 서 있었다. 아내가 말했다.

"가서 얘기 좀 해보세요."

나는 심호흡을 하고 가서 이야기했다. 조금 초조한 기색으로, 보안 요원에게 우리가 탈 비행기에 사람들이 탑승 중이니 우리를 먼저 들여보내줄 수 있느냐고 물었다. 그는 우리 앞에 서 있는 모든 사람에게 물어보라고 했다. 나는 땀에 젖은 채 애절한 눈빛으로 20여 명에게 우리가 먼저 검사를 받고 들어갈 수 없겠느냐고 물었다. 놀랍게도 모두 그러라고 했다

사람에 대한 나의 믿음이 회복되었다. 우리는 보안 검색대를 통과했다. 이번에도 다시 눈썹이 휘날리도록 달렸다. 나는 사람들이 길을 터주기를 바라며 공항 셔틀 카트처럼 높은 경적음을 냈다. 숨을 헐떡이며 공기를 갈랐다. 마침내 비행기에 올라 자리를 찾아 앉자마자 1분도 채 지나지 않아 비행기의 문이 닫혔다.

내가 말하려는 핵심은 이것이다. 우리는 포기하고 그만두겠다

고 할 수도 있었고, 다른 사람들이 어떻게 생각하든 개의치 않고 해 낼 수도 있었다. 사람들이 어떻게 생각하든 개의치 않겠다고 결정하자 눈썹이 휘날리도록 자유롭게 뛸 수 있었다. 우리는 다른 사람들에게 깊은 인상을 심어주거나 세상의 갈채를 받으려고 사는 게 아니다. 이렇게 마음을 정하면 자유롭게 달릴 수 있다.

갈라디아교회는 단순하지만 불가능한 종교법 체계로 되돌아간 또 다른 그룹이었다. 교회에 가만히 들어와 종교 규범과 의식을 내세우는 거짓 선생들이 있었고, 많은 그리스도인이 다시 이 짐을 지려 했다. 갈라디아서 2장에서 바울은 신자들에게 예수님이 그들을 이러한 짐에서 자유하게 하셨음을 일깨우려고 한다.《메시지》성경은 갈라디아서 2장 끝부분을 이렇게 풀어쓴다.

나는 율법을 지키려고 애쓰고 하나님을 기쁘시게 해드리려고 고심했지만, 뜻대로 되지 않았습니다. 그래서 나는 "율법의 사람"이 되기를 포기했습니다. 그것은 "하나님의 사람"이 되기 위해서였습니다. 그리스도의 삶이 내게 방법을 일러주었고, 그렇게 살도록 해주었습니다. 나는 그리스도와 나를 완전히 동일시했습니다. 정말로 나는 그리스도와 함께 십자가에 못 박혔습니다. 이제 내 자아는 더 이상 내 중심이 아닙니다. 나는 더 이상 여러분에게 의롭게 보이거나 여러분에게서 좋은 평판을 얻고 싶은 마음이 없습니다. … 그리스도께서 내 안에서 살고 계십니다. 여러분이 보는 내 삶은 "나의 것"이 아니라, 나를 사랑하시고 나를 위해 자기 목숨을 내어주신 하나님의 아들을 믿는 믿음으로 살아가는 삶입니다. 나는 이 삶을 저버리지 않을 것입니다. 갈 2:19-21

다른 사람들의 생각이나 말에 얽매이는 데서 벗어날 때 많은 자유를 얻을 수 있다. 다른 사람이 되기를 그치고, 하나님이 당신을 위해 계획하신 사람으로 완벽하게 맞춰질 때, 그 느낌은 참으로 놀랍다.

왜 그런가? 당신과 나를 포함한 모든 사람이 흠이 있고 부서졌으며 이랬다저랬다 한다. 왜 당신만큼이나 부서진 사람들에게 죽어라 인정받으려고 하는가? 하나님께 나아가 그분의 자애로운 인정과 사랑이 넘치는 용납을 구할 때, 우리는 전에 없이 큰 자유를 발견할 것이다. 다른 사람들에게 어떻게 인정받을지 걱정하지 않고 하나님 안에서 쉴 때 진정한 자유와 쉼과 기쁨을 발견한다.

물론 쉽지 않다. 모든 사람들은 그냥 걷고 있다. 사람들은 당신이 할 수 없을 거라고 말한다. 그들이 어떻게 생각하든 누가 신경을 쓰는가? 그 마음에 진정한 목표를 정할 때, 사슬을 벗고 자유롭게 달리기 시작할 때, 당신이 꿈꿔보지 못한 만큼 멀리 가고 더 나은 목적지에 이를 수 있다.

거짓말에서 벗어나라

"식후 30분 이내에 수영하면 안 된다."

"왜요?"

"경련이 일어날 수 있단다. 물에 빠져 죽을 수도 있어!"

어머니는 내게 늘 이렇게 말했다.

당신의 어머니도 똑같이 말하지 않았을까 싶다. 어머니들은 자녀를 사랑하니까 보호하고 싶고, 그래서 식후 30분 안에는 수영을 하지 말라고 했던 것이다. 대부분 어린 시절에 이런 규칙이 있었을 것이다. 훌륭한 지혜이다.

사실이 그렇지 않다는 것만 빼고 말이다. 이것은 전혀 사실이 아니다. 식후 수영이 경련을 일으키는 것은 아니다. 어머니는 좋은 뜻으로 말씀하셨지만 이것을 말하는 좋은 방식이란 없다. 그러나 어머니는 거짓말을 했다.

당신이 아직 확신하지 못하는 것 같지만, 진실은 이것이 유일한 거짓말이 아니었다는 것이다.

풍선껌은 삼켜도 괜찮다. 그러면 당신은 이렇게 항변한다. "껌이 내 몸 속에 여러 달, 어쩌면 여러 해 그대로 남아 있을 거예요! 소화하는 데 7년이 걸릴 수도 있다고요." 당신은 지금까지 거짓말을 들었다. 껌은 입으로 들어간 다른 음식들처럼 몸속을 통과한다. 받아들이기 쉽지 않다는 것은 이해한다. 진실이 나를 자유하게 한 뒤에도 나는 어쩌다 껌을 삼키게 되면 여전히 불안하다. 교회에서 성찬식을 한다거나 다른 선택이 없을 때처럼 말이다. 그러나 진실은 풍선껌 한 통을 다 삼키고 곧바로 수영을 하더라도 괜찮다는 것이다.

거짓말의 힘

사람들이 대부분 거짓말을 믿는다. 그것이 거짓말인 줄 모르기 때문이다. 알면 믿지 않을 것이다. 거짓말을 믿으면 거짓말에 기대어 살아간다. 그렇지 않은가? 식후 30분 내에 수영하는 것이 위험하다고 믿으면 그 시간에 수영을 하지 않을 것이다. 이로써 거짓말이 마치 진실인 양 거짓말에 힘을 실어준다. 오랫동안 지구가 평평하다는 거짓말을 믿었기 때문에 먼 바다에 나가려고 하지 않았다. 낭떠러지에 떨어지고 싶지 않았기 때문이다.

거짓말을 믿으면 거짓말이 당신이 사는 방식을 바꾼다. 식후 또는 껌을 삼킨 직후에 수영을 피하는 것은 그리 큰일이 아니다. 그러나 더 심각한 거짓말을 믿는다면 어떻게 되겠는가?

텔레비전을 가까이에서 보면 시력이 나빠진다는 거짓말을 믿는 것과 다음과 같은 거짓말을 믿는 것은 사뭇 다르다.

너는 결코 충분히 선해질 수 없어.
너는 실수를 너무 많이 했어.
너는 절대로 멈출 수 없어.
하나님은 너한테 신경도 안 쓰셔.
아무도 너한테 신경을 안 써.

우리가 이런 거짓말을 믿는다면 우리의 삶에서 이런 거짓말에 엄청난 힘을 실어주게 된다. 어떤 거짓말을 참이라고 믿을 때, 실제로 참일 때와 같은 힘을 부여하기 때문이다. 이런 거짓말을 믿으면 계속 나아가기가 어렵고 이내 포기하고 싶어진다.

2017년에 사람들과 대화하며 작성한 메모를 다시 읽으면서, 이들이 믿은 거짓말이 이들을 자주 막아서고 주저앉혔다는 사실에 놀랐다. 이들이 그 거짓말을 계속 믿었다면 포기는 시간문제였을 것이다.

결국 이들이 계속 인내하고 그만두지 않게 하려면 거짓말을 드러내야 했다. 당신이 참이라고 받아들인 것이 사실은 거짓일 수 있지 않을까? 거짓말이 당신의 삶에 큰 혼란을 일으키며, 당신이 포기하고 싶은 큰 이유가 될 수 있지 않을까?

우리가 믿는 거짓말

우리가 거짓말을 믿으면 그 거짓말이 우리를 약화시키고 파괴하는 강력한 힘을 갖는다. 그래서 원수는 우리의 삶을 무너뜨리는 전략으로 거짓말을 택했다. 성경은 사탄이 우리 삶에서 하는 일이 "도둑질하고 죽이고 멸망시키려는 것뿐이요"(요 10:10)라고 가르친다. 사탄이 어떻게 이렇게 하는가?

사탄은 에덴동산에서 아담과 하와의 삶을 무너뜨릴 계획을 세운다. 창세기 3장에 나오듯이 사탄의 계획은 이들이 거짓말을 믿게 하는 것이었다. 사탄은 그 후로 줄곧 동일한 전략을 쓴다.

예수님은 사탄에 대해 이렇게 말씀하셨다.

"진리가 그 속에 없으므로 진리에 서지 못하고 거짓을 말할 때마다 제 것으로 말하나니 이는 그가 거짓말쟁이요 거짓의 아비가 되었음이라"(요 8:44).

성경은 거듭 사탄이 우리를 상대로 계략을 꾸미고 우리를 속이고 꾀어 거짓말을 믿게 하려 한다고 말한다. 성경은 "이는 우리로 사탄에게 속지 않게 하려 함이라"(고후 2:11)라고 경고한다.

우리는 안다. 사탄은 거짓의 아비이다. 그러나 사탄이 거짓말을 아주 넓게 퍼뜨렸기 때문에 어떤 거짓말은 꽤 그럴듯하다. 대안은 진리 추구이다. 예수님은 "내가… 진리"(요 14:6)이며, "진리를 알지니 진리가 너희를 자유롭게 하리라"(요 8:32)라고 하셨다.

우리가 흔히 믿는 몇 가지 거짓말을 살펴보자. 구체적으로 우리를 포기하고 그만두게 하는 거짓말이다. 나는 누군가에게 포기하지 말고 계속 나아가라고 독려할 때, 이들 대부분이 믿는 거짓말을 드러내고 하나님의 진리로 그 거짓말을 대체해야 함을 안다. 따라서 우리가 믿는 거짓말을 살펴보고 우리를 자유롭게 하는 하나님의 진리를 찾아보자.

너는 조건을 갖추지 못했어!

이 거짓말이 우리가 포기하고 싶은 마음이 들게 할 수 있다. 이 거짓말은 여러 가지로 변주된다. 이런 형태일 수 있겠다.

나도 내가 뭐하고 있는지 몰라.
내 아이들이 다른 부모를 만났다면 지금보다 나을 거야.
나는 아무리 노력해도 안 될 거야.

이 거짓말은 당신이 자격이나 능력이 없다고 말한다. 이 거짓말을 믿으면 진실일 때와 동일한 힘을 갖게 되고 머지않아 포기하게 된다.

알아두면 흥미롭고 도움이 될 만한 사실이 있다. 남녀 모두 방식은 다르지만 자신이 미흡하다는 느낌과 싸운다는 연구 결과가 있다. 여자들은 자기 자신을 탓하고 자신이 조건을 갖추지 못했다고 생각하는 경향이 있다. 남자들은 전형적으로 환경을 탓하고 다른 누군가 또는 다른 무엇에 잘못이 있다고 믿는다. 우리는 모두 "너는 조건을 갖추지 못했어!"라는 거짓말에 속아 넘어갈 수 있다.

믿기 쉬운 거짓말이다. 요즘 자신을 비교할 기회가 차고 넘치기 때문이다. 모든 사람이 소셜 미디어에서 자신의 최고 상태를 보여준다. 나는 페이스북을 '파사드'(Facade, 허울)로, 인스타그램을 '미라지'(Mirage, 신기루)라는 이름으로 바꾸는 청원을 시작하려고 한다. 그러면 사람들이 덧칠된 삶을 보며 그리 불안해하지 않을지도 모르겠다. 우리는 자신의 일상적인 삶과 타인의 이상적인 하이라이트 버전을 비교하며 자신이 한참 모자란다고 느낀다. 자신이 조건을 갖추지 못했다고 생각하기 시작한다.

그러나 이것은 사실이 아니다. 소셜 미디어에서 보는 것은 대부분 사실이 아니기 때문이다. 알고 있는가? 여러 연구에 따르면, 재정적 어려움에 처해 있다면 소비하는 사진을 올릴 가능성이 높고, 결혼생활에 문제가 있는 부부는 로맨틱한 데이트 사진을 올릴 가능성이 더 높다고 한다. 왜 그런가? 자신의 불안을 숨기고 싶기 때문이다. 그러나 우리는 이것을 보며 생각한다. '나는 이 사람들보다 못해! 나는 이런 삶에 필요한 조건을 갖추지 못했어!'

이 덫에 빠질 때 일어나는 결과가 있다. 이 덫에 빠지면 완벽주의로 흐를 수 있다. 모든 것을 완벽하게 해내려고 든다. 그러나 완벽에 이르기란 불가능하다는 것을 곧 깨닫는다. 그래서 죄책감을 느끼기 시작하고, 죄책감은 언제나 거의 분노로 표출된다.

그다음은 피로이다. 이제 당신은 계속할 수 없다는 생각에 포기하려고 한다. 자신이 덫에 걸렸다고 생각한다. 어떻게 그만둬야 할지 모른다. 그만두려는 마음은 흔히 도피로 이어진다. 자신의 삶이 그다지 마음에 들지 않는다. 그래서 연애 소설, 과도한 드라마 시청, 와인 한 병, 채팅 또는 포르노로 도피한다. 비디오 게임으로 밤을 새우거나 꾸민 지 얼마 안 된 집을 다시 꾸민다. 목록은 끝이 없다. 그러나 이것이 모두 당신이 믿는 거짓말까지 거슬러 올라간다.

이 거짓말은 얼마간의 진실이 담겨 있기 때문에 교묘하다. 최고의 거짓말은 이런 식으로 작동한다. 어떤 거짓말이 전혀 사실이 아니라면 금세 알아차리고 받아들이지 않을 것이다. 그러나 당신이 조건을 갖추지 못했다는 말은 얼마쯤 진실일 수 있다. 그렇다고 완전한 진실은 아니다. 완전한 진실은 우리를 자유하게 한다. 완전한 진리는 이것이다.

하나님과 함께라면, 나는 내가 해야 할 모든 것을 하는 데 필요한 전부를 갖췄다.

잠시 이 진리를 소리 내어 읽어보지 않겠는가? 다시 소리 내어 읽어라. 이제 멈추어 이 진실을 잠시 생각하라. 진실을 좀 더 파악하라. 이 진실이 삶을 바꾸기 때문이다. 자유하게 하는 이 소식이 하나님의 말씀에서 어떻게 전해졌는가?

"그의 신기한 능력으로 생명과 경건에 속한 모든 것을 우리에게 주셨으니"(벧후 1:3). '경건한 삶'(a godly life)이란 단지 죄의 지배를 받지 않는 삶을 의미하는 게 아니다. 이것은 하나님이 당신을 향한 큰 계획을 가지고 있으며, 하나님께서 그에 합당한 삶을 사는 데 필요한 모든 것을 당신에게 주신다는 뜻이다.

따라서 자신이 조건을 갖추지 못했다는 생각이 들 때면, 이렇게 말하면서 거짓말을 물리쳐라. "설령 내가 그렇더라도 나는 조건을 갖추신 분을 알고 있어!" 또는 이렇게 말하라. "하지만 그분이 내게 말씀하셨어. '내 은혜가 네게 족하도다 이는 내 능력이 약한 데서 온전하여짐이라'(고후 12:9)." 당신은 스스로 자격이 있다고 느끼지 못할지도 모른다. 그러나 그분의 은혜가 족하다. 당신에게 필요한 것은 그분의 은혜뿐이다.

이 구절도 좋겠다. "내게 능력 주시는 자 안에서 내가 모든 것을 할 수 있느니라"(빌 4:13). 당신이 해야 하는데 할 수 없는 일은 하나도 없다. 예수님을 통해 모든 것이 가능하다. 당신이 약한 순간 진정한 힘을 경험할 것이다.

이 진리를 다시 한 번 읽어보자.

하나님과 함께라면, 나는 내가 해야 할 모든 것을 하는 데 필요한 전부를 갖췄다.

이 진리가 당신을 자유하게 하리라!

혼자서도 고칠 수 있어!

우리를 포기하게 만드는 또 다른 거짓말이다. "너는 조건을 갖추지 못했어!"라는 거짓말의 반대편으로 너무 멀리 가면 "그거, 너 혼자 고칠 수 있어!"라는 거짓말의 세계에 이른다. 첫 번째와 정반대이지만 그래도 거짓말이다. 교만의 거짓말이다. 이 거짓말을 믿으면 이렇게 된다.

도움이 필요할 때에도 도움을 구하지 않는다.

자신의 실수와 약점을 고치려면 드러내야 하는데 이것들을 숨긴다. 하나님이 필요 없다고 생각한다.

"그거, 너 혼자 고칠 수 있어!"라는 말에서 고쳐야 할 '그것'(it)은 사람일 수도 있다. 당신이 고치려는 사람이 배우자일 수 있다. 당신은 '그것'을 고치는 것이 자신의 일이라고 생각한다. 또는 자신이 몇몇 '그것들'(its)을 키운다고 생각할 수도 있다. 당신의 일은 그중에 문제가 있는 것을 수리하는 것이다.

당신에게 한번 묻겠다. 당신이 사람들을 고치려 한다면 그 일이 당신에게 어떻게 작용하는가? 사람들이 당신과 함께하기를 좋아하는가? 그들은 당신에게 자신들은 수리공을 부르지 않았다고 할 것이고, 양쪽 모두 좌절할 게 분명하다.

또는 당신이 고치려는 '그것'이 자기 자신일 수도 있다. 이것이 가장 일반적이다. 당신은 자신의 잘못된 습관이나 중독이나 은밀한 죄를 스스로 고칠 수 있다고 확신한다. 지금껏 별다른 진전을 이루지 못했는데도 여전히 스스로 고칠 수 있다고 확신한다.

당신이 고치려고 애쓰는 것이 무엇이든 간에 원수는 당신에게 속삭인다.

"넌 아무런 도움도 필요하지 않아!"

거짓말이다. 이 거짓말을 믿을 때 우리는 자기 힘으로 해내려 한다. 결과는 참담하고 포기하고 싶은 마음뿐이다. 당신은 도움을 구해야 한다.

당신이 혼자서 고칠 수 있다는 거짓말을 믿을 때 이런 일들이 일어난다.

점점 교만해진다

성경은 하나님께서 교만을 미워하신다고 말한다. 하나님이 우리를 사랑하시고 우리를 파괴하는 모든 것을 미워하시기 때문이다. 교만은 진정한 파괴자이다. 교만하게 "나는 아무 도움도 필요 없어. 혼자서도 고칠 수 있어"라고 말하는 사람들은 하나님께 맞서는 것이나 다름없다.

문제를 경시한다

내가 고칠 수 있다고 믿으면 문제를 비현실적으로 보게 된다. 문제를 진지하게 받아들이고 객관적으로 보면, 내가 고칠 수 없음을 깨닫기 마련이다. 그러나 나 자신에게 통제권이 있다고 말하면, 머릿속에서 문제를 축소하게 된다. '이봐, 별거 아니라고. 내가 고칠 수 없는 게 어디 있어!' 자신을 믿는다. 위험하다.

이 때문에 어떤 사람들은 술이나 음욕이나 소비나 분노나 결혼생활에 문제가 있다. 문제는 크고 심각하다. 절대 사라지지 않는다. 왜일까? 나 자신에게 그 문제를 혼자서 고칠 수 있다고 말함으로써 문제를 축소했기 때문이다.

"내가 원하면 언제든 그만둘 수 있어."

친밀함을 앗아간다

누군가에게 어려움을 털어놓고 도움을 구할 때 관계가 깊어진다.

그러나 나 혼자서 고칠 수 있다는 거짓말을 믿으면, 누구에게도 도움을 구하려고 하지 않고 누구와도 더 가까워지려고 하지 않는다. 스스로 나는 그 누구도 필요 없다고 말한다.

누군가에게 내가 고칠 수 없다고 하려면 자신의 약점을 드러내야 한다. 나는 이것을 결혼생활 초기에 경험했다. 남자는 다른 누구의 도움도 필요 없다고 생각했다. 그래서 내 문제를 아내에게 전혀 이야기하지 않았다. 지금 돌아보면서 깨닫는다. 그때 나는 아내의 지혜와 분별력이 절실히 필요했다. 그러나 아내에게 도움을 구하지 않았다. 나의 약점을 드러내고 싶지 않았기 때문이다.

내가 도움을 구했다면 좋을 일이 세 번 정도 일어났던 것 같다. 그랬다면 나는 도움을 받았을 테고, 아내는 자신의 가치를 느꼈을 것이며, 우리는 더 가까워졌을 것이다.

위선을 부추긴다

실제 내 삶에 아주 나쁜 것들이 있다고는 아무에게도 말할 수 없을 것이다. 그래서 우리는 흔히 '척'을 한다. 허울을 쓰고 살면서 너무 좋은 모습만 세상에 보여준다. 하지만 이렇게 살면 탈진한다. 이런 삶은 지속될 수 없다.

"내가 고칠 수 있어!"라는 거짓말은 우리가 살고 싶은 삶으로 우리를 인도하지 못한다. 우리는 이 거짓말을 극복해야 한다. 예수님 때문에 극복할 수 있다. 기독교 서적에서 예상되는 답처럼 진부하게 들릴 수 있겠지만, 이것은 사실이다. 이것은 당신이 지금껏 예수님에 관해 전혀 깨닫지 못했거나 이해하지 못했던 것을 알려준다. 히브리서 4장은 이렇게 말한다.

> 그러므로 우리에게 큰 대제사장이 계시니 승천하신 이 곧 하나님의 아들 예수시라 우리가 믿는 도리를 굳게 잡을지어다 우리에게 있는 대제사장은 우리의 연약함을 동정하지 못하실 이가 아니요 모든 일에 우리와 똑같이 시험을 받으신 이로되 죄는 없으시니라 히 4:14,15

그 시대에 대제사장은 하나님 앞에서 당신을 대리하는 사람이었다. 그는 당신을 대신해서 하나님께 말했고, 당신의 이익을 대변했다. 예수님은 이제 우리의 대제사장이시며, 우리의 연약함을 이해하신다.

당신이 겪는 일을 예수님이 이해하신다는 사실을 생각해본 적이 있는가? 그분의 생애를 생각해보라. 예수님은 십대 어머니의 혼외자로 잉태되었고, 이 때문에 아이들에게 놀림을 받으셨을 것이다. 예수님은 비교적 어린 나이에 이 땅의 아버지를 여의었던 것 같다. 그래서 가난하게 사셨다. 사탄에게 시험을 받으셨다. 그분의 가장 가까운 친척 하나가 죽었다. 가족의 지지를 받지 못하셨고, 친구들에게 배신과 버림을 당하셨다. 그분의 여러 기도가 응답되지 않았던 것으로 보인다.

당신은 지금 무엇과 씨름하고 있는가? 그것이 무엇이든 예수님이 거기에 계신다. 그분은 하늘에서 지켜보시며 '저런, 너무 끔찍해 보이는 걸'이라고 생각하지 않으신다. 그러지 않으신다. 예수님은 당신이 경험하는 것을 경험하셨고, 하나님 앞에서 당신을 대변하신다.

그러면 이런 사실이 어떻게 우리를 "내가 고칠 수 있어!"라는 거짓말을 극복하게 하는가? 이 진리를 따라 사는 것이 어떤 모습이겠는가?

"그러므로 우리는 긍휼하심을 받고 때를 따라 돕는 은혜를 얻기 위하여 은혜의 보좌 앞에 담대히 나아갈 것이니라"(히 4:16).

명령이다. "담대히 나아가라." 당신은 하나님의 도움이 필요하다. 그런데 왜 하나님이 당신을 돕지 않으시는지 모르겠는가? 이 구절은 "나아가라"고 말한다. 빈둥대며 기다리라고 하지 않는다. 당신이 그분에게 담대히 나아가야 한다. 그렇다. 그분이 주님이시다. 주님이 모든 것을 창조하셨다. 그러나 당신은 마치 그곳이 자신의 자리인 양 그분 앞에 당당하게 나아가야 한다. 예수님이 하신 말씀처럼 도움이 필요할 때 그분에게 담대히 나아가라.

이것은 재정적으로 어려울 때 하는 대출 신청과 다르다. 당신은 자격 요건을 갖췄는지 확신하지 못한다. 그래서 대기실에 앉아 자비를 바라며 초조하게 기다린다. 손에 잔뜩 땀이 난다.

아니다. 그분은 하나님이시다. 당신에게 필요한 모든 능력이 있고, 당신이 자라는 모습을 보며 기뻐하신다. 그분은 당신이 처한 자리에 처하셨다. 그래서 당신을 이해하신다. 그분이 당신을 위하신다. 그래서 당신은 그분을 온전히 신뢰할 수 있다. 당신의 약점을 그분에게 드러내고 그분을 당신의 상황에 초대할 때, 그분이 당신의 상황을 해결하실 것이다. 포기하고 싶을 때, 이 진리를 자신에게 말하라.

하나님께 담대히 나아가 필요한 모든 도움을 얻을 수 있는데 왜 스스로 고치려고 하는가? 당신은 자신의 모든 문제를 그분께 가져 갈 수 있다. 당신의 싸움을 이해하고 당신을 도울 능력과 뜻이 있는 대제사장이 계시기 때문이다.

넌 행복할 자격이 있어!

우리는 이 말이 거짓말이기를 바라지 않는다. 그러나 이것은 사실이 아니다. 그런데도 사람들은 늘 이 말을 근거로 결정을 내린다.

성경이 이것을 보여준다. 하와는 금단의 열매를 먹으면 행복해지리라 생각했다. 가인은 아벨을 죽이면 행복해지리라 생각했다. 형들은 요셉을 노예로 팔면 행복해지리라 생각했다. 삼손은 블레셋 여자와 결혼하면 행복해지리라 생각했다. 다윗은 다른 남자의 아내와 동침하면 행복해지리라 생각했다. 솔로몬은 평생 999명의 여자를 취했고, 이들이 자신을 행복하게 해주리라 생각했다. 그러나 그러지 못하자 이렇게 생각했다. '행운의 숫자 1000이 나를 행복하게 해줄 거야!' 젊은 부자 관원은 재물을 계속 소유하면 행복해지리라 생각했다. 유다는 은 30냥이 자신을 행복하게 해주리라 생각했다.

지금도 다르지 않다. 결혼한 지 24년이 지났는데도, 남편이 자신에게 관심이 없다고 실망한다. 그러다가 학창 시절의 남자 친구를 다시 만나 남편을 떠나기로 결정했다. 이유는 이렇다. "하나님은 내가 행복해지기 원하시잖아요." 이 추정이 옳다면 남편을 떠나는 것이 맞다. 그러나 그녀는 하나님이 이렇게 말씀하신다고 생각한다. '네가 행복해지기만 한다면 뭘 해도 괜찮단다.'

자라면서 쭉 교회에 다닌 대학생이 이제 교회를 떠나고 싶어 한다. 다른 사람들이 다 흥청망청 신나게 놀기 때문이다. 마침내 그는 이 사람들처럼 살기로 결정한다. 그의 생각은 이렇다. '하나님이 나를 사랑하신다면 내가 좋은 시간을 보내기 원하실 거예요. 하나님은 내가 행복하기 원하시잖아요.'

교회에 다니고 예수님을 믿는 남녀가 사귄다. 그런데 "혼전 성관계를 하지 말라"는 말을 무시하기로 결정했다. 하나님께서 이들이 행복하기 원하신다는 것이 이유였다.

가장 분명한 것은 이런 결정이 행복으로 이어지지 않는다는 것이다. 진실은 이것이다. 우리는 행복하려고 모든 것을 다해보았지만 그 모든 것이 우리를 행복하게 하지 못한다는 사실을 깨달을 뿐이다.

당신이 지금 좀 혼란스러울지도 모르겠다. 당신은 이렇게 생각한다.

'행복하기 원하는 게 잘못인가요? 우리나라도 행복 추구권이 있잖아요? 하나님은 내가 행복하기를 원하시잖아요.'

기억하라. 최고의 거짓말은 진실을 조금 섞어놓는다. 하나님은 당신을 사랑하신다. 여느 좋은 부모처럼 하나님은 당신이 행복하기를 진정으로 원하신다. 그러나 당신을 향한 하나님의 궁극적 목적은 행복이 아니다. 그분은 더 중요한 것이 있다는 것을 아신다. 당신은 이런저런 것이 자신을 행복하게 해주리라 생각하지만 하나님은 이런 당신의 생각이 대부분 틀렸다는 것도 아신다.

"하나님은 내가 행복하기를 원하신다."

마치 참이어야 하는 것처럼 들린다. 우리는 이 말이 참이기를 바란다. 이 말이 참이라면, 그 순간 무엇이든 우리를 행복하게 만드는 삶으로 이륙하는 분명한 활주로가 생긴다. 그런데 함정이 있다. 짧은 행복은 언제나 긴 후회로 이어진다는 것이다.

첫째, 다른 무엇보다도 하나님이 당신의 행복을 바라신다는 것을 믿으면, 당신에게 행복을 느끼게 하는 것은 무엇이든 옳고, 당신이 행복하지 않다고 느끼는 것은 다 옳지 않다고 믿게 된다. 그러나 그 순간 그다지 유쾌하지 않은 것이 오히려 우리에게 가장 좋은 것으로 드러날 때가 많다. 의사의 검진은 나를 행복하게 하지 않는다. 그 시간에 차라리 다른 것을 하고 싶다. 그 순간 검진을 미루면 행복하겠지만 지금 나에게 필요한 것은 검진이다.

둘째, 당신은 하나님이 당신을 섬기려고 존재하며 행복을 최고선으로 여기기에 하나님의 일은 당연히 당신에게 행복한 환경을 제공하리라 생각할 것이다. 그러나 하나님은 당신을 섬기려고 존재하시지 않는다. 당신이 그분을 섬기기 위해 존재한다.

셋째, 당신은 끝내 하나님을 떠날 확률이 높다. 당신의 환경은 당신이 원하는 대로 바뀌지 않을 것이고, 하나님이 당신을 행복하게 해주지 않고 그분의 일을 하지 않으신다고 그분을 탓하고, 결국 그분을 버릴 것이다.

이 거짓말을 믿을 때 나타나는 역설이 있다. 자신이 행복할 자격이 있다고 생각하며 즐거움을 최고선으로 추구하는 사람들이 가장 불행해지곤 한다는 것이다.

자신이 행복할 자격이 있다고 믿으면 행복 찾기에 관한 다른 거짓말로 옮겨간다. 예를 들어 우리는 행복이 곧 즐거움을 추구하는 것이라고 믿는다. 그래서 순간의 즐거움을 추구하며 때로 아주 미친 듯이 추구하느라 진짜 중요한 것을 슬쩍 지나친다. 우리는 행복을 추구하고 있다고 믿는다. 그러나 여러 연구가 증명하듯이 삶의 목표를 행복에 두는 것이야말로 불행해지는 가장 빠른 지름길이다.

이것은 때로 '쾌락의 역설'(pleasure paradox) 또는 '행복의 허상'(happiness illusion)이라고 불린다. 행복을 열심히 추구할수록 행복은 더욱 허상이 된다. 행복 추구가 교묘하게 변장한 비극에 이르는 지름길로 드러난다.

우리는 즐거움을 추구하면 행복을 찾을 줄로 생각한다. 그러나 진정한 행복은 언제나 하나님의 사랑이라는 형태로 우리를 따른다. 하나님을 추구하는 것에 관한 성경의 놀라운 구절을 생각해보라.

"여호와를 기뻐하라"(시 37:4).
"여호와를 기뻐하며 즐거워할지어다"(시 32:11).
"여호와를 자기 하나님으로 삼는 백성은 복이 있도다"(시 144:15).
"주 안에서 항상 기뻐하라"(빌 4:4).

하나님은 당신이 행복하기를 바라신다. 그러나 이것은 하나님을 추구하고 그분을 아는 데서 오는 행복이다. 불행히도 우리는 하나님께서 우리가 행복하기 위해 필요한 것을 주시리라 믿으며 하나님을 행복에 이르는 수단으로 바라볼 위험이 있다. 하지만 그게 아니다. 하나님께서 우리를 행복하게 하는 복을 주시기 위해 우리에게 계시는 것이 아니다. 우리에게 있는 하나님이 우리의 궁극적인 행복이다. 하나님이 궁극적인 복이며 기쁨이다. 모든 좋은 선물, 모든 순전한 행복은 하나님에게서 비롯된다. 따라서 하나님이 우리에게 필요한 전부임을 깨달을 때, 절대 마르지 않는 행복을 발견한다.

우리는 즐거움을 추구하는 대신 하나님을 추구한다. 그분을 찾으면 그분을 만나리라는 약속을 믿기 때문이다. 행복한 사람들은 행복을 좇지 않는다. 이들은 하나님을 좇는다. 그러면 행복이 평생 이들을 좇는다.

행복은 자신에게 초점을 맞춤으로써 찾을 수 있는 것이 아니다. 우리가 이것을 단번에 믿을 수 있다면 얼마나 좋을까? 이 교훈을 배우려면 무엇이 필요한가? 하나님은 행복이란 다른 사람들에게 초점을 맞춤으로써 찾을 수 있다고 말씀하신다. 예수님이 이것을 가르치고 몸소 본을 보이셨으며 십자가에서 궁극적인 그림을 보여주셨다. 예수님은 이렇게 말씀하셨다.

"인자가 온 것은 섬김을 받으려 함이 아니라 도리어 섬기려 하고 자기 목숨을 많은 사람의 대속물로 주려 함이니라"(마 20:28).

그것은 힘들 것 같고 무슨 과업 같기는 하지만 이것이 행복에 이르는 가장 빠르고 확실한 길이다. 다른 사람들에게 초점을 맞추는 일이다. 이것이 행복의 역설이다. 자신이 행복해지려고 할 때 우울해질 가능성이 높지만, 다른 사람들을 행복하게 하려고 할 때 자신이 행복할 가능성이 높다.

아는 사람들 중에 기쁨이 넘치는 사람들을 생각해보라. 이들은 유쾌한 경험을 많이 하고 소유를 늘리는 데 초점을 맞추는 사람들이 아니다. 당신이 아는 사람 중에 기쁨이 넘치는 사람들은 주 안에서 기뻐하는 법을 배웠으며, "여호와로 인하여 기뻐하는 것이 너희의 힘이니라"(느 8:10)라는 진리를 따라 자유하게 살아가는 사람들이다. 그 사람은 즐거움이 아니라 하나님을 추구하고, 자신이 아니라 다른 사람들에게 초점을 맞추기로 결정했다.

사람들이 행복한 것은 하나님께서 그들에게 행복할 만한 환경을 주셨기 때문이 아니다. 하나님께서 이들에게 하나님 자신을 주셨고, 이것이 이들을 행복하게 하기 때문이다. 이들은 오늘 하나님의 사랑 안에 헤엄치며 "오늘은 짧지만 영생은 영원하다"라는 사실에 소망을 둔다. 이들은 하나님이나 천국을 받을 자격이 없지만 그분의 은혜 때문에 상상할 수 없는 선물의 수혜자가 되었음을 안다. 이것이 이들을 행복보다 더 풍성한 것으로 인도한다. 이것이 이들을 만족하게 한다.

상황이 잘 풀리지 않을 때 분명 실망이 몰려온다. 그러나 우리는 기억한다. 우리에게 하나님이 계시고, 우리가 용서받았으며, 우리는 영원히 천국에서 살 것이다. 그래서 환경이나 느낌에 근거한 행복이 아니라 하나님의 은혜에 근거한 깊은 행복을 경험한다. 이 진리가 우리를 자유하게 하고, 포기하고 싶을 때라도 계속 전진하게 한다.

우리는 지금까지 살펴본 거짓말에 넘어가기 쉽고, 이런 거짓말 때문에 포기하고 싶을 수도 있다. 그러나 이 거짓말을 진실로 대체할 수 있다. 좋은 출발점이 있다. 하나님이 당신을 사랑하신다는 것이다. 하나님은 당신을 매우 귀하게 여기신다. 그래서 자신의 아들을 당신을 위한 값으로 지불하셨다. 하나님은 당신에게 새 생명을 주고 싶어 하시고, 새 삶을 살 힘을 주기 원하신다. 당신은 기뻐하고 상 받는 삶을 사는 데 필요한 전부를 가졌다. 당신은 절대 옴짝달싹하지 못하는 처지가 아니다. 당신은 달라질 수 있다. 사실 당신은 달라지고 있다. 하나님이 당신을 바꾸고 계신다.

어느 날 하나님께서 말씀하실 것이다. "더는 아픔이 없단다. 더는 슬픔이 없단다. 더는 두려움이 없단다. 더는 눈물이 없단다." 하나님이 모든 것을 새롭게 하실 것이다. 그날에는 행복의 개념이 소유의 유무나 그것을 좇기 위한 별개의 조건이 아닐 것이다. 오직 완전한 기쁨만 있을 것이다. 그때까지 하나님은 우리가 거짓말을 찾아내고 그분을 진리 위에 굳게 세워 행복한 그런 세상을 제안하신다. 이것은 실제일 수 있다. 이것은 깊고 심지어 빈번할 수 있다. 이것은 하나님 안에서, 늘 충만하신 분 안에서만 찾을 수 있다.

당신은 지금껏 어떤 거짓말을 믿었는가? 그것이 거짓말인 줄 알았다면 믿지 않았을 것이다. 우리가 거짓말을 믿으면 그 거짓말은 진실 같은 힘을 갖는다. 내가 믿는 거짓말이 있지는 않은지 자문해 보라. 하나님께 기도하며 당신이 기대어 살아가는 거짓말이 있다면 드러내달라고 요청하라.

불신앙에서 놓여나라

거미줄을 헤치며 걸어본 적이 있는가? 물론 있을 것이다. 너무 끔 찍하다!

그럴 때 당신의 허를 찌르는 세 가지 일이 일어난다. 첫 번째, 당 신은 달라붙고 보이지 않는 것을 걷어내기 위해 허공을 거칠게 휘젓 기 시작한다. 두려움과 혐오감에 팔을 마구 휘젓는다. 뒤이어 두 번 째, 당신은 거미줄이 있는 곳이면 거미가 있으리라 생각한다. 조금 전까지 팔을 대충 휘저었다면 이제는 거미가 당신에게 달라붙지 못 하도록 미친 듯이 온몸을 털어낸다.

그리고 세 번째 일이 일어난다. 당신은 혹시 누가 지켜보고 있지 는 않은지 주위를 애타게 둘러본다. 사람들은 거미줄은 보지 못하 고 그런 당신만 본다. 당신은 미친 것처럼 보인다.

보이지 않는 것이 당신을 심하게 괴롭힌다. 당신은 거미줄이 다가오는 게 전혀 보이지 않는다. 물론 우리 삶에는 무수한 오솔길과 온갖 종류의 끈끈한 거미줄이 있다. 지금까지 어떤 것이 당신을 얽매었는가? 당신은 자유롭게 달리며 앞으로 나아가고 있었다. 그런데 갑자기 거미줄을 만났다.

우리가 만나는 거미줄

직장 동료가 당신에게 야릇한 표정을 짓는다. 아주 순수해 보인다. 누군가 나를 그런 표정으로 봐주니 기분이 좋다. 당신은 이 일을 남편에게 말하지 않는다. 어쨌든 아무 일도 일어나지 않았다.

어느 날 휴게실에서 그가 당신에게 아주 멋지다고 말한다. 그러고는 점심을 같이 먹자고 한다. 물론 그는 아무런 부적절한 행동을 하지 않았고, 당신도 그저 그의 관심을 즐긴다. 어느 주말 남편이 출장 중일 때 직장 동료가 잠시 들러 서류를 전해줘도 괜찮은지 묻는다. 그가 당신의 집에 방문한다. 두 사람은 이런저런 이야기를 나눈다. 이야기가 좀 더 격의 없고 개인적인 쪽으로 흐른다. 갑자기 그가 당신에 대한 감정을 고백한다. 당신도 똑같이 그에 대한 감정을 드러낸다. 그러나 결혼생활이 너무 중요하기 때문에 거기서 그친다. 당신은 부정(不貞)을 저지르지 않는다.

그가 떠난다. 당신은 자신이 시험대에 올랐다는 것을 안다. 그러나 그가 머릿속에서 떠나지 않고, 그가 당신을 얼마나 기분 좋게 해주는지에 대한 생각도 멈출 수 없다. 이런 생각이 결혼생활의 스트레스와 엄마 역할의 중압감에서 벗어나는 탈출구가 된다. 당신은 그와 계속해서 문자를 주고받는다. 문자 수위가 점점 높아진다. 당신은 스스로에게 이건 해롭지 않다고 말한다. 당신은 경계를 정해놓았다. 그러니 뭐가 해롭겠는가?

당신은 이따금 뭔가를 자각하고, 자신에게 이건 건전하지 못하다고 말한다. 당신은 결혼생활과 가정과 미래를 위험에 몰아넣고 있다. 그러나 이제 단단히 얽매였기 때문에 벗어날 수 없다.

마침내 스캔들이 드러나자 모두 깜짝 놀란다. 결국 두 부부가 이혼한다. 당신이 스스로 결혼생활을 포기하기로 결정한 것이 아니다. 의식적으로 남편을 버리고 다른 남자를 찾아 나선 것이 아니다. 그러나 어느 시점에서 당신은 거미줄에 걸렸고 그것을 깨달았을 때에는 이미 너무 멀리 와버렸다.

여기 또 다른 거미줄이 있다. 십대 시절 당신은 우편함에 꽂힌 빅토리아 시크릿(Victoria's Secret, 미국의 란제리 브랜드) 카탈로그를 꺼내 훑어보았다. 그러자 거기 실린 사진들이 머릿속에서 떠나지 않았다. 그러던 어느 날 인터넷에서 이런 사진을 수없이 발견했다. 몇 번 더 클릭하자 놀랍게도 훨씬 더 자극적인 사진들이 나온다.

당신은 더 많은 사진을 찾아 몰래 인터넷을 뒤지며 시간을 보내기 시작한다. 당신은 자신에게 말한다. "나는 아무도 해치지 않아!" 당신은 실제로 아무 잘못도 하지 않았다. 이것은 실제가 아니다. 당신의 상상 속에만 존재하는 가상 세계이다. 그러나 당신은 상상이 당신에게 미치는 힘을 깜빡했다. 사실 당신은 이미 얽매였다. 처음에 당신은 이미지를 소비했지만, 이제 당신은 자신을 소비하고 있다.

당신은 결혼한다. 결혼이 반드시 주문(呪文)을 풀어줄 것이다.

결혼생활과 사랑이 잠시 당신을 거미줄에서 풀려나게 해준 것 같다. 한동안 상황이 조금 수월해진다. 그러나 당신은 자신의 은밀한 싸움을 절대 이야기하지 않는다. 그것은 이미 지나간 과거이기 때문이다.

그러던 어느 날 밤에 계속 그때가 떠올라 익숙한 웹사이트에 접속한다. 곧바로 당신은 다시 얽매이고 만다. 당신은 절대 부부 간의 친밀함을 포기하겠다고 결정하지 않았다. 당신은 절대 아내와 영적으로 하나 됨을 누리는 것을 의식적으로 포기하지 않았다.

여러 해가 지나고 둘 사이에 틈이 점점 벌어진다. 당신은 아내를 찾지 않는다. 이미 포르노그래피가 당신을 너무 소극적인 동시에 야한 사람으로 바꿔놓았다. 그동안 아내의 마음은 냉랭해졌다. 그러나 당신은 심하게 얽매인 나머지 이것을 눈치채지 못한다. 당신은 아내가 직장 동료와 주고받은 문자를 발견하고 엄청난 충격에 빠진다. 둘이서 바람을 피우고 있다.

당신은 화를 내며 말한다.

"이 여자, 어떻게 나한테 이럴 수 있어?"

그러나 자신에게 훨씬 더 복잡하게 얽힌 이야기가 있음을 안다.

아, 그 죄 말이군요!

히브리서 12장은 방해되는 짐과 아주 쉽게 얽매는 죄를 벗어버리라고 말한다.

다들 지고 다니는 짐, 우리를 더디게 하고 지치게 만드는 몇 가지 짐에 대해 살펴보았다. 그런데 우리를 아주 쉽게 얽매는 죄는 무엇인가? 성경은 구체적인 죄를 말하는 것 같다. 포괄적 의미의 '죄'(sins)를 말하지 않는다. 그렇다면 우리를 쉽게 얽매는 죄는 무엇인가?

이 구절을 읽으며 어떤 죄를 떠올랐다면 그 죄가 당신을 쉽게 얽어맨다고 할 수 있겠다. 이것이 핵심이다. 히브리서 기자는 구체적인 죄를 말하고 있다. 독자들이 빈칸을 채우도록 하려는 의도로 보인다. 당신은 어떤 싸움에서 줄곧 넘어지는가?

'물건'일 수도 있다. 당신의 친구가 새 TV, 새 옷, 새 차 또는 새 집을 샀다. 당신은 계속 투덜대며 자신이 가진 것에 만족하지 못한다.

'응징'일 수도 있다. 어떤 사람이 당신을 부당하게 대했고 당신은 정의를 바랐다. 공정한 것이 공정한 것이다. 그러나 정의는 이루어지지 않았다. 당신은 그 일로 아주 오래 마음을 끓였고, 그래서 정의를 향한 바람이 미움과 증오로 변했다.

'통제권'일 수도 있다. 당신은 직장이나 집에서 투명 인간처럼 무시당한다고 느낀다. 그래서 이 무시의 벽을 깨기 위해 화내고 소리지르기 시작한다.

'가치'일 수도 있다. 당신은 있는 모습 그대로 인정받고 싶다. 그러나 다른 사람으로부터 더 빨리 인정받고 싶어서 자신을 바꾸기 시작한다.

'즐거움'일 수도 있다. 당신은 즐거움을 추구하는 데 그치지 않고 즐거움을 숭배한다. 당신은 즐거움에서 위로와 희망을 찾는다. 즐거움이 당신의 삶에 운전자가 되었다.

이것들 외에 생각나는 것이 더 있는가? 이것은 모두 좋고 고귀한 것에서 시작한다. 알다시피 미끼와 덫에는 매력이 있고, 이런 매력이 마음 깊은 곳에서 우리를 큰 소리로 부른다. 우리가 하나님께서 이 것을 위해 정하신 자리를 버리고 이것을 건강하지 못한 태도로 대할 때 문제가 일어난다.

지난 몇 년간 도박 중독에 빠진 사람과 친구로 지냈다. 처음에 그는 단지 기분 전환용으로, 저녁 식사에 20달러를 쓰는 것과 다르지 않게 도박을 시작했다. 이따금 그는 그만큼을 포커 게임에 썼다. 그런데 친구들이 그에게 라스베이거스에 가자고 했고, 금액이 조금씩 커졌다.

라스베이거스 여행이 끝났을 때 그는 7천 달러를 넘게 잃었다. 그는 신용카드를 한도까지 긁고 수표도 한도까지 쓰곤 했다. 아내에게 사실대로 말할 수 없었다. 갑작스러운 재정 압박을 설명하기 위해 거짓말에 거짓말을 더하기 시작했다. 그는 고전적인 실수를 저질렀다. 이 문제에서 벗어나는 길은 이 문제에 더 몰두하는 것이라고 생각한 것이다. 도박을 더 하면 도박의 거미줄에서 벗어날 수 있을 거라고 생각하다니.

그는 저축해둔 돈을 경마에 배팅하기 시작했다. 3년 후 그는 신용카드 13개를 한도까지 다 긁었고, 도박 빚이 여섯 자리가 되었고, 횡령 혐의로 해고되었다. 아내는 집을 나갔다. 그는 점점 거미줄의 중심으로 깊이 빠져들었으며 자유에서 점점 멀어지고 있다.

가장 최근에 그를 만났을 때, 그가 내게 뭐라고 했는지 아는가?

"느낌이 좋아요. 곧 터진다니까요."

이것이 얽매인 것이다.

혈전

아주 쉽게 얽매는 죄를 벗어버린 후 어떻게 해야 하는가? 히브리서 12장은 한 걸음 더 나아가 죄를 얼마나 심각하게 대해야 하는지 지적한다.

"너희가 죄와 싸우되 아직 피 흘리기까지는 대항하지 아니하고"(히 12:4).

현대인들에게 이 말씀은 선수를 경기장에 다시 들여보내는 감독의 말과 비슷하다.

"들어가서 뛰어! 피가 나는 것도 아니잖아!"

4절의 개념은 이런 얽매는 것을 벗어버리고 계속 달리라는 것이다. 당신이 아직까지 심한 저항을 경험해보지 않았기 때문이다.

C. S. 루이스의 《나니아 나라 이야기 5 : 새벽 출정호의 항해》(The Voyage of the Dawn Treader)를 책으로 읽었거나 영화로 보았을 것이다. 이것은 《나니아 연대기》(Chronicles of Narnia) 중 한 권이다. 여기에 '유스타스'라는 인물이 등장한다. 그는 주변 모든 사람에게 정말 성가시고 버릇없는 아이다. 그는 속임수에 넘어가 용으로 변한다.

꽤 멋지게 들릴지도 모르겠지만, 유스타스는 전혀 즐겁지 않다. 그는 다시 사람으로 돌아가고 싶어 한다. 그의 바람이 이루어지지만 용에서 다시 소년으로 변하는 고통스러운 과정을 견뎌야 한다. 용의 비늘이 하나씩 떨어져 나가는 장면을 읽노라면 그의 고통을 느낄 수 있다. 이런 식으로 저자는 우리를 얽매는 괴물을 벗어버리기가 얼마나 어려운지 생각해보게 한다. 이것이 쉬울 거라고 생각하지 말라. 히브리서 기자가 말하듯이 이것은 훨씬 어려울 수 있다.

무관심, 난 상관없어

또 다른 문제가 있다. 우리는 죄에 얽매일수록 더 알아채지 못하거나 신경쓰지 못하는 것 같다. 죄는 우리의 마음을 완악하게 하고 우리 자신에게 끼치는 해악에 무관심하게 만든다. 죄는 죄에 얽매인 사람들을 의식하지 못하게 한다.

우리는 이것이 얼마나 긴급한 문제인지 모른다. 우리는 어느 시점에서 하나님께로 돌아설 것이다. 적당한 때를 기다릴 뿐이다. 그러나 죄에 대한 무관심이 점점 커지는 부작용이 있다. 갈수록 죄가 작아 보인다.

필립 얀시(Philip Yancey) 목사가 친구를 만나 이야기를 나누다가 그에게서 놀라운 이야기를 들었다. 친구는 결혼한 지 15년이 되었는데 아내와 헤어질 생각을 하고 있었다. 얀시의 친구는 더 젊고 더 예쁜 여자에게 빠져 있었다. 그는 그리스도인이었고, 자녀가 셋이었다. 그가 얀시에게 물었다.

"제가 하려는 짓을 하나님께서 용서하실 수 있다고 생각하세요?"

달리 말하면 그는 이렇게 묻고 있었다.

"하나님이 제게 기회를 한 번 더 주셔야 하는 거 아닌가요? 하나님께서 저를 용서하시고, 어떻게든 저를 위해 이렇게 하셔야 하는 거 아닌가요?"

프랑스의 사상가 볼테르는 이것을 이렇게 표현했다고 한다.

"하나님은 언제나 용서하실 것이다. 그것이 그분의 일이다."

실제로 그렇다면 멋진 말이다.

얀시는 탁자를 사이에 두고 친구와 마주 앉은 채 한참을 침묵하고 나서 질문에 답했다.

"하나님이 자네를 용서하실 수 있냐고? 물론이지. 자네도 성경을 알지 않나! 문제는 자네가 자신과 하나님 사이에 두게 될 거리라네. 이런 건 죄가 전문이지. 죄는 우리가 하나님과 가까워지지 못하게 한다네. 자네는 지금 용서를 생각하고 있네. 그런데 그러면 그다음에 무엇을 원하겠는가? 자네가 그때도 여전히 하나님의 용서에 대해 관심이 있겠는가? 하나님은 용서하신다네. 그분은 변하지 않으시네. 문제는 우리가 변한다는 거지."[1] 시간이 흐르면서 죄는 당신을, 용서가 필요하다는 말에 눈을 부릅뜨는 교만한 유형으로 바꾼다. 당신이 지금까지 해온 것이 새로운 표준이 된다. 죄는 이런 식으로 우리가 하나님을 버리게 만든다. 이런 일은 단번에 일어나지 않는다. 서서히 진행된다. 보이지 않던 거미줄이 중앙으로 갈수록 빽빽해진다.

시편 32편에서 다윗은 자신의 죄가 자신에게 끼친 영향을 말한다. 그는 밧세바와 동침했을 때 죄에 완전히 얽매였다. 그는 한동안 이 문제를 처리하지 않았고 결국 이 문제 때문에 기진했다. 다윗은 이렇게 고백했다.

"내가 입을 열지 아니할 때에 종일 신음하므로 내 뼈가 쇠하였도다 주의 손이 주야로 나를 누르시오니 내 진액이 빠져서 여름 가뭄에 마름같이 되었나이다"(시 32:3,4).

당신이 거미줄에 걸린다면, 재빨리 모든 힘을 모아 헤쳐 나가야 한다. 그래서 피곤하다. 어쩌면 당신은 지금 이런 상황을 겪을지도 모른다. 끈끈한 죄책감의 거미줄이 당신을 잡아당긴다. 가느다란 수치심의 거미줄이 당신을 칭칭 감는다. 당신은 애써 부인하고 정당화와 합리화로 빠져나오려고 애쓴다. 그러나 소용이 없다.

마침내 당신은 기진맥진해서 거미줄에 감기는 것보다 안 좋은 것들이 있다고 외친다. 그리 나쁘지 않을 수 있다. 여기가 집처럼 편안할 수도 있다. 당신은 가장 *끈끈한* 거미줄에 걸렸는데도 그냥 어깨를 한 번 으쓱하고 만다. 무감각해진 것이다.

수치심의 거미줄 벗어나기

죄에는 숱한 부작용이 있다. 그중에 두 가지가 두드러진다. 죄책감과 수치심이다. 죄책감은 우리가 한 행동을 상기시킨다. 수치심은 우리가 한 짓이 바로 우리 자신이라고 설득하려 한다.

다윗은 죄책감에 짓눌렸다. 죄책감은 과거에 얽매이는 닻이기 때문이다. 닻이 내려져 있다면 배는 항해할 수 없다. 어떻게든 배를 움직여보려고 해도 닻 때문에 꿈쩍도 하지 않는다. 결국 엔진이 망가지거나 연료가 떨어진다.

죄책감은 당신을 움직이지 못하게 한다. 수치심은 이것이 당신의 운명이라고 말한다. 당신은 여기서 옴짝달싹하지 못한다. 당신이 지난주에 한 일이 당신의 이야기가 되어 그 책이 기록되었다. 이로써 당신의 실패와 운명이 완전히 연결된다. 자책은 강력하며 늘 우리가 포기해야 한다는 결론에 이른다.

뭔가 좋은 일이 일어날 수도 있다. 당신은 약간의 추진력을 느끼고 일어나 전혀 새로운 방향으로 이동하고자 한다. 배가 움직인다. 사슬이 풀린다. 그런데 닻이 뒤에서 잡아당긴다. 작은 목소리가 들린다. "도망칠 수 있을 것 같아?" 수치심은 늘 이렇게 고개를 쳐든다.

죄책감과 수치심은 극복하기가 어렵다. 나는 지역 교도소를 정기적으로 찾아가 재소자들에게 설교한다. 재소자들이 출소하면 교회로 나를 찾아올 때도 많다. 그들이 석방되고 나서 기뻐하지만 뒤이어 낙담하는 수순을 밟는다는 것을 알게 되었다. 전과 기록이 보이지 않는 사슬처럼 이들을 따라다닌다. 이들이 정말 자유를 얻었는지 의문이 든다. 새로운 일자리를 찾을 때마다 작은 네모 칸에 체크해야 한다. 그 결과는 엄청나다. 마치 뺨에 전과자 낙인이 찍힌 채 면접을 보는 것과 같다.

그러나 이런 느낌은 전과 기록을 필요로 하지 않는다. 이따금 하루를 끝내고 침대 위에 누워서 해야 했는데 하지 못한 일을 떠올린다. '이 일을 했어야 했어. 저 일을 했어야 했다고.'

머릿속으로 잘한 일과 그보다 잘못한 일을 되새기곤 한다.

'이 부분에서는 바보짓을 했어. 그때는 입을 다물었어야 했다고. 이 부분에서 기회를 놓쳤어.'

이것은 정신적인 모래 늪과 같다. 우리는 발가락을 담그고 뒤이어 발을 담근다. 얼마 지나지 않아 여러 감정이 우리를 집어삼키기 시작한다. 당혹감이 몰려온다. 죄책감과 수치심이 뒤따른다. 타잔

이 영화에서 하는 것처럼 우리는 넝쿨을 붙잡으려고 손을 뻗는다. 떨어지지만 않는다면 무엇이든 붙잡으려고 한다. 그러나 가차없이 모래 늪에 빨려들고 만다.

어쩌면 매일 밤이 모래 늪으로 향하는 여정인지도 모른다. 이튿날 깨어도 개운하지 않고 정신적, 정서적으로 탈진해 있다. 심지어 늘 이럴 거라는, 우리의 미래가 실패한 과거의 총합일 거라는 확신이 더 강해지기까지 한다.

하나님과 우리 사이의 죄의 벽

죄는 우리를 하나님으로부터 분리하고 이것을 하나님 탓으로 돌린다. 죄는 우리와 하나님을 갈라놓는 벽을 세우고 이 벽을 하나님 탓으로 돌린다.

어느 날 이웃에게 문자 메시지를 받았다. 우리 집 개가 뒷마당을 벗어나 자기 집에 들어와 닭을 탈취했다는 것이다. 그의 집 현관에 이르기까지 필사적인 현장에 깃털이 널브러져 있었다. 그는 우리 집 개가 자신의 닭을 물어 죽였다고 했다. 나는 여기에 대응하는 방식이 몇 가지 있다는 결론을 내렸다.

- 나는 문자 메시지를 무시하고 최대한 그를 피할 수 있었다. 어색하고 불편해도 그와 마주치는 게 훨씬 더 어색하고 불편할 것이다. 이것은 이웃 간의 관계가 끝난다는 의미였다. 이것은 곤란한 상황을 피하는 대가다.

- 나는 아무 문제가 없고, 아무 일도 일어나지 않은 척할 수도 있었다. 그 이웃을 만나도 해결해야 할 문제가 전혀 없는 것처럼 굴수 있었다. 이 일을 그대로 무시하면 아마 나는 그에게 더 이상아무 도움도 구할 수 없을 것이다.
- 나는 그를 탓할 수도 있었다. 그는 자신의 닭을 더 잘 보호했어야 했다. 개의 본성이 그렇지 않은가. 개가 닭을 잡아먹는다는건 누구나 다 안다.

우리는 이런 식으로 죄를 다루는 경향이 있다. 다시 말해 하나님을 피하고, 자신이 상처 입힌 사람들을 피하고 그 현장을 피한다. 아무 일 없다는 듯 평소처럼 지낸다. 모든 것을 상대방에게 떠넘기기도 한다. 어떤 대가를 치르더라도 문제와 정면으로 부딪치고 자신이 잘못했다고 인정할 수 없기 때문이다. 누가 이렇게 하겠는가?

나는 구약의 방식으로 이 문제를 해결하기로 결정했다. 이웃에게 속전, 즉 화해의 선물을 주기로 했다. 이 일이 벌어졌을 때 아내는 마트에 있었다. 나는 아내에게 전화를 걸어 '아내의' 개가 이웃집 닭을 물어 죽였다고 말했다. 그리고 화목제물 코너에서 뭔가 집어 오라고 부탁했다. 그날 밤 나는 그것을 들고 이웃을 찾아가 사과했다. 선물은 바로 바비큐 치킨과 초콜릿 케이크였다. 참회는 범죄에 걸맞아야 한다. 나는 늘 그렇게 말한다.

히브리서는 한때 하나님이 우리의 죄를 처리하도록 세우신 종교체계가 있었다고 설명한다. 이 체계는 희생 제사를 포함했다. 그러나 모든 체계처럼 이 체계도 오해되고 오용되었다. 히브리서 10장

1-4절은 이 체계가 왜 부족했는지 가르치고 흥미로운 점을 지적한다. 이들은 종교의 구습을 버리기 어려웠을 뿐 아니라 어떻게든 모든 것을 되돌리고 있었다. 제사는 사람들을 어떤 방식으로든 깨끗하게 하려던 게 아니었다. 희생 제물은 삶에서 피할 수 없는 우리의 죄를 생생하게 떠올리는 도구였다. 그러나 어느 시점에서 사람들은 제사가 정말로 문제를 바로잡는다고 생각하기 시작했다. 제사를 통해 죄가 제거되고 사건이 종결된다는 것이다. 우리는 이렇듯 문자에 매이는 경향이 있다.

히브리서 기자가 묻는다. 정말로 그렇다면 "섬기는 자들이 단번에 정결하게 되어 다시 죄를 깨닫는 일이 없으리니 어찌 제사 드리는 일을 그치지 아니하였으리요"(히 10:2). 대신에 죄와 제사는 삶의 일부가 되었다. 히브리서 독자들은 죄에 얽매이지 않으려면 죄가 실제로 어떻게 작동하는지 알아야 했다. 예수님은 율법이 못하는 일을 하셨다. 우리 대신 예수님 자신을 제물로 드려 우리와 하나님의 관계를 바로잡으셨다. 그분의 제사는 이 굴레를 깨는 한 번의 제사였으나 그 효과는 영원하다.

따라서 히브리서 기자는 이렇게 결론 내린다.

"우리가 마음에 뿌림을 받아 악한 양심으로부터 벗어나고 몸은 맑은 물로 씻음을 받았으니 참 마음과 온전한 믿음으로 하나님께 나아가자"(히 10:22).

앞서 본 것처럼 우리는 그리스도 앞에 담대하게 나온다. 그분이 우리의 죄책감을 없애주신다. 수치심을 단번에 그리고 영원히 씻어주신다. 그분이 우리를 씻어주실 때 우리는 깨끗해진다. 더 이상 되풀이되지 않는다. 더 이상 우리를 과거에 얽매는 닻이 없다. 더는 후회와 회한이 우리를 지배하지 못한다. 예수님께서 모든 것을 가져가신다. 그분이 모든 것을 씻으실 수 있다. 그분은 우리가 마땅히 해야 하는 경주를 시작할 수 있도록 우리를 자유하게 하실 수 있다.

위대한 해방자

예수님은 오직 그분만 아는 방식으로 우리를 풀어주신다. 그러나 이것이 어떻게 작동하는가? 바울은 이 과정을 세밀하고 깊게 들여다본다. 바울은 예수께서 가능하지 않은 방식으로 깨끗하고 완전하며 의로우시다는 것을 단번에 보여주셨다고 밝힌다.

"모든 사람이 죄를 범하였으매 하나님의 영광에 이르지 못하더니 그리스도 예수 안에 있는 속량으로 말미암아 하나님의 은혜로 값없이 의롭다 하심을 얻은 자 되었느니라"(롬 3:23,24).

우리는 아무도 완전하지 않다. 상황은 훨씬 더 나쁘다. 우리는 완벽 근처에도 못 간다. 우리는 모두 나면서부터 자격 미달이다. 인간은 모두 실패한다. 개개인이 심판과 형벌을 쌓는다. 우리는 타락했다. 우리는 한순간도 죄 없이 살지 못한다.

그러나 놀라운 소식이 있다. 사실이라면 너무 좋은 소식이다. 이것은 진실이다. 이제 우리는 우리의 실패를 하나도 셀 필요가 없다. 우리의 모든 실패는 용납받을 수 있고, 우리가 받아야 하는 형벌은 예수님이 십자가에서 치르신 일로 단번에 돌릴 수 있다. 그분이 완전함과 의로 우리의 수치를 대신해주실 것이다.

'의'(義)라는 단어에 대해 이야기해보자. 멋진 교회 용어이다. 그렇지 않은가? 이것을 현대 맥락에서 '자격 증명' 또는 '가치 증명'이라고 생각해보라.

요즘 둘째 딸이 몇몇 대학에 지원하고 있다. 딸은 지원서를 작성할 때 자신의 가치를 증명하라는 요구를 받는다. 대학은 아무나 받아주지 않는다. 딸은 성적과 각종 점수를 비롯해 자신이 입학 허가를 받을 자격이 있음을 증명해줄 모든 활동이나 성취와 관련된 자료를 제출해야 한다.

최근에 이력서를 쓰거나 대출 신청서 양식을 작성해보았다면 같은 일을 한 것이다. 당신은 자신이 채용되거나 대출을 받기에 충분할 만큼 "의롭다"는 것을 보여주어야 했다.

로마서와 히브리서 모두 율법 아래서는 그 누구도 충분히 의롭지 못하다고 지적한다. 누구의 성적이나 신용 점수도 충분하지 못하다. 그래서 당신은 당연히 포기하려고 할지 모른다. 율법 아래서 당신의 지원서는 거부당했고, 당신의 이력서 또한 채택되지 않았다.

그러나 이제 율법 외에 한 의(義)가 나타났다. 이제 당신은 불가능한 자격증을 제출하지 않아도 된다. 한 번도 죄를 짓지 않았으며, 한 번도 실수하지 않았고, 한 번도 기준에 미달한 적이 없음을 보여줄 필요가 없다는 뜻이다. 예수님이 당신을 위해 이런 삶을 사셨다. 그분은 "여기 있다"면서 당신의 손에 자격증과 성적표를 건네신다. 그분은 이렇게 말씀하신다.

"너한테 누가 뭐라고 하면 이것을 보여주기만 하면 된다."

그리스도께서 우리를 대신하신다는 믿음만 있으면 된다. 이렇게 하면 우리는 자격이 있다는 판결을 받는다. 무사통과다.

"(모든 사람이) 그리스도 예수 안에 있는 속량으로 말미암아 하나님의 은혜로 값없이 의롭다 하심을 얻은 자 되었느니라"(롬 3:24). 이것이 무슨 뜻인지 상상할 수 있겠는가? 우리는 "값없이 의롭다 하심을 얻었다." 이 말을 듣고 '의롭다 하심을 얻었다'(justified)는 것을 단순히 '용서받았다'(forgiven)의 동의어로 생각할지 모르겠다. 이것은 여기서 시작되었지만 훨씬 더 나아간다. 우리는 실패를 용납받을 뿐 아니라 예수님의 의를 우리의 것으로 인정받는다. 이것은 당신이 팀을 만들었을 뿐 아니라 팀 역사상 가장 훌륭한 선수의 기록과 영예를 모두 내 것으로 갖는다는 말과 같다.

'전가된 의'(imputed righteousness)가 이것을 표현하는 교리 용어이다. 요즘은 많이 사용하지 않는 '전가하다'(impute)라는 단어는 "~에게 돌리다"(to credit)라는 뜻이다. 예수님은 의에서 완벽한 신용 점수를 받으셨고, 그 점수가 우리에게 전가된다.

어떤 사람들은 이 말을 듣고 눈썹이 조금 올라간다.

"아주 불공정해 보이는데요. 각자 자신에게 마땅한 것을 받아야 하는 것 아닌가요? 제가 시험에서 100점을 받았는데 선생님을 찾아가 '이 점수를 쟤한테 주세요!'라고 할 수는 없잖아요. 은행이 저와 아무 상관도 없는 사람의 신용 등급을 고려해서 저에게 대출해주지는 않잖아요."

사실이다. 그러나 25절은 하나님이 이것을 어떻게 해내시는지 설명한다. "이 예수를 하나님이 그의 피로써 믿음으로 말미암는 화목 제물로 세우셨으니"(롬 3:25). 화목(atonement)은 '하나 됨'(at-onement)이다. 제물은 우리가 하나님과 하나 되게, 평화롭게 한다.

바울은 로마서에서 이것을 아주 자세히 설명한다. 하나님은 우리의 죄를 무시하고 못 본 척하며 "별거 아니네!"라고 하지 않으셨다. 그렇게 하셨다면 불공정함이 끼어들었을 것이다. 빚은 온 세상의 '모든' 죄였다. 그래서 하나님은 그 빚을 궁극적 제물로 지급하셨다. 하나님의 아들의 모든 완전함과 정결함이었다.

그저 못 본 척하는 것이 아니었다. 믿을 수 없는 고통과 희생적인 사랑으로 그렇게 하셨다. 우리의 죄가 완전한 분에게 전가되었고, 그분의 의가 가장 나쁜 죄인들에게 전가되었다. 우리가 그 선물을 받아들인다면 말이다. 《메시지》 성경은 이에 대한 바울의 표현을 이렇게 풀어 쓴다.

"어떻게 하면 되느냐고, 여러분은 물을 것입니다. 그리스도 안에 머물기만 하면 됩니다. 하나님께서는 잘못한 일이 없는 그리스도께 죄를 씌우셔서, 우리로 하여금 하나님과 바른 관계를 맺게 하셨습니다"(고후 5:21).

사람들은 때로 법정 상황을 활용해서 복음을 설명한다. 우리가 하나님 앞에 서 있고 하나님이 우리의 기록을 꺼내신다. 그것은 우리가 살면서 행한 모든 것이다. 우리는 공황 상태에 빠져들기 시작한다. 기록이 수천 쪽에 이를 만큼 두껍기 때문이다. 그러나 이 특정한 이야기가 전개될 때 그리스도를 믿는 우리의 믿음이 이 기록을 말끔히 지워버린다. 우리가 예수님에게 "예"라고 말하는 순간, 모든 것이 기록에서 삭제된다. 어떤 말이나 행동도 우리에게 불리하게 작용하지 않는다.

훌륭한 은유이다. 그러나 하나님은 자신의 아들을 통해 이보다 훨씬 많은 일을 하셨다. 우리의 기록은 결코 백지가 아니다. 예수님에 관한 것으로 채워진다. 우리의 기록이 완전하고 강력하게 다시 작성된다. 우리는 재판석에 앉아 계신 하나님을 상상한다. 하나님은 예수님의 변론을 듣고 찡그린 표정으로 우리를 쳐다보더니 슬그머니 천국에 들어가도록 허락하신다. 일종의 법적 절차로, 구사일생이다.

그런데 그리스도의 상속자가 된다는 것은 이런 뜻이 아니다. 하나님께서 우리의 눈을 보고 우리 안에 있는 그분의 아들을 보시는 쪽에 가깝다. 하나님은 미소를 지으신다. 두 팔 벌려 우리를 안고 얼마나 사랑하시는지 말씀하신다. 그리고 또 이렇게 말씀하신다.

"우리가 이 세상에서 할 일이 많단다. 함께하자꾸나!"

이 이야기를 작동하는 요소는 믿음이다. 이 능력이 모두 그리스도 안에 있다. 그러나 그 능력을 작동시키는 스위치는 믿음이다. 이 믿음이 당신에게 있는가? 당신은 예수님이 나의 죄보다 낫고, 당신이 짊어진 모든 짐을 취하실 수 있다고 믿는가?

믿지 않는 죄

히브리서 기자가 말하는 쉽게 옭아매는 죄를 앞서 살펴보았다. 막연한 죄가 아니라 구체적인 죄를 말한다. 그것이 무엇인가?

이 질문의 답이 사람마다 조금씩 다를 수 있다. 그러나 나는 개괄적인 답도 있다고 믿게 되었다. 바로 '불신앙'(unbelief)이다. 불신앙은 나머지 모든 죄의 뿌리이다. 불신앙이 믿음의 반대이기 때문이다. 믿음이 우리 삶에서 놀라운 일을 일으키는 스위치라면, 불신앙은 그 스위치를 누르지 않으려고 하는 것이다.

히브리서 11장 1절은 믿음을 이렇게 정의한다. "믿음은 우리가 바라는 것에 대한 '확신'(confidence)이요 우리가 보지 못하는 것에 대한 '보증'(assurance)입니다. 선조들은 믿음 때문에 칭찬을 받았습니다"(히 11:1,2 NIV 역자 사역). 그렇다면 믿지 않는 것은 하나님이 하신 말씀에 대한 '불확신'이며 우리가 보지 못하는 것에 대한 '회의'이다.

믿음은 하나님이 믿을 수 있는 분이라고 확신한다.
불신앙은 하나님의 의도와 진정성을 의심한다.
믿음은 하나님이 우리와 함께 우신다고 믿는다.
불신앙은 하나님이 우리의 아픔에 신경 쓰지 않는다고 생각한다.
믿음은 배우자 문제를 하나님께 맡긴다.
불신앙은 문제를 스스로 해결하려 든다.
믿음은 우리의 재정으로 하나님께 영광을 돌린다.
불신앙은 우리 스스로 자신을 돌봐야 한다고 결정한다.
믿음은 하나님이 우리의 머리털 하나도 상하지 않게 하심을 믿는다.
불신앙은 하나님이 우리를 알고 싶어 하지 않으신다고 판단한다.
믿음은 예수님을 통해 의를 얻는다고 믿는다.
불신앙은 우리가 의로워진다는 것을 의심한다.
믿음은 우리가 용서받을 수 있음을 알고 죄를 회개케 한다.

불신앙은 우리가 너무 멀리 와버렸다고 믿게 한다.

역도 선수가 양쪽에 무거운 원반을 끼운 역기를 들어 올리는 장면을 상상해보라. 역기 한쪽에 고정된 '스트레스'와 반대쪽 끝에 고정된 '불안'을 상상할 수 있을 것이다. 이것은 매우 무겁다. 불신앙은 이것을 고정하고 있는 봉이다. 우리가 스트레스와 불안을 느끼는 것은 우리를 돌보시는 하나님의 능력을 믿지 않기 때문이다.

하나님이 나의 피난처요 힘이며, 환난 중에 만날 도움이라고 진짜 믿는가? (시 46:1)

하나님께서 그분을 믿는 자들에게 모든 것이 유익하도록 일하신다는 것을 진짜 믿는가? (롬 8:28)

나를 하나님의 사랑에서 끊을 수 있는 것은 아무것도 없다고 진짜 믿는가? (롬 8:39)

하나님의 자비가 무한하고 아침마다 새롭다는 것을 진짜 믿는가? (애 3:22,23)

이것이 우리가 말하는 것들이다. 우리는 이것들을 믿어야 한다. 그렇지 않으면 자신의 불신앙에 눌려 비틀거릴 것이다.

어쩌면 당신은 예수님이 만족하게 하실 것을 믿지 못해서 탐욕과 싸울지도 모른다. 성(性)에 관한 하나님의 가르침을 믿지 않아서 정욕과 싸울지도 모르고, 주는 것이 받는 것보다 낫다는 것을 믿지 않아서 이기심과 싸울지도 모른다.

어쩌면 당신은 하나님의 일하심을 믿지 못해서 낙심과 싸울지도 모른다. 어쩌면 하나님의 은혜를 실제로 믿지 않아서 분노와 싸울지도 모르고, 하나님의 의로우심을 믿지 않아서 통제권을 두고 싸울지도 모르며, 하나님의 주권을 믿지 않아서 두려움과 싸울지도 모른다. 어쩌면 당신은 하나님의 돌보심을 믿지 못해서 불안과 싸울지도 모른다.

어쩌면 당신은 하나님의 용서하심을 실제로 믿지 못해서 죄책감과 싸울지도 모른다. 하나님이 당신을 새롭게 하셨음을 믿지 않기 때문에 수치심과 싸울지도 모른다. 당신에게 힘을 주시는 그리스도를 통해 모든 것을 할 수 있음을 믿지 않아서 포기하고 싶은 유혹과 싸울지도 모른다.

회복될 수 있다!

목사로서 나는 결혼생활을 포기하려는 부부들과 대화할 때가 많다. 관계가 죄로 뒤엉켜 앞으로 나가는 게 불가능해 보이는 경우도 있다. 부부가 이미 상담을 받고 자신들의 문제를 해결해보려고 노력한 경우도 많다. 이렇게 결혼생활을 끝내려고 하는 부부들과 이야기할 때마다 링 위로 수건을 던지기 전에 뭔가 해보라고 요청한다. 나는 이들에게 내 친구 캐시 소티를 만나보기를 권한다. 나는 소티에게 그녀의 이야기를 직접 들려달라고 부탁했다.

1964년 9월 7일 조지에게 "좋아요"라고 했을 때, 저는 신데렐라 이야기의 주인공이 될 거라고 생각했습니다. 저희는 서로에게 빠져 있었고 계속해서 언제나 그럴 거라고 생각했습니다. 저희 인생은 순항이었습니다. 저희는 복을 많이 받았습니다. 아름다운 여섯 자녀를 낳았으니까요. 네 딸은 나이 차이가 별로 나지 않았고, 9년 후에 아들 제프를 낳았고, 2년 후에 딸을 더 낳았습니다.

순탄한 결혼생활이 지속되었습니다. 그러나 여러 해가 지나면서 저희의 결혼생활이 뒷전으로 밀려났습니다. 저는 아이들을 돌보느라 정신이 없었고, 조지는 직장에서 경력을 다지느라 바빴으니까요.

그런데 열두 번째 결혼기념일에 조지가 저를 떠나 친한 친구와 결혼하겠다고 말했습니다. 청천벽력이었습니다. 저는 실제로 죽을 생각을 했습니다. 제가 뭘 하겠어요? 어떻게 혼자서 여섯 아이를 키울 수 있겠어요?

저는 조지에게 떠나려거든 아이들한테 말하라고 했습니다. 조지는 아이들에게 말했고, 아이들은 울었습니다. 그 끔찍한 순간 마치 시간이 멈춰버린 것만 같았습니다. 이 아픔 가운데서 저는 제 자신을 예수님에게 완전히 맡겼고, 계속해서 무릎을 꿇었으며, 숨 쉴 때마다 기도했습니다. 하나님을 이전과 전혀 다르게 알고 사랑하며 섬기기 시작했습니다. 그리고 기도했습니다. 하나님께서 제게 결혼 관계를 포기하지 말라고 하시는 것을 느꼈습니다.

이것이 4년 반에 걸친 여정의 시작이었습니다. 그간 이혼 서류도 두 번 작성했습니다. 조지는 이 기간에 집을 나갔다 들어오기를 여덟 번이나 반복했습니다. 그때마다 저희는 조지가 이번만은 떠나지 않을 거라고 생각했습니다. 그러나 그는 그때마다 다시 떠났습니다.

그가 그럴 때마다 가족과 친구들은 제가 결혼생활을 포기하고 조지와의 관계를 완전히 청산해야 한다고 더 단호하게 말했습니다.

그러나 제 믿음이 강해질수록 조지는 저에게서 일어나는 변화를 보았습니다. 저는 더 이상 조지가 저를 행복하게 해주거나 완전하게 해줄 거라고 생각하며 그를 의지하지 않았습니다. 예수님이 그렇게 하고 계셨습니다. 어느 날 밤 조지는 제게 있는 평안을 자신도 갖고 싶다고 했습니다. 그날 밤 조지는 그의 삶을 그리스도께 드렸고, 1988년에 집으로 돌아왔습니다. 저희가 함께 치유되고 있을 때 조지가 제게 약속했습니다.

"언젠가 당신이 나를 용서할 날이 있을 거예요. 언젠가 당신이 나를 다시 믿어줄 날이 있을 거예요. 언젠가 당신이 내가 세상에서 예수 그리스도 한 분 외에 다른 무엇보다 당신을 사랑한다는 것을 알게 될 날이 있을 거예요."

그리고 정말 그런 날이 왔습니다. 저희는 '결혼생활 멘토링 사역'을 통해 결혼생활에 어려움을 겪는 사람들을 도왔습니다. 조지는 2015년 4월 7일에 예수님의 곁으로 갔습니다. 세상을 떠나기 전날 밤, 조지는 저에게 너무 사랑한다고, 제가 그를 한 번도 '포기하지 않아서' 정말 고맙다고 했습니다. 조지는 이렇게 구속받은 삶을 살았고, 저희는 믿을 수 없는 결혼생활을 했습니다. 저희가 함께 사역하며 도왔던 2천 명에 가까운 사람들이 조지의 장례식에 참여해서 그에게 경의를 표했습니다.

어쩌면 당신의 결혼생활이 회복 불가능해 보일지도 모릅니다. 어떤 사람들은 당신이 포기하고 끝내야 한다고 말할지도 모릅니다. 어쩌면 그것이 유일한 선택처럼 느껴집니다. 하지만 하나님은 지금도 깨진 것을 구속하고 회복하실 수 있습니다. 포기하지 마십시오!

죄책감이 수치심으로 바뀔 때 죄는 우리의 정체성이 된다. 우리의 죄로 자신을 규정할 때 절대 벗어버릴 수 없는 짐을 평생 진다고 여길 수 있다. 우리가 지금까지 행한 것이 우리의 본 모습이라고 믿을 때 우리는 낙담할 것이다. 수치심과 죄책감에 짓눌려 앞으로 나아갈 수 없다고 느끼고 결국 포기할 것이다.

오늘 깨달아라. 당신의 정체성은 지금까지 당신이 한 일이나 당신이 하지 않은 일에 기초하지 않는다. 당신의 정체성은 예수님이 당신을 위해 하신 일에 기초한다. 하나님은 당신을 보고, 그리스도를 보신다. 하나님은 정결과 의와 무한한 가능성을 보신다.

한때 당신이 누구인지 묘사하는 끔찍한 단어들이 있었다. 사기꾼, 낙오자, 해고자, 부주의한 부모, 야망을 허비해버리는 사람. 이런 단어들이 이제 당신에게 적용되지 않는다. 당신은 그리스도 안에 있는 새로운 피조물이다. 당신은 용서받았다. 당신은 의롭다. 당신은 사랑받는다. 당신은 하나님나라의 완전한 상속자이다.

다음에 다시 거미줄에 걸렸다고 느껴지면, 거기 있을 필요가 없다는 것을 깨달으라. 위대한 해방자 예수님이 당신을 자유하게 하려고 오셨다. 포기하지 말라. 그분이 당신을 죄와 수치의 짐에서 자유하게 하셨다.

질문은 이것이다.

"당신은 이것을 믿는가?"

3

DON'T

자신 앞의 경주를 하라

GIVE UP

2000년에 미국의 육상선수 말라 러년(Marla Runyan)이 호주 시드니에 도착했다. 그녀가 시각장애인이 된 지 햇수로 21년이었다. 그녀는 세상을 볼 때 색을 보지 못하고 분명한 형체도 보지 못했다. 그녀가 '흐릿한 윤곽'이라고 부르는 것을, 그것도 흑백으로 보았다. 그녀는 망막 기능을 점점 상실해가는 스타르가르트 병(Stargardt's disease)을 앓고 있었다.

그러나 그 무엇도 그녀가 시드니 올림픽에 참가하는 것을 막지 못했다. 그녀는 1500미터 경주에서 결승에 올랐으나 아쉽게 4위로 메달을 놓쳤다. 이번이 그녀의 두 번째 올림픽이었다. 그녀는 1996년 애틀랜타 올림픽에서는 시범 종목인 7종 경기에 참가했다. 10위 안에도 들지 못해 실망했고, 거의 은퇴할 뻔했다. 그런데 마지막 종목인 800미터에서 1위로 들어와 미국의 기록을 갈아치웠고, 누군가 이것에 주목했다.

그녀는 800미터로 전향하지 않겠느냐는 제의를 받고, 새 코치를 영입하여 중거리에 전념했다. 시각장애인인데도 말이다. 출전하는 대회마다 우승을 거머쥐었고, 마침내 장거리로 전향해 1999년 캐나다 위니펙에서 열린 판 아메리카 대회에서 금메달을 땄다.

그녀는 달릴 때 앞사람의 '윤곽'에 집중하고 앞지르려 한다고 했다. 그런 의미에서 마지막 구간이 가장 힘들다고 말했다. 거의 아무것도 식별할 수 없으며 자신이 마지막 직선 코스에 있는지조차 확신하지 못했기 때문이다. 그래서 아나운서와 관중의 소리를 듣는 법을 배웠고, 결승선을 향한 코스를 정한 뒤 계속 달렸다.

우리가 보았듯이 히브리서 12장은 삶을 단순한 경주가 아니라 장애물과 얽매는 것들로 가득한 경주로 본다. 우리는 말라 러너처럼 코스를 분명하게 볼 수 없을 때 낙담한다. 미래가 흐릿한 윤곽에 지나지 않을 때가 있다. 그런가 하면 최후의 직선 코스에 들어섰는지, 아니면 곡선 코스가 하나 더 있는지 알 수 없을 때도 있다. 중요한 것은 계속 달리는 것이다.

기쁨을 얻기 위해 달려라

이 책을 쓰려고 준비할 때 성경에서 '경주'에 대해 언급하는 구절들을 찾아보았다. 놀랍게도 성경 곳곳에 많이 등장한다. 히브리서와 바울 서신에 언급된 경주는 우리에게 친숙하다. 이것은 그리스의 것이었다. 성경 저자들은 경주를 완벽한 은유로 보았다. 모든 경주는 이곳에서 저곳까지 빠르게 도달하는 것이다. 경주는 고도의 훈련과 노력이 필요하다. 물론 (면류관으로 묘사된) 상(賞)이 경주를 잘한 선수를 기다린다.

그리스인들과 이들의 열광적인 경주가 있기 전, 구약성경에서 다윗은 태양이 "그의 길을 달리기 기뻐하는 장사(champion)"(시 19:5)같다고 표현했다. 사무엘상에서 왕은 기병과 함께 앞서 달리는 발빠른 군사들을 둠으로써 자신의 힘을 과시했다. 그리고 종종 냉소적인 솔로몬은 전도서에서 가장 빠른 주자가 항상 경주에서 이기는 것은 아니라고 말한다.

이것을 마음에 새겨라.

나는 복음서의 부활을 기록한 장면에서 모든 사람이 갑자기 여기

저기로 달리는 장면을 정말 좋아한다. 사복음서 모두 예수님의 무덤이 비었다는 소식을 듣고 달려가는 사람들을 언급한다. 마리아는 제자들에게 알리기 위해 달리고, 베드로와 요한은 이 소식을 듣자마자 무덤까지 기억에 남을 만한 레이싱을 펼친다(요한은 자신이 경쟁자보다 결승선에 먼저 도착한 것을 알아주기 바라지만, 무덤에 곧바로 들어간 것은 언제나 거침없는 베드로였다).

이것을 보면서 달리기가 꼭 경쟁은 아님을 깨닫는다. 달리기는 단순히 A지점에서 B지점에 도달하는 것이 아니다. 경주는 '정서적'이다. 강도 높은 순간들을 위한 고강도 활동이다. 달리기의 동기는 '두려움'(막 16:8), '큰 기쁨'(마 28:8) 또는 '믿기 힘든 호기심'이다(요 20:2-4). 예수님이 하신 놀라운 일이 강력한 감정들을 일으켰다. 그런데 이것들은 단거리 경주다. 그러나 인생은 마라톤이다. 그러므로 이 거리를 완주하기란 결코 쉽지 않다. 마침내 감정이 고갈되고 통증이 몰려온다. 어느 순간에는 이 경주를 포기할 것인지, 계속해서 달릴 것인지 도전해야 한다.

전도서가 상기시키듯이 속도만으로는 승리를 보장할 수 없다. 빠른 자가 경주에서 늘 이기거나 강한 자가 싸움에서 늘 승리하는 것이 아니다. 때로 포기하지 않는 자들이 이긴다. 이따금 당신은 말라러년처럼 앞이 보이지 않는 상황에서 달릴 것이다. 바로 그때 당신은 상을 바라보며 몸을 앞으로 기울이고 자신을 밀어붙이며 순전한 믿음으로 다리에 힘을 실을 것이다.

3부를 '우리 앞에 당한 경주'를 위한 연습이라고 생각하라. 지금 당신이 있는 자리에서 하나님이 당신을 위해 준비해두신 믿을 수 없는 목적지까지 코스가 펼쳐져 있다. 장애물을 예상하라. 기억하라. 이것은 당신을 위해 준비된 경주이다. 말라 러년은 자신이 중거리에 적합하다는 사실을 발견하고 길이 남을 기록의 책 속으로 돌진했다. 하나님이 당신을 위해 준비해두신 것은 무엇인가?

CHAPTER 08

장애물 경주

어느 날 아내가 내게 말했다. 나를 대신해 6.4킬로미터(4마일) 경주 참가 신청서를 냈다고 했다. 휴가 후 내 몸매를 원래대로 되돌리기 위해 아내가 세운 계획의 일부였다. 나는 아내에게 "좋다"고, "할 수 있다"고 했다. 지금 생각해보면 아내가 내 허락을 구한 것 같지는 않다. 아내는 제안이 아니라 '통보'를 했다.

한 달 후쯤 아내가 나의 준비 상황을 점검하는데 낌새가 이상했다. 아내가 더는 '달리기' 이야기를 하지 않았다. 어찌된 영문인지 종목이 '장애물 코스'로 바뀌어 있었다. 왜 종목이 바뀌었느냐고 묻자 아내는 천진스레 말했다.

"내가 25개 장애물이 있는 경주라고 하지 않았나요?"

"어떤 장애물인데?"

나는 본능적으로 움찔하며 물었다.

"신경 쓰지 마세요."

아내가 재빨리 내 뺨에 입을 맞추며 대답을 피했다.

"당신은 어떤 장애물이든 넘을 수 있는 남자잖아요."

아내가 정곡을 찔렀다.

아내가 이렇게 치켜세우는데 어떻게 내가 왈가왈부하겠는가? 이렇듯 아내는 내가 알았다면 전혀 동의하지 않았을 체험에 나를 단숨에 밀어 넣었다. 나는 중간중간 쉴 곳이 있어 팔 굽혀 펴기를 하고 다시 달리는 멋진 경주를 상상했다.

그러나 현실은 사뭇 달랐다. 나는 진흙탕에 뛰어들어야 했고, 신병 훈련을 받을 때처럼 철조망 밑을 기어가야 했으며, 그 와중에 철조망에 등이 긁히기도 했다. 마치 오키나와 상륙작전을 준비하는 것 같았다. 나는 진흙탕에서 몸을 일으켜 1.6킬로미터를 달려 구름사다리에 도착했다. 구름사다리라니! 재미있어 보인다는 건 나도 안다. 그러나 그 길이가 무려 18미터였다. 진짜 원숭이라도 이걸 보았다면 "못해!"라고 했을 것이다.

구름사다리를 건너는 동안 나는 등에 난 상처와 배에서 뚝뚝 떨어지는 흙탕물과 끊어질 듯한 팔 통증을 무시했다. 구름사다리를 잡은 손을 놓고 1미터 아래 진흙탕으로 떨어질까도 생각했다. 다시 4분의 1지점을 더 달린 후에 진흙 언덕을 오를 때는 어깨에 큰 타이어를 짊어진 것만 같았다. 사방이 온통 진흙이었고 내 몸도 구석구석 진흙투성이였다.

그렇게 절반을 달린 후 나는 포기하기로 했다. 그러나 실제로 포기하지는 않았다. 사실 속임수를 썼다. 계속 달리거나 절뚝대며 몇

몇 장애물을 그냥 지나쳤다. 온통 진흙으로 뒤덮여 있어서 이쯤이면 아무도 나를 알아보지 못할 거라고 생각했다. 나는 탈진했고 겸손해졌다. 뜨거운 태양 아래 달릴 준비가 되어 있었다. 나를 넘어뜨린 것은 장애물이었다.

느헤미야의 경주

히브리서 12장은 "우리 앞에 당한 경주를 하라"며 우리를 초대한다. 말만큼 쉽지 않다. 내가 안다.

'경주'(race)라는 단어는 헬라어로 '아곤'(agon)이다. 여기에서 'agony'(고통)라는 단어가 나왔다. 이 단어는 우리 앞에 놓인 경주가 '재미있는 경주'가 아니라는 것을 말한다. 어렵고 힘들며 도전적인 경주이다. 해변에서 하는 조깅이 아니다. 옆구리가 당기고 폐가 터질 것 같고, 근육 경련이 일어날 때까지 달리는 것이다. 그러나 당신은 포기하지 않는다. 계속 달린다.

성경은 우리가 좋은 대로 설정하고 나서 달리라고 말하지 않는다. 이것은 우리를 위해 설정된 '우리 앞에 당한' 경주이다. 그래서 우리는 난이도를 직접 선택하지 않고, 앞에 놓인 장애물 지도를 미리 받지도 않는다. 우리가 경주를 설정한다면 열대 지방의 해변을 달리고 줄곧 내리막길만 달릴 것이다. 코스 내내 물 마시는 곳이 있고 스피커에서 멋진 노래가 흘러나올 것이다.

어떤 그리스도인들은 단지 예수님과 함께하기로 했다는 이유만으로 삶이 재미있는 경주일 거라고 기대한다. 또 어떤 사람들에게

이 서명의 핵심은 장애물을 피하는 것이다. 보통의 삶에는 장애물이 많다. 그러나 장애물은 계획의 일부이다. 우리가 우리 자신을 위해 설정된 경주를 하고 있는지 아는 방법이 있다. 그것은 삶에서 예상치 못한 도전이 자주 나타나는지를 보면 된다.

성경을 자세히 보면 하나님이 설정하신 경주에 충실한 사람들이 계속해서 장애물을 넘어왔음을 알게 된다. 믿음의 영웅들은 크고 놀라운 장애물을 만났다. 이것이 히브리서 12장 1절에 나오는 전체 주제이다.

느헤미야가 바로 이런 경주를 했다. 그의 이야기는 이스라엘 백성들이 고통스럽고 수치스러운 상황에서 전개된다. 이스라엘은 수치를 당하고 외국으로 끌려가 포로생활을 했다. 느헤미야서는 사실 2,500년 된 기도 일기이다. 주전 587년에 바벨론이 이스라엘을 정복하고 자신들을 섬길 자들을 모조리 잡아갔다. 그 후 바사 제국이 일어나 바벨론을 정복했다. 이때 느헤미야가 등장한다. 그는 이스라엘 사람이지만 먼 외국 땅에 있다.

그는 바사의 수도에 살며 왕의 술 맡은 관원이라는 높은 직위에 있다. 그가 하는 일 중에 하나는 왕이 마실 포도주를 미리 맛보고 독이 들었는지 확인하는 것이다. 느헤미야는 이스라엘 사람이지만 고국 땅을 본 적이 없고 예루살렘을 한 번도 밟아본 적이 없다. 이스라엘은 1,600킬로미터 거리였고, 140년 동안 고국으로 돌아오지 못한 이스라엘 사람들이 많았다.

느헤미야는 고국 예루살렘이 폐허가 되었으며 성벽이 무너지고 성문이 불탔다는 소식을 들었다. 느헤미야서 1장은 그가 거룩한 성의 상황을 들었을 때 어떻게 반응했는지 들려준다.

"내가 이 말을 듣고 앉아서 울고 수일 동안 슬퍼하며 하늘의 하나님 앞에 금식하며 기도하여"(느 1:4).

느헤미야는 고국이 폐허가 되었다는 소식에 가슴이 미어진다. 상상 속 찬란하고 아름다웠던 예루살렘이 완전히 무너졌다. 여러 날 기도하며 금식한 후에 느헤미야는 뭔가 해야 한다는 굳은 확신을 얻는다. 하나님이 그의 마음에 이런 확신을 심으시고 그를 움직이게 하셨다.

느헤미야는 왕궁의 중심에서 편안한 삶을 누려왔으나 이 삶을 기꺼이 포기하려고 한다. 경주를 시작해야 할 때였다. 그러나 모두가 자주 마주치는 기본적인 장애물을 발견하는 때이기도 했다.

'무관심'이라는 장애물

무관심은 모든 장애물의 어머니다. 무관심은 우리가 달리는 것을 아예 못하게 막을 수 있기 때문이다. 느헤미야는 이렇게 말할 수도 있었다. "예루살렘은 여기서 1,600킬로미터 거리이고, 난 거기에 가본 적도 없어. 예루살렘이 나랑 무슨 상관이야? 게다가 누구 하나 나서지 않잖아!"

심리학자들은 '방관자 효과'를 말한다. 주위에서 일어나는 안 좋은 일(행동을 촉구하는 것이 분명한)을 보고도 아무 행동도 취하지 않을 때 일어나는 현상이다. 많은 사람이 그 일에 직접 나서기보다 휴대전화로 영상 찍기에 바쁘다. '방관자 효과'는 더 심각한 문제가 되었다.

미국 캔자스시티에서 젊은 여성이 대낮에 주차장에서 폭행을 당했다. 열 명이 이 광경을 보았다. 그중 두 명이 휴대전화로 영상을 찍었다. 아무도 도와주지 않았다. 경찰에 신고조차 하지 않았다. 방관자 효과는 이들이 악하다고 평가하지 않는다. 이들은 자신을 반응자가 아니라 구경꾼으로 보았을 뿐이다. 사람이 많으니 다른 누군가 할 거라고 믿는 것이다. 대부분 자신을 누군가를 도와주고 책임지는 자로 보지 않는다.

오래된 만화 주인공 뽀빠이를 기억하는가? 나는 어릴 때 뽀빠이를 아주 좋아했다. 악당 브루투스는 이따금 뽀빠이의 여자 친구 올리브를 괴롭힌다. 윔피라는 인물도 등장하는데, 그는 먹보이지 싸움꾼이 아니다. 흥미롭게도 뽀빠이는 늘 나쁜 일을 오래 참은 다음 행동한다. 마지막에 뽀빠이가 항상 하는 말이 있다. "참을 만큼 참았어. 더는 못 참아!" 그러고는 싸움 선수가 되는데 대개 시금치를 먹고 힘을 낸다.

바로잡아야 할 잘못을 보면 얼마나 지나야 '더는 못 참게' 되는가? 어쩌면 이런 게 아닐까. "나는 얌전하니까, 그냥 얌전히 있겠어!" 어쩌면 나는 너무 겁쟁이인지도 모른다. 어쩌면 세상에 시금치가 충분하지 않은지도 모른다.

우리는 우리의 무관심을 극복해야 한다. 오늘날 무관심은 하나님의 백성이 되는 데 거대한 장애물이다. 우리는 뭔가 해보기도 전에 포기한다. 그렇다면 관심을 가지려면 어떻게 해야 하는가?

예루살렘은 불에 타서 무너진 지 오래였다. 상황이 오랫동안 좋지 않으면 관심을 잃는 게 자연스럽다. 늘 그래왔고, 앞으로도 그럴 것이다. 우리는 어깨 한번 으쓱하고 무너진 것을 그대로 받아들이고는 '너무 늦었다'고 생각한다.

그러나 너무 늦었다고 말하는 대신 이렇게 말하면 어떻겠는가?

"참을 만큼 참았어. 더는 못 참아."

느헤미야는 이 시점에 이르렀다. 그는 경주로에 들어가 달려야 할 때라는 것을 안다. 그러나 그가 무엇을 할 수 있겠는가?

방관자 효과를 아무것도 할 수 없다는 믿음으로 설명하기도 한다. 어떤 사람이 이렇게 생각한다. '나는 자격이 없어', '나는 너무 늙었어', '나는 너무 어려', '나는 똑똑하지 못해', '나는 가진 게 없어.'

느헤미야가 이렇게 생각해도 아무도 그를 비난하지 않을 것이다. 그는 1,600킬로미터 떨어진 곳에 살고 왕을 위해 일한다. 예루살렘 성벽을 다시 쌓고 도시를 재건하면, 그가 섬기는 왕이 위협을 느낄 것이다. 그는 회복된 이스라엘을 볼 이유가 없다. 예루살렘에 대한 왕의 외교 정책은 그대로 두는 것이다. 따라서 누구라도 느헤미야의 입장이 된다면 그 상황에서 "할 수 있는 게 없어"라고 말할 것이다.

'부족'이라는 장애물

느헤미야는 자신을 위한 경주를 보면서 미지의 장애물은 말할 것도 없고, 아는 장애물조차 극복할 준비가 되어 있지 않음을 깨닫는다. 도전의 크기와 거리와 위험을 생각해보라.

그러나 느헤미야에게는 강한 확신이 있다. 결코 무관심하지 않다. 자신이 무엇을 할 수 있는지 알지 못하지만 자신이 반드시 행동해야 한다고 믿는다.

당신이 하나님이 준비하신 경주를 하고 있는지 아는 방법이 있다. 자신이 직면한 도전을 극복하기에 부족하고 자격조차 없음을 깨닫는 것이다. 자신의 힘으로 해내려 한다면 곧 힘을 잃을 것이다. 자신의 확신으로 해내려 한다면 굴욕을 당할 것이다. 당신이 하려는 일을 해내려면 하나님과 성령의 능력을 의지해야 한다.

느헤미야는 이론적으로 자신이 이 경주를 할 방법이 없음을 너무도 잘 안다. 그는 조건을 갖추지 못했다. 지위도 없고, 힘도 없으며, 자원도 없다. 부정적이거나 운명론적인 태도를 가졌기 때문이 아니다. 엄연한 사실이다.

그러면 그는 어떻게 부족함이라는 장애물을 극복하는가? 기도하기 시작한다. 이런 상황에서 기도 외에 할 수 있는 것이 없어 보인다. 그러나 기도보다 강력한 것은 없다. 2장에 이를 무렵 4개월이 흘렀다. 느헤미야는 기도하고 또 기도한다. 그러나 아무 일도 일어나지 않는 것 같다.

느헤미야는 기도를 형편이 좋을 때 지정된 시간에 하는 신속한 행위가 아니라 '실제 일'로 이해했다. 그러나 기도는 인내를 요구한다. 느헤미야는 여러 달 기도했으나 아직 출발선도 벗어나지 못했다고 느낀다. 아무 일도 일어나지 않는다. 그러던 어느 날 그가 왕에게 포도주를 가져갔을 때 수심이 가득한 그의 얼굴을 보고 왕이 묻는다. 느헤미야는 이야기를 봇물처럼 쏟아낸다. 안전한 길을 택해 "아무것도 아닙니다"라고 말할 수도 있었다. 그러나 그는 하나님이 자신의 기도에 응답하시리라 믿었다. 지금이 그때일 수 있다.

느헤미야서 2장 2-4절에서 그는 자신의 얼굴에 수심이 드리운 것이 선조의 도시가 폐허로 방치되었기 때문이라고 설명한다. 그가 왕에게 하는 말을 읽으면 열정이 느껴진다. 왕이 감동해서 그에게 묻는다.

"네가 무엇을 원하느냐?"

하나님이 왕의 마음을 여셨다. 느헤미야는 왕에게 간청한다. 자신에게 은혜를 베풀어 예루살렘으로 돌아가 성을 재건하도록 허락해 달라는 것이다. 충격적인 요구이다. 그러나 왕은 느헤미야의 요청을 받아들이고 목재와 무장 경비대까지 붙여준다. 왕이 적극 지원했다.

4개월 동안 하나님께서 도무지 듣지 않으시는 것 같았다. 그러나 느헤미야는 하나님을 기다렸다. 인내했다. 마침내 그는 "네가 무엇을 원하느냐?"라는 말을 듣게 되었다.

시간을 빠르게 앞으로 돌려보자. 느헤미야는 함께 간 대표단과 함께 예루살렘에서 재건을 준비한다. 내가 그라면 이렇게 생각할 것이다. '나는 모든 장애물을 통과했어! 건축에 필요한 목재와 나를 보호해줄 군대까지 있으니 말이야. 내 등 뒤에서 바람이 불고 있다고.'

절대로 이렇게 생각해도 될 순간이 아니다. 도중에 온갖 장애물이 도사리고 있기 때문이다.

'반대'라는 장애물

느헤미야와 동료들이 프로젝트에 돌입하지만 시작하기가 무섭게 반대에 부딪힌다. 몇몇 지역 통치자가 예루살렘 성벽 재건을 원하지 않는다. 이들은 성벽 재건에 위협을 느끼고 느헤미야가 경주 도중 실수하기를 바란다.

느헤미야서 4장에서 지역 지도자 산발랏이 유대인들을 조롱하기 시작한다. 그는 유대인들을 비웃고 그들이 절대 성공하지 못할 거라고 말한다. 그의 친구인 암몬 사람 도비야는 자기 생각에 멋진 조소도 날린다. 여우가 올라가도 성벽이 무너질 거라고 말한 것이다. 의도적인 도발이다.

느헤미야는 하나님께 반대에 직면하더라도 이겨내겠다는 뜻으로 "예스"라고 말했다. 이것은 이런 식으로 작동한다. 때로 우리는 이렇게 말한다. "문제에 부딪혔어. 이게 하나님의 뜻이 아니라는 거지." 우리는 평탄한 길이 펼쳐지는 것, 그것이 하나님이 우리 편이라는 증거라고 생각한다. 반대로 길이 울퉁불퉁하면 천국 길이 아니라고 생각한다. 그러나 정반대라면 어떤가? 때로 길을 가로막는 장애물을 만날 때 자신이 옳은 일을 하고 있는 게 틀림없다는 것을 아는 식이다.

뉴턴의 제3 운동 법칙을 기억하는가? "두 물체가 서로 작용할 때 그 힘의 크기는 같고 그 방향은 반대이다."

물리학에서 사실인 이 운동 법칙이 영적인 영역에도 적용되는 경향이 있다. 모든 영적 행위마다 등가의 영적 반작용이 있다. 재건을 시작할 때 우리는 하나님의 성품에 부합하는 행동을 취한다. 그분은 창조자요, 회복자요, 재건자이시다. 우리의 행동이 하나님의 성품에 부합한다면, 그 행동은 뼛속까지 파괴자인 사탄에 반대하게 된다.

하나님은 창조하신다. 사탄은 파괴한다. 당신이 사탄이 파괴한 것을 재건하는 데 참여하기 시작할 때 반드시 반대가 있을 것이다. 세우려는 당신의 노력이 파괴하려는 등가의 반작용에 부딪히리라는 것을 예상하라.

느헤미야가 반대에 직면한 것은 잘못된 일을 했기 때문이 아니라 옳은 일을 했기 때문이다. 반대에 낙담할 것이 아니라 더욱 단호해져야 한다는 뜻이다. 우리는 공격하고 악이 반격한다. 이때 우리는 인내하며 싸울 준비가 되어 있어야 한다. 반대가 있다고 해서 그것을 하나님이 우리 앞에 두신 경주를 하고 있지 않다는 표시로 생각하면 상황이 어려워질 때 포기하고 그만두게 될 것이다.

다음 시나리오를 생각해보라.

나는 허구한 날 배우자와 싸운다. 나는 하나님의 뜻을 놓치고 엉뚱한 사람과 결혼한 것 같다.

아직 집이 팔리지 않았다. 하나님은 내가 다른 곳으로 이사해서 새로운 일을 시작하는 것을 원하지 않으신 것 같다.

아이들과 계속 싸운다. 나는 끔찍한 부모임에 틀림없다.

학위 과정이 난관의 연속이다. 아마도 그만두어야 할 것 같다.

부모님은 나를 이해하지 못한다. 나를 사랑하지 않는 게 틀림없다.

나는 이걸 바꿔달라고 하나님께 줄곧 기도했다. 그러나 하나님은 들어주지 않으셨다. 나는 이제 끝이다.

느헤미야는 불안해하고 질투하는 사람들의 반대에 직면했다.

느헤미야서에서 일곱 번이나 같은 사이클이 되풀이된다. 일이 진척되어 사람들이 추진력을 얻을 때쯤 반대가 일어나 비난과 조롱을 통해 이들을 멈춰 세우려고 한다.

어쩌면 당신은 다시 세우려고 노력하다가 이와 비슷한 상황을 겪고 있을지도 모른다. 그 노력은 곧 이들을 고발하는 것이 되고, 그래서 이들은 비난과 조롱과 험담으로 당신을 낙담시키려고 온갖 수단 방법을 가리지 않는다.

잔디를 완벽하게 관리하는 까다로운 이웃을 둔 적이 있는가? 이를테면 그 이웃은 자기 집 잔디를 바둑판 모양으로 깎는다. 그러면 동네 사람 중에 누구도 그를 좋아하지 않는다. 이 사람과 이웃이 되고 싶어 하지 않다. 그의 그 탁월함이 우리의 평범함을 드러내기 때문이다.

당신이 다시 세우기 시작할 때 응원하고 도와주리라 예상했던 사람들이 때로 비난하고 사기를 꺾으려고 든다. 배우자가 당신의 새로운 영적 헌신에 짜증을 낸다. 친구가 당신의 금주(禁酒)를 어렵게 만든다. 당신이 우선순위를 바꾸는데 이웃이 당신을 비웃는다.

낙담시키는 사람들은 상대가 인내하기 어렵게 만든다. 오늘 누군가 다시 세우려는 노력을 하고 있다면 그 사람을 격려하고 그에게 용기를 북돋아주기 바란다. 당신의 시의적절한 한마디가 한 사람의 인생을 완전히 바꿔놓을 수 있다.

이 부분을 쓸 때 나는 힘든 한 주를 보내고 있었다. 화요일에 몇 가지 일을 예정대로 처리하지 못해 낙담했으며 피곤했다. 그때 아내에게 문자를 받았다.

"지금 당신을 위해 기도하고 있어요. 힘과 용기와 결실을 주시도록. 사랑해요!"

적절한 사람이 적절한 때에 건넨 격려 한마디가 모든 것을 바꿔놓는다. 나는 다시 기력을 찾고 계속 달렸다.

히브리서 10장은 신자들에게 경주자로서 서로 격려하라며 이렇게 독려한다.

서로 돌아보아 사랑과 선행을 격려하며 모이기를 폐하는 어떤 사람들의 습관과 같이 하지 말고 오직 권하여 그날이 가까움을 볼수록 더욱 그리하자 히 10:24,25

잠시 멈춰 생각해보라. 당신의 삶 안으로 들어와 있는 사람들 중에 힘들어하고 낙담한 사람을 어떻게 격려할 수 있겠는가? 이들의 노력을 어떻게 알아차릴 수 있겠는가? 이들의 진보를 어떻게 감사할 수 있겠는가? 반대에 직면해서 격려와 자극이 필요한 사람은 누구인가? 당신이 의도적으로 누군가를 격려해보라. 이상한 일이 일어난다. 자신이 격려를 받는다.

하나님이 당신을 위해 정하신 경주를 할 때 반대를 예상할 수 있다. 히브리서에 나오는 그리스도인들도 다르지 않았다. 이들은 믿음의 진보를 이뤘으나 반대와 박해에 직면했다. 남들처럼 뒤에 있는 것에 만족하고 전진하지 않는다면(현 상태에 만족한다면), 이런저런 말을 듣지 않을 것이다. 그러나 달리기 시작하자마자, 뭔가 하자마자 비난이 쏟아질 것이다. 반대는 이렇게 시작된다. 사람들이 비난하고 조롱한다. 당신의 노력을 비웃고 말로 당신을 주저앉히려 한다. 공격은 가차 없고 그 때문에 다칠지도 모른다.

사람들은 흔히 반대에 두 가지 방식으로 반응한다. 낙담하거나 단호해진다. 느헤미야는 더 단호해진다. 그러나 반대가 곧 비난을 불러오고 위협으로 바뀐다. 성벽을 재건하는 자는 누구라도 공격하겠다고 위협한다.

반대에도 불구하고 진전은 계속된다. 성벽이 절반 높이쯤 재건되고 사람들은 "마음 들여" 일했다(느 4:6). 다시 말해 전반전, 지금까지는 아주 좋았다. 나만의 가정 프로젝트 역시 전반전은 아주 열정적으로 뛴다. 그러다가 한 발 물러나 나의 노력에 감탄하고 뿌듯해한다. 그러면서 샌드위치를 만든다. 그런데 몇 주 후에도 일은 절반밖에 진척되지 않았음을 깨닫는다.

반대라는 장애물을 처리할 때 느헤미야는 또 다른 장애물에 부딪힌다.

'느린 진전'이라는 장애물

사람들은 힘과 결단력을 가지고 시작했으나 성벽 재건을 하면서 해야 할 일이 얼마나 많은지 깨닫는다. 이들은 점점 지쳐간다. 주변에 돌무더기가 너무 많다. 이들은 포기하기 직전이다. 우리도 반쯤 하다 만 프로젝트가 많다.

우리 아이들은 완전히 통제 불능이야.

내 결혼생활은 완전히 끝났어.

내 친구는 너무 매몰차.

우리 집은 가망이 없어.

나는 빚에서 도저히 헤어날 수 없어.

청소를 시작했는데 좌절한 적이 있는가? 우리는 세울 준비를 시작한다. 그러나 며칠 또는 몇 주 후에 절망한다. 우리는 지금보다 빨리 진척되리라 생각했다. 사람들이 지금보다 잘 수용할 거라고 여겼다. 성벽을 쌓는 사람들처럼 우리도 힘이 빠지기 시작한다. 우리는 견디고 싶다. 그러나 느헤미야서 4장 10절에 나오는 사람들처럼 점점 조급해지기 시작한다.

어느 순간 우리는 이렇게 생각한다. '핵심이 뭐지?'

다이어트를 시작한 지 사흘째 박람회에 갔다가 크리스피크림 더블 치즈버그를, 그것도 초콜릿을 얹은 베이컨까지 추가해서 주문한다.

한 달 전 빚을 갚기로 결심하고 실행에 옮겼다. 그러자 현금에 조금 여유가 생겼다. 곧바로 신용카드를 들고 쇼핑몰로 향했다.

한 주 동안 배우자와 함께 기도했다. 그런데 어느 날 밤 서로 싸우고 냉정을 잃는다.

할 일이 너무 많다. 돌무더기가 너무 많다. 어쩌면 포기해야 할 때인지도 모른다. 장애물이 쌓일 때, 우리가 점점 지쳐갈 때, 방치된 돌무더기밖에 보이지 않을 때, 우리는 어떻게 해야 하는가?

장애물을 인정하라

느헤미야의 이야기를 보면 분명해진다. 느헤미야는 장애물을 정면으로 마주하고 피하지 않는다. 매우 힘든 일이 있을 때 느헤미야는 주저앉거나 뒷걸음질 치거나 쉬운 척하지 않는다. 실제로 혼자 나가 성벽 상태를 점검한다. 자신을 가로막는 장애물을 주시하고, 자신이 마주해야 하는 도전에 주목한다.

우리는 너무나 자주 이것을 정반대로 한다. 회피하고 부정한다. 자신의 재정 상황을 깊이 살피는 대신에 내가 어떻게 할 수 있는 것이 아니라며 가계부를 덮는다. 청구서를 펴보지도 않고 모든 것이 괜찮은 척한다. 결혼생활에 문제가 있어도 이야기하지 않는다. 문제가 없는 척한다.

저항이 적은 길은 매혹적이다. 나는 온통 진흙과 긁힌 상처투성이일 때 장애물을 모조리 피하기 시작했다.

느헤미야는 뭔가 다른 일을 한다. 사람들을 한곳에 불러 모으고 이들에게 말한다.

"여러분도 알다시피 우리는 성벽을 재건해야 합니다. 그런데 벽에 부딪혔습니다."

느헤미야는 문제가 없는 척하지 않는다. 문제를 정면으로 마주하고, 문제를 드러내며, 문제를 두려워하지 않는다. '부정'(否定)은 장애물을 처리하는 효율적인 방법이 아니다. 위기 상황에서 자신은 물론 다른 사람들에게 정직하려면 용기가 필요하다.

물론 정직은 부정적 태도를 의미하지 않는다. 느헤미야는 모두에게 감정을 마구 쏟아내거나 폭언을 하거나 탓하지 않는다. 상황을 이야기하고 자신들이 하는 일에서 하나님에 대한 확신을 표현한다. 그런 다음 이렇게 말한다.

"재건을 시작합시다"(느 2:18, NIV 역자 사역).

잠시 당신의 삶에서 재건이 필요한 부분을 생각해보라. 그동안 돌무더기에 막혀 있던 당신은 어느 시점에서 이것들을 치우겠다고 말한다. 그러나 의도적으로 피한다. 꾸물거리는 것은 조금씩 포기하는 한 방법이다. 상황을 규명하고 정직하게 평가하려면 용기가 필요하다. 장애물을 인정해야 한다.

기도로 인내하라

느헤미야는 장애물을 만날 때마다 기도한다. 어떤 의미에서 느헤미야서는 기도 책이다. 성벽이 무너져 폐허로 방치된 소식을 듣는 순간부터 느헤미야는 매 순간 기도한다. 느헤미야서는 장애물에 부딪혔을 때 어떻게 기도해야 하는지 가르쳐준다.

첫째, 느헤미야는 하나님이 누구신지 자신에게 일깨움으로써 용기를 얻는다. 그는 "하늘의 하나님 여호와 크고 두려우신 하나님"(느 1:5)께 기도한다.

그는 자신이 얼마나 자격이 있는지 하나님께 기억해달라고 하면서 도움을 구하지 않는다. 대신에 하나님의 성품을 토대로 겸손히 구한다. 그는 찬양으로 시작한다.

우리는 찬양으로 기도를 시작할 때 하나님의 위대하심을 되새긴다. 상황이 눈에 들어오고, 하나님께서 있는 그대로 우리에게 보여주신다. 우리는 주권이 하나님께 있으며 세상 그 무엇도 그분보다 크지 않음을 깨닫는다. 하나님께서 말씀으로 우주를 창조하실 수 있었다면 우리가 직면하는 어떠한 도전도 해결하실 수 있다. 우리는 하나님을 찬양할수록, 그분의 무한하고 놀라운 성품을 열거할수록 더 분명히 보게 된다. 더 담대히 신뢰하게 된다. 우리의 힘이 되살아나는 것을 더욱더 느끼게 된다.

둘째, 기도할 때 느헤미야는 하나님이 그분의 백성을 위해 하신 일을 떠올림으로써 용기를 얻는다. 그리고 자신이 드리는 찬양의 한 부분으로 백성을 하나님 앞에 세운다. 그는 이렇게 기도한다. "이들은 주의 종들입니다"(느 1:10, NIV 역자 사역). 그는 하나님이 그분의 백성을 애굽의 종살이에서 건져내신 역사를 되새긴다.

우리의 삶과 다른 사람들의 삶에서 하나님의 역사를 되새겨보면 상황을 보는 눈이 열린다. 이런 성찰이 하나님은 신뢰할 만한 분이며 신실하신 분임을 일깨운다. 그럴 때 우리의 확신과 용기가 커진다.

"하나님, 이 상황을 어떻게 해야 할지 도무지 모르겠습니다. 의지할 데가 없습니다. 그러나 말씀을 읽으면서 하나님께서 주님을 사랑하는 자들을 어떻게 돌보시는지 봅니다. 하나님이 저도 돌보실 것을 압니다. 주님, 저를 인도해주시겠습니까? 제게 계속 나아갈 힘을 주시겠습니까?"

"하나님, 직장을 잃었습니다. 가족의 필요를 어떻게 채워야 할지 모르겠습니다. 그러나 출애굽기 16장에서 하나님은 하늘에서 양식을 내려주셨습니다. 요한복음 6장에서 주님의 백성이 주릴 때 어린 소년의 도시락으로 수천 명을 먹이셨습니다. 저희를 돌보실 방법도 찾아주시겠습니까?"

"하나님, 저희 가정에 평안이 없습니다. 저희 부부는 허구한 날 싸웁니다. 아이들은 서로 소리를 지릅니다. 마가복음 4장에서 큰 폭풍이 일었는데 주께서 명하여 잔잔하게 되었습니다. 저희 집의 폭풍도 잔잔하게 해주시겠습니까?"

기도는 우리를 하나님에 관한 놀라운 진리와 연결한다. 하나님은 전에 하신 일을 다시 하실 수 있다. 느헤미야는 기도 중에 하나님이 누구시며 무엇을 하셨고, 하나님이 하신 약속들을 기억함으로써 확신과 용기를 얻는다. 그리고 하나님이 모세를 어떻게 대하셨고, 사람들이 순종하면 택한 곳으로 인도하겠다고 하신 하나님의 약속을 되새긴다(느 1:8,9).

그러므로 하나님의 말씀으로 우리의 머리와 가슴을 채우는 것이 매우 중요하다. 성경과 친숙하면 하나님께 도움을 구할 때 그분이 하신 놀라운 일들이 떠오를 것이다. 그분이 우리의 기억 창고에 들어와 시편과 찬양과 성경의 여러 이야기를 생각나게 하실 것이다.

느헤미야는 기도를 통해 단순하지만 강력한 진리에 대한 확신이 커지고, 이 진리를 백성에게 말한다. "우리 하나님이 우리를 위하여 싸우시리라"(느 4:20). 이것은 울림 있는 선언이며, 느헤미야의 마음가짐을 잘 보여준다. 우리 하나님이 우리를 위해 싸우시는 것을 아는데 어떻게 포기할 수 있겠는가? 하나님을 용사로 보고 자신이 그분의 대의를 위해 싸우고 있음을 알 때 다시 힘과 용기를 내게 되는 것은 지극히 당연하다.

계속 건축하라

달릴 때 계속 달려라. 무슨 일이 있든지 달려라. 느헤미야는 계속 건축한다. 그렇다. 그는 "우리 하나님이 우리를 위하여 싸우시리라"라고 말한다. 그러나 싸움에서 자신의 몫을 다할 준비를 한다.

처음에 느헤미야는 백성에게 기도하고 보초를 세우라고 말한다. 그 후 위협이 더 심각해지자 백성에게 가족을 보호하고, 싸우며, 하나님의 위대하심을 기억하라고 말한다. 한편 그는 백성에게 계속 건축하라고 말한다.

그다음 이야기가 놀랍다. 백성이 한 손에 건축 재료를 들고, 다른 한 손에 무기를 들었다. 벽돌공들은 흙손뿐 아니라 칼로 무장했다. 건축은 무슨 일이 있어도 중단되지 않을 것이다. 이 모습이 이들을 지켜보던 정탐꾼들에게 어떤 인상을 주었을지 상상해보라.

때로 중단하고 장애물을 처리하는 게 옳아 보인다. 그러나 가능하면 경주를 계속하고 하나님이 우리 앞에 두신 경주를 계속해야 한다. 당신의 진심을 보여라. 계속 건축하라. 계속 달려라. 하나님이 당신을 부르고 맡기신 일을 계속하라.

남자들이여, 모여라

눈치챘겠지만, 이 단락에서 느헤미야는 남자들에게 말한다. 그렇다고 해서 남자와 여자 모두 유익을 얻지 못할 이유는 없다. 하지만 남자들에게 특히 유익한 지혜가 있다.

하나님은 남자들을 건축자와 보호자로 부르셨다. 하나님이 우리 앞에 두신 경주는 한 손에 흙손을, 다른 손에 검을 든다는 뜻이다. 솔직히 나는 남자들이 건축이나 싸움을 그만두면서 대는 평계에 이골이 났다. 남자들이 경주가 너무 힘들다고 내뱉는 볼멘소리만큼 나를 짜증나게 하는 것도 없다. 나는 이렇게 묻고 싶다. "뭘 기대하셨어요? 여러분이 성벽을 쌓는 데 아무도 이의를 제기하지 않을 거라고 생각하셨나요?"

내 말을 오해하지 않기 바란다. 하지만 전쟁터에서 총알이 날아온다고 징징댈 이유가 있겠는가? 상대 선수가 자신에게 태클을 건다고 사이드라인에서 투덜대는 미식축구 선수를 상상할 수 있겠는가?

흙손은 결코 우리 손에서 떠나지 않는다. 어떤 남자들은 이런 환상을 갖는다. 자신들이 앞장서서 일했고 이 일 저 일을 많이 했으니 집에서는 동굴에 들어가 홀로 있는 것이다. 책임에서 자유로운 휴가를 얻었다고 생각하면서. 그러나 이것은 곧 벽돌을 쌓지 않는 구실이 된다.

남자들이여, 리모컨을 내려놓고 우리의 결혼생활을 위해 검을 들고 싸우겠다고 동의할 수 있는가? 이제 게임기를 내려놓고 우리의 가정을 세우기 위해 흙손을 들겠다고 동의할 수 있지 않은가? 아내가 방에 들어올 때 휴대전화를 내려놓고 그녀의 눈을 보며 그녀를 하나님의 딸로 존중하겠다고 동의할 수 있지 않은가? 스포츠 시청을 중단하고 아이의 머리맡에 무릎을 꿇고 기도하겠다고 동의할 수 있는가?

가정을 세우고 옳은 일을 위해 싸우며 쉼 없이 달리겠다고 동의할 수 있지 않은가? 전쟁터에는 휴게소도 없고 낮잠 시간도 없다. 해야 할 일을 하고, 가난한 자들과 소외된 자들과 과부들과 고아들과 상처받은 자들과 힘없는 자들을 늘 보호해야 한다.

우리는 긴급한 마음으로 하나님을 섬겨야 한다.

무슨 말도 안 되는 소리야!

이제 편지가 오기 시작한다. 그중 네 통이 소개된다. 원수들이 느헤미야에게 편지를 보내서 건축을 당장 중단하고 회의를 하자고 요구한다. 괜찮다. 이들의 다음 전략은 위원회이다. 예리한 전략이다. 위원회는 거의 모든 것을 죽일 수 있기 때문이다.

느헤미야는 네 통의 편지를 받고 답장한다. 6장에서 느헤미야는 사실상 이렇게 말한다.

"내가 잘 달리고 있는데 왜 멈추라는 거요? 내가 당신들한테 가야 할 이유가 어디 있소? 방해꾼들이 할 말이 있으면 와서 직접 말하면 될 거 아니요?"

느헤미야는 우리에게 인내에 관해 많은 것을 가르쳐준다. 첫째, 계속 기도하라. 둘째, 계속 일하라. 계속 건축하라. 계속 달려라. 무엇이든 맡은 일을 계속하라.

단순하지만 강력하다.

당신은 하고 싶지 않을 수도 있다. 피곤하고 낙담되며 자신이 옳은 일을 하고 있는지 의심까지 들 수도 있다. 계속 건축하라. 절대 건축을 멈추지 말라. 그러나 한마디 덧붙여도 되겠는가?

가장 그만두고 싶은 순간이 재건을 위해 노력하는 전환점이다. 가속이 붙기 시작할 즈음에 그만두는 사람이 아주 많다. 한동안 힘을 쏟은 덕분에 가속이 붙기 시작하고, 가속이 붙으면 멈추기 힘들다. 반환점에 이르면 더 힘들어질 것이다. 그러나 이제 거의 고비를 넘겼다. 어느 때보다 가속이 크게 붙어 돌파하기가 어렵지 않다.

느헤미야와 백성들이 예루살렘 성벽을 재건하는 데 얼마나 걸렸을까? 느헤미야서 6장 15절에 따르면 52일이다. 별로 길지 않다. 인생이란 이와 같다. 모든 장애물이 거대해 보인다. 수십 년이 걸릴 거라고 예상했을 것이다. 그러나 때로 돌아보면 가야 할 길이 얼마 남지 않았음을 깨닫는다. 진짜 장애물은 우리가 장애물을 어떻게 보느냐 하는 것이다. 항복하지 말라. 포기하지 말라. 계속 기도하고 건축하라. 짧지만 52일간 기도하고 일하며 인내하면 당신의 삶이 도약할 것이다.

한 번에 한 걸음씩

다른 사람들이 감히 묻지 않는 중요한 질문을 하겠다. 이를테면 이런 질문이다. 왜 자기가 자기 몸을 간질이면 간지럼을 타지 않는가? 왜 욕조에 들어가면 손가락과 발가락이 쭈글쭈글해지는가? 남성에게 젖꼭지는 대체 무슨 의미인가?

이 책을 쓰면서 생각했다. 마라톤은 어떤가? 왜 마라톤의 거리는 42.195킬로미터일까? 구글에서 검색해보았다. 그리스 사람(설교자들이 늘 말하는 그 사람)이 바사(페르시아)의 패배를 알리려고 마라톤부터 아테네까지 약 40킬로미터를 달렸다. 그의 이름은 페이디피데스, 그리스 사람들조차 철자를 잘 몰랐다. 그는 아테네에 도착해 "니키!"라고 외쳤다. "승리!"라는 뜻이다. 그러고는 팍하고 쓰러져 죽었다.

1898년 올림픽에서 그를 기념해서 마라톤 거리를 40킬로미터로

정했다. 물론 그가 쓰러져 죽은 것보다 경주를 끝낸 것을 더 기념했겠지만 말이다. 그러나 1908년에 열린 런던 올림픽의 마라톤 코스는 윈저궁에서 화이트시티 스타디움까지 약 41.8킬로미터였다. 왕실 좌석 앞이 결승점이 되도록 352미터를 더 연장했다. 물론 조금 수고스럽더라도 왕실이 몇 미터 더 걸을 수 있었겠지만, 그랬다면 왕실이 아닐 것이다.

이후 조직위원회는 마라톤 거리를 두고 10년 동안 논쟁을 벌였다. 결론만 말하면, 마라톤 거리는 42.195킬로미터로 결정되었다. 당신이 참가하는 마라톤에 왕실이 참석하지 않더라도 마라톤 거리는 늘 42.195킬로미터이다.

마지막 352미터를 빼더라도 마라톤 거리는 전력 질주할 수 있는 거리가 아니다. 꾸준히 달려야 하는 거리이다. 결승선이 너무 멀어서 보이지 않는다. 대신에 한 걸음 한 걸음에 집중해야 한다.

그다음 질문은 분명하다. "마라톤을 완주하면 몇 걸음이나 뛰어야 하나요?" 솔직히 나는 수학 실력이 형편없다. 그것이 내가 목사가 된 이유 중 하나이다. 사람들은 이따금 내가 목회자로 부름을 받은 순간을 기억하는지 묻는다. 신학교에서는 기하학을 배우지 않는다는 사실을 알았을 때가 분명하다. 마치 하나님의 음성을 듣는 것 같았다. 이것이 나의 떨기나무 불꽃이었다. 그러면 마라톤을 할 때 과연 몇 걸음이나 옮기는지 알아보는 계산 문제를 내보겠다.

지미는 마라톤을 하고 싶다. 마라톤은 42.195킬로미터 경주이다. 1킬로미터는 39,370인치이고, 지미의 보폭은 30인치이다. 지미가 마라톤을 완주하려면 몇 걸음을 옮겨야 할까? 직접 계산해보라.
(42,195×39,370=1,661,217 / 1,661,217÷30=약 55,374걸음 / 정답이다.)

간단히 말해 지미는 지칠 테고 사과 몇 개를 먹고 몇 개를 나눠주는 것과 같은 좀 더 단순한 문제가 자신에게 주어지기를 바랄 게 분명하다.

물론 이제 우리는 자신의 걸음을 추적하는 갖가지 앱과 도구를 활용한다. 당신은 달리다가 오른쪽 종아리에 경련을 느낀다. 만보계를 보니 1만 2,237걸음을 달렸다. 이내 낙담에 빠진다.

한 번에 한 걸음

내 친구 웨슬리 코리르(Wesley Korir)는 케냐의 뛰어난 마라톤 선수이다. 로스앤젤레스 마라톤에서 두 번 우승했고, 보스턴 마라톤에서도 우승을 거머쥐었다. 어느 아름다운 오후에 우리는 공원에서 만나 함께 달렸다. 나는 그에게 지쳐서 계속 달리고 싶지 않을 때 자신에게 뭐라고 말하느냐고 물었다. 그는 뜻하지 않은 도전이 늘 있다고 답했다. 그에게 익숙하지 않은 추위나 더위가 있을 수 있다. 5,6킬로미터를 달릴 무렵 발에 뜻하지 않은 통증을 느낄 수도 있다. 마라톤 페이스를 유지하지 못할 수도 있다.

그는 낙담하거나 계속 달리기 힘들 때, 자신에게 두 가지를 말한다고 한다.

첫째, "한 번에 한 걸음씩 달리자고. 한 걸음 더 내딛는 거야!"

피곤하고 지쳤을 때 55,374걸음에 초점을 맞추면 완주가 불가능해 보인다. 한 걸음 내딛고, 또 한 걸음 내딛고, 또 한 걸음 내딛다 보면 마침내 결승선에 이른다. 사도 바울은 이것을 이렇게 표현한다. "우리가 선을 행하되 낙심하지 말지니 포기하지 아니하면 때가 이르매 거두리라"(갈 6:9).

바울은 경주 이미지를 자주 사용하지만, 여기서는 농사 용어를 사용한다. 힘들고 지쳤을 때라도 씨를 뿌리면 결실이 있을 것이다. 은유를 섞어서 말하면, 한 번에 한 걸음을 내딛고 포기하지 않으면 마침내 수확할 것이다.

한 번에 한 걸음씩 내딛어라. 때가 되면 누적 효과를 알게 될 것이다. '누적'이라는 단어는 점진적 증가라고 정의할 수 있겠다. 단번에 일어나는 일이 아니라 조금씩 일어나는 일이다. 어쨌든 우리가 달리는 경주는 수만 걸음에 이른다. 걷는 순간에는 한 걸음 한 걸음이 하찮아 보일지라도 그 모든 걸음의 누적 효과가 마지막에 우승자를 결정한다.

많은 사람이 경주를 포기하는 진짜 이유는 '한 번에 한 걸음'의 중요성을 과소평가하기 때문이다. 의도적으로 다음 걸음을 내딛고, 그다음 걸음을 내딛고, 또 그다음 걸음을 내딛는 데 집중하는 것이 포기하지 않는 비결이다. 다음 걸음을 내딛어라.

의도적으로 다음 걸음을 내딛어야 하는데, 많은 사람이 포기하는 부분에 적용해보자. 이를테면 돈 문제이다. 당신은 40세가 되었지만 지금껏 은퇴 자금을 하나도 모으지 못했다. 당신은 70세에 은퇴하고 싶다. 계산기를 두드려보니 은퇴 자금으로 적어도 25만

달러가 필요하다. 불가능한 숫자 같다. 노력한들 무슨 소용이 있겠는가?

지금 자신의 현재 상태에서 원하는 상태로 옮겨가는 방법은 단 하나, 로또에 당첨되거나 은행을 터는 길밖에 없어 보인다. 그렇지만 당신은 재정 상담가를 만난다. 재정 상담가는 복리(複利)의 위력을 소개하며 당장 투자를 시작하라고 권한다. 그러면서 매일 커피 값으로 나가는 5달러가 꼬박꼬박 쌓일 거라고 말한다. 당신이 그 돈을 투자하고 평균 5퍼센트 수익을 거둔다면, 30년 후에 12만 5천 달러가 모인다. 하루에 10달러씩 저축하면 25만 달러가 넘을 것이다.

하루 10달러를 저축하는 일은 그리 어려워 보이지 않는다. 이것이 누적 효과의 위력이다. 우리는 커다란 도전에 직면할 때 대단한 해결책이 필요하다고 생각하는 경향이 있다. 우리를 딜레마에서 건져낼 대단한 방법을 찾는다. 사실 계속 달리는 비결은 한 번에 한 걸음씩 집중하는 것이다.

진짜 첫걸음을 내딛어라

옛말에 "첫발을 내딛기가 가장 힘든 법이다"라는 말이 있다. 누가 한 말인지는 모르지만, 마라톤이 얼마나 많은 걸음으로 구성되는지 아는 사람이 한 말이 아닐까 싶다.

보통 우리는 여정의 길이를 생각하기 때문에 첫걸음을 내딛기도 전에 그만둔다. 현대 사회에서 이혼하는 것은 결혼하는 것만큼이나 쉽다. 남녀가 서로 원해서 불쑥 결혼할 수 있듯이 부부가 갑자기 갈라서기도 한다.

많은 사람이 진지하게 기도해보거나 결혼에 관한 책을 읽어보거나 친구나 가족에게 그 결정에 대해 이야기해보지도 않고, 결혼 상담 치료사를 만나보지도 않은 채 덜컥 이혼부터 하고 본다. 안타깝게도 대부분 진지하고 사려 깊은 노력을 하지 못한 것 같다. 어쩌면 이들은 문제의 크기부터 보고 그 문제가 너무 커 보였는지 모른다. 이들은 분명한 논리적 사고가 아닌 자신의 감정을 따랐다.

너무 늦었다고 느낄 때까지 첫걸음을 내딛지 못하는 이유는 첫걸음을 내딛으려는 좋은 의도를 마음에만 품고 있었기 때문이다. 통제할 수 없는 짐을 지고 있는 사람에게 물어보라. 자신도 그러려던 게 아니라고 답할 것이다. 이들은 달라질 거라고 수없이 자신에게 말했다. 한 주 또 한 주 극복할 거라고 자신에게 약속했다. 의도는 좋았지만 이제 너무 늦었다고 생각한다.

좋은 의도는 실제로 아무것도 하지 않았는데도 뭔가 했다고 느끼게 한다. 의도가 좋다고 자신의 등을 두드린다. 그러나 실제로는 단 한 걸음도 내딛지 않은 것이다.

몇 달 전에 이런 내용의 글을 읽었다. 사람들 사이에 멋진 운동복이 유행하지만 실제로 운동은 하지 않는다는 내용이었다. 최근 애슬레저(athleisure, 일상복처럼 입는 운동복)라는 의류 분야가 폭발적으로 성장해 천 억 달러짜리 산업이 되었다. 알다시피 애슬레저는 '애슬레틱'(atheletic, 운동)과 '레저'(leisure, 여가 활동)의 합성어이다. 이것도 눈치챘겠지만 이 용어는 애슬레틱이란 단어의 일부를 포함하지만, 레저는 전부 포함한다. 우연이 아니다.

수백만 명이 요가복을 입지만 요가를 하지는 않는다. 애슬레저 의류의 인기 요인은 이것을 입음으로써 자신에 대해 좋은 감정을 갖게 된다는 것이다. 실제로 운동을 하지 않는데도 좋은 의도와 운동할 준비를 갖췄다는 사실만으로 운동을 한 것처럼 느껴진다. 사실 우리가 한 거라곤 운동복을 갖춰 입은 것뿐인데 말이다. 그러니 당신의 좋은 의도가 첫걸음이라고 믿지 말라. 좋은 의도를 가졌다고 해도 한 뼘도 나아가지 못할 수가 있다.

당신은 자신이 상처를 준 친구나 가족과의 관계를 회복하고자 하는 좋은 의도를 품을 수 있다. 그러나 실제로 대화하기 전이라면 아무것도 하지 않은 것이다. 당신은 체중을 줄이려는 좋은 의도를 품을 수 있다. 그러나 좋은 의도만으로 점심에 먹은 감자튀김이 없어지지는 않는다.

당신은 하나님과 다시 연결되려는 좋은 의도를 품을 수 있다. 그러나 넷플릭스(Netflix, 세계 최대 온라인 동영상 서비스)와 소셜 미디어를 가끔 차단하지 않으면, 좋은 의도는 아무것도 아니다. 당신은 결혼기념일에 아내에 대한 사랑을 확인시켜주고자 하는 좋은 의도를 품을 수 있다. 그러나 당신이 이런 의도가 있다고 해서 아내에게 줄 선물을 잊은 사실을 아내가 그냥 넘어가지는 않을 것이다.

이러한 현상을 가리키는 심리 용어가 실제로 있다. '의도와 행동의 간극'이다. 우리는 대부분 의도와 행동의 격차를 살고 있다. 미루기 지대에 머무는 것은 포기한다고 말하지 않으면서 포기하는 방법이다.

최근에 의도와 행동이 일치하지 않는 예를 보았다. 넷플릭스가 이용자들에게 어떤 프로그램이 보고 싶은지에 대해 질문했다. 이용자의 답변을 토대로 서비스 가능한 프로그램 목록을 작성하려고 한 것이다. 이용자들이 원하는 프로그램 목록에 다큐멘터리가 맨 위에 자리했다. 그래서 넷플릭스는 이용자들이 관심을 가질 법한 다큐멘터리 목록을 만들었다.

그러나 넷플릭스는 이용자들에게 어떤 프로그램을 보고 싶은지 묻는 것은 이들이 실제로 보는 프로그램을 알아내는 좋은 방법이 아님을 깨달았다. 이를테면 과학 다큐멘터리를 시청하고 싶다고 답한 이용자들이 실제로 보는 프로그램은 아담 샌들러 주연의 90년대 영화이기 때문이다. 넷플릭스는 이용자들이 샌들러의 영화를 5억 시간 동안 시청했다고 발표했다.[1] 샌들러표 영화는 물론 다큐멘터리와 거리가 먼 코미디 영화이다.

이처럼 삶에 대한 우리의 생각과 행동은 다르다. 정직의 문제가 아니다. 실제 의도이다. 우리는 마땅히 그렇게 살아야 하는 삶을 사는 자신을 상상한다. 그러나 삶은 하루하루이다. 인생은 날마다 내리는 순간의 결정과 행동 위에 세워진다. 나중에 사촌이 격찬한 다큐멘터리를 볼지 모른다. 하지만 지금은 시트콤 한 편을 볼 것만 같다.

좋은 의도에서 실행으로!

경주를 하려면 성실히 훈련해야 한다. 어느 때나 잠시 멈춰 숨을 고르는 것은 쉬운 동작이다. 그런데 이런 쉬운 동작만 계속하면 절대 경주에서 이기지 못한다. 순간순간 자신의 행동을 좋은 의도에 맞춰야 한다.

예수님이 제자들을 부르셨을 때 그들은 각자 결단의 순간을 맞았다. 누가복음 9장 23절에서 예수님은 자신을 따르고자 하는 모두에게 초대장을 주셨다. 예수님을 따르려는 자들은 매일 자기 십자가를 지고 계속 걸어야 했다. 여기에서 가장 힘든 부분은 '매일'이다. 이것은 우연이 아니다.

제자들은 그 즉시 예수님과 함께 떠나야 했다. 이들이 삶에 관해 알고 있는 모든 것이 바뀌어야 했다. 더 이상 고기 잡는 그물, 세금 걷는 세관, 가족과 친구들이 아니라 예수님이 제시하신 새로운 세상에 자신을 완전히 던져야 했다.

예수님이 초대장을 발급하신 후에 한 사람이 찾아와 그분을 따르겠다고 한다. 그는 예수님에게 "어디로 가시든지 나는 따르리이다"(눅 9:57)라고 말한다. 그는 이렇게 할 마음이 넘친다. 코스가 어떻든지 간에 그는 달릴 것이다. 예수님은 여우나 공중의 새도 집이 있지만, 자신은 하나님의 뜻으로 집을 삼는다고 답하신다. 안전지대를 완전히 벗어난 삶이다. 이 사람은 좋은 의도를 품었지만 아직 안전망을 포기할 준비가 되어 있지 않다.

고등학교 때 농구 감독은 선수들을 자르기 싫어했다. 대신에 선수들 스스로 떨어져 나가게 만들었다. 감독은 체육관 네 모퉁이에 쓰레기통을 두고 학생들이 토할 때까지 달리게 했다(밀레니얼 세대에게 ; 교장 선생님이 아이들의 볼기를 때리던 시절의 이야기다. 은유도 아니고 말뿐이 아니라 실제 회초리로 아이들의 볼기를 때렸다). 첫 공식 훈련을 시작할 즈음이면 아이들은 한 무리의 폭도에서 열정적인 소수 정예 선수로 추려질 것을 알았다.

하나님의 팀에서는 우리가 제명될 일이 없다. 우리는 스스로 우리의 모든 것을 포기한다.

기억하라. '경주'와 '고통'은 동의어이다. "네 앞에 놓인 고통을 경주하라." 당신의 고통은 무엇인가? 당신은 어떤 좋은 의도를 실행에 옮기려고 애쓰는가? 당신이 이것을 실행에 옮기지 못한 이유가 안전지대를 떠나 훈련받을 의지가 부족해서는 아닌가?

이것은 힘든 하루를 지낸 밤에도 아이들에게 책을 읽어주는 것처럼 작은 일일 수 있다. 혹은 사과하면 서로 회복되고 미루면 악화될 때 다투고 나서 사과하는 그런 일일 수도 있다.

어쩌면 당신이 그랬는지 사람들이 꼭 알 필요가 없을 때, 당신이 누군가에게 잘못을 인정하는 것일 수도 있다. 어쩌면 당신도 똑같이 힘들지만 격려가 필요한 동료에게 먼저 손을 내밀어주는 것일 수도 있다.

자신이 달리는 경주를 볼 때 무엇이 좋은 의도를 실행에 옮기지 못하게 막는가?

우연한 삶에서 의도적 삶으로!

때로 좋은 의도에 사고가 끼어든다.

최근에 아이티를 여행 중이었다. 포르토프랭스공항에서 자크멜이란 곳으로 가야 했다. 운전해서 가면, 길이라고 말하기 어려운 산악 지대를 지난다. 그러나 그곳에 사는 미국인 조종사가 자신의 4인승 비행기로 15분이면 나를 자크멜까지 데려다줄 수 있다고 했다. 조종사의 이름은 로저였다. 나는 로저라는 이름이 좋았다. 그가 나에게 질문할 때마다 내가 옆에서 "로저, 로저"라고 말했다. 말은 안 하지만 그 역시 나만큼 그 상황을 즐긴 게 분명하다.

비행기는 40년쯤 되었고, 몇몇 계기판은 작동하지 않는 것 같았다. 산을 넘는 비행은 꽤 험난했다. 이따금 산이 우리보다 높았고 그럴 때면 뭐랄까, 오금이 저렸다.

비행 중에 로저는 동체 착륙을 시도했던 이야기를 시작했다. 그는 비행기가 착륙했던 지점을 가리켰다. 한쪽 엔진이 완전히 멈춰버렸다고 했다. 나는 그 비행기는 어떻게 되었느냐고 물었다. 로저는 "지금 이렇게 잘 날고 있잖아요!"라고 말했다.

공중에서 조종사와 나누고 싶지 않은 대화 중 하나다. 지금 내가 타고 있는 비행기로 비상 착륙을 했다는 이야기니까 말이다. 나는 어떻게 반응해야 할지 몰랐다. 그리고 마침내 이렇게 물었다.

"직접 고치셨나요?"

"그럼요. 전부 저 혼자 고쳤어요."

나는 기분이 조금 좋아졌다. 그런데 그가 이렇게 덧붙였다.

"아이티에서는 필요한 부품을 다 구할 수 없어요. 자신이 알아서 고쳐야죠."

나는 또다시 오싹했다. 다시 질문을 했고 그 때문에 상황이 더 나빠진 것 같았다.

"어디가 고장 났는지 찾아내셨나요?"

로저가 말했다.

"글쎄요, 제대로 고쳤는지 모르겠네요. 이따금 사고는 일어나기 마련이잖아요."

물론 사고는 일어나기 마련이다. 하지만 나를 태운 비행기의 조종사가 예전에 비상 착륙한 일을 설명할 때, 그의 입에서 듣고 싶은 말은 아니다. 나쁜 의도를 말하는 게 아니다. 아무도 일부러 그러지는 않는다. "사고는 일어나기 마련이다." 이것은 뭔가 잘못되었지만 그 일을 좋지 않게 생각하고 싶지 않을 때 하는 말이다. 우리는 좋은 의도를 품는다. 그러나 사고는 일어나기 마련이다.

"사고는 일어나기 마련이다"라는 말이 적절할 때가 있다.

당신이 등잔을 엎었을 때
당신이 문을 잠그지 않고 나왔을 때
당신이 부엌에서 접시를 깼을 때
당신이 과속방지턱을 넘다가 차 범퍼가 긁혔을 때

"사고는 일어나기 마련이다"라는 말이 부적절할 때가 있다.

당신이 바람을 피웠을 때
당신이 아버지의 자리를 지키지 못했을 때
당신이 삶의 끝에서 자신의 존재를 설명하려 할 때
당신이 조종사로서 비행기를 불시착시킬 때

갈라디아서 6장 9절에서 바울은 포기하지 않으면 수확할 때가 이르리니 낙심하지 말라고 말한다. 이 구절에 이를 때까지 바울은 씨앗을 뿌리고 거두는 법을 말한다. 우리는 의도와 무관하게 뿌린 대로 거둔다. 씨앗이 당신의 손에서 우연히 떨어질 수 있다. 떨어진 바로 그곳에서 자란다. 바울은 이렇게 말한다. "하나님은 업신여김을 받지 아니하시나니 사람이 무엇으로 심든지 그대로 거두리라"(갈 6:7).

다시 말해 이것은 중력의 법칙과 조금 비슷하다. 당신은 이렇게 말할지도 모른다.

"나는 그 법에 찬성하지 않았어요. 나는 중력의 법칙을 강력히 반대합니다. 중력의 법칙을 폐지하라! 중력으로 끌어내려라!"

상관없다. 그건 법칙이다. 나는 동체 착륙 이야기를 들었을 때 중력을 아주 강하게 거부했다. 그러나 내가 중력에 대해 할 수 있는 것은 전혀 없었다. 마찬가지로 우리는 뿌린 대로 거둔다. 우연이든 아니든.

씨앗을 파는 가게가 있는가? 이것을 씨앗을 담은 사탕 가게라고 생각해보자. 농부들이 요즘은 아마존 같은 쇼핑몰을 날마다 이용하지 않을까 싶다. 어쨌든 농부는 씨앗 가게 통로를 오가며 바구니에 여러 가지 씨앗 병을 손에 잡히는 대로 담는다. 수확할 때 그는 자신이 무슨 씨를 골랐는지 알게 된다. 핵심은 신중하게 고르라는 것이다. 의도적으로 심어라.

우연한 삶은 어떤 사람에게는 재미있고 즉흥적으로 보인다. 매일 주사위를 던져서 무슨 숫자가 나오는지 보는 것이다. 그러나 수확할 때가 되면 자신의 시간과 생각을 자신의 미래에 투자했으면 좋았을 거라며 후회할 것이다.

버리기 힘든 습관

의도성과 관련한 또 다른 문제가 있다. 우리가 똑같은 길을 걷고 또 걸을 때 길에 홈이 깊게 파인다. 반복 행동은 시간이 지나면 질서 정연한 방식을 낳는다. 그러면 우리는 그 유형에 굳어진다. 마침내 그 방식에서 벗어나려 할 때 너무 힘들어서 포기하고 만다.

이런 현상을 '자동성'(automaticity)이라고 한다. 근육이 기억하고 있어서 많은 생각이 필요 없는 행위, 사실상 생각하지 않으면서 쉽게 한다는 뜻이다. 운전, 걷기, 숨쉬기 등이 여기에 해당한다. 이것은 언젠가 우리가 이런저런 방식으로 습관을 들였기 때문이다. 이런 습관들은 그다지 집중력이 필요하지는 않다. 마치 산수 문제처럼 이것들은 무의식적으로, 생각하지 않아도 할 수 있다. 그렇게 운전해서 출근하기 때문에 막다른 골목에서도 생각 없이 좌회전 대신 우회전을 할 때처럼 말이다. 습관은 깨기가 어렵다.

하나님은 당신의 삶에 나 있는 익숙한 길을 절대로 고르지 않으신다. 하나님은 전혀 새로운 길을 내신다. 우리는 의도적으로 그분의 계획을 우리의 생각 맨 앞에 두어야 한다. 이로써 영적 '근육의 기억'이 우리를 하나님이 내신 길에서 절대 밀어내지 못하게 해야 한다. 예전 방식의 편리함을 우리가 해야 할 것과 혼동하기가 쉽다.

어쩌면 당신은 매우 민감하게 반응하는 어머니 밑에서 자랐을지도 모른다. 어머니는 소리 지르고 몸짓으로 표현하면서 스트레스와 갈등을 처리하곤 했다. 당신은 절대 어머니처럼 되지 않겠다고 다짐했다. 어머니의 길을 경멸했다. 그러나 그럴 의도가 전혀 없었지만 자신이 어머니와 같은 방식으로 반응하는 것을 보았다. 당신은 어쩌면 상황을 무의식적으로 인지하고 감정적으로 반응한다. 설령 당신이 싫어했더라도 이것이 당신이 아는 것이다. 마음은 친숙한 방식을 찾는다.

어쩌면 당신은 수동적인 아버지 밑에서 자랐을지도 모른다. 가정의 상황이 어려워졌을 때 아버지는 감정적으로 반응했다. 아버지는 오랜 시간 일했고 며칠씩 집을 비우곤 했다. 혹은 아버지가 있긴 했으나 사실 있는 게 아니다. 아버지는 흔들의자에 누워 텔레비전을 보았고 누구도 감히 그를 방해하지 못했다.

당신은 결혼해서 가정을 꾸렸을 때 아버지처럼 되지 않겠다고 다짐했다. 집안일에 적극 참여하고 식구들과도 살갑게 지낼 작정이었다. 이따금 늦게 퇴근해서 돌아올 때 자신의 다짐을 기억하며 자신에게 말한다.

"요즘 바쁜 시기잖아. 아이들이 좀 더 크면 더 신경을 쓸 거야."

그러나 얼마나 오랫동안 이렇게 말해왔는가? 당신은 의도와 행동의 틈에 끼어 있다.

몸매가 엉망이라서 관리하겠다고 결심할 때 습관을 버리는 게 얼마나 힘든지 절감한다. 식단을 바꾸려고 하지만 몸이 설탕에 중독되었다. 운동을 시작하려고 하지만 몸이 그러지 말라고 애원한다. 몸은 실제로 운동 부족을 즐긴다.

당신이 먹는 것을 주의하고 매일 3,4시간 운동을 하면 과거 습관들이 빼앗긴 영역을 되찾으려고 한다. 그러나 몇 주만 버티면 그렇게도 부자연스러웠던 것이 더 자연스러워지기 시작한다. 당신은 옛 습관에서 새로운 습관으로 옮겨가는 전환기를 넘어가기만 하면 된다.

개인 헬스 트레이너 친구가 있다. 나는 보통 트레이너와 친구가 되려고 하지 않지만, 그는 전부터 친구였다. 그에게 옛 습관을 버리려고 애쓰는 사람들을 어떻게 돕느냐고 물었다.

"고객들이 자기와의 다짐을 지키려고 애쓸 때 무슨 말을 해주세요? 사람들이 포기하고 싶어 할 때 무슨 말을 해주나요?"

그는 이렇게 답했다.

"그냥 '나오기만 하세요'라고 합니다. 이것이 옛 습관을 무너뜨리지요."

그는 뒤이어 몇 가지 예를 들려주었다.

"사람들이 전화를 걸어와 '오늘은 정말 피곤해요'라거나 '오늘은 못하겠어요'라고 할 때, 저는 늘 같은 대답을 합니다. '나오기만 하세요'라고."

사실 그의 체육관 벽에는 큰 글씨로 쓴 문구가 걸려 있다.

"나오기만 하세요"(JUST SHOW UP).

나온다는 것은 몸에게 말하는 것이다.

"나 여기 있어."

"늘 하던 대로 하지는 않을 거야."

"포기하지 않겠어!"

나오기만 하라!

몇 달 전, 우리 동네 주민이지만 우리 교회 교인은 아닌 남자에게 이메일을 받았다. 그는 사실 어느 교회에도 나가지 않았다. 그는 죽어가고 있었고 시간이 얼마 남지 않았다.

그는 언젠가 침대에 누워 텔레비전을 틀었다가 우리 교회 예배를 우연히 보고 내게 자신을 한 번 찾아와달라고 부탁해야겠다고 생각했다. 그래서 나는 그의 집을 방문했다. 그가 인생의 마지막 바퀴를 돌고 있다는 것을 금세 알 수 있었다. 그는 시간을 허비할 상황이 아니었다. 그는 내게 자신의 이야기를 들려주었다. 그는 어릴 때 그리스도인이 되었다. 그러나 지난 몇 십 년 동안 하나님을 떠나 살았다. 이제 그는 어그러진 것들을 바로잡아야 한다는 것을 깨달았다. 가능할까? 그는 두 눈에 의문 부호를 떠올리며 나를 올려다보았다.

"성경을 가지고 계세요?"

내가 물었다.

나는 이런 요청을 받을 때 대개 성경을 가져가지 않는다. 요청한 사람들이 가진 성경을 보는 것을 좋아한다. 한 사람의 성경을 보면 내가 어떤 사람에게 이야기하는지 알 수 있다. 이들이 달려온 경주의 스냅 사진이 내 앞에 펼쳐진다.

그는 처음에 "아뇨, 없어요"라고 대답했다. 그러더니 잠시 후 방 건너편에 있는 탁자를 가리키며 "저쪽에 가보세요"라고 했다.

거기에 큰 성경이 있었다. 오래되고 묵직한 강단용 킹제임스 성경이었다. 무심코 들다가는 팔이나 허리를 다칠 것만 같았다. 나는 조심스럽게 성경을 들고 일어났다. 성경을 펴자 주위에 먼지가 폴폴

날렸다. 나는 무시하고 예수님에 관한 복음서 구절을 읽은 후에 로마서로 넘어가 죄와 구원에 관한 구절을 읽었다.

죽기 전에 그에게 하나님과의 관계를 회복하고 싶은지 물었다.

마지막이 다가오는 것을 느낄 때 의도와 행동의 간극이 급격히 빠르게 좁혀지는 경향이 있다. 중요한 것은 이제 때가 되었다는 것이다. 그는 자신의 삶을 말하며 이런 생각을 표현하기 시작했다. 그는 마침내 딸에게 용서를 구했고 전 부인도 용서했다. 그리고 감사 편지를 썼고, 마침내 관계를 회복했다. 자신의 재정 문제 또한 모두 처리했다. 그는 집을 정리하고 있었다. 그러나 여전히 마음 한구석에 오래도록 자리한 것이 있었다.

'언젠가 하나님과의 관계를 회복해야 해.'

이런 의도가 그때 내 나이만큼 오래되었을지도 모른다. 이것들이 관계를 통해, 평생의 희망과 꿈과 두려움을 통해 삶의 전환기마다 그를 따라다녔을 것이다. 이것들은 절대 사라지지 않았다. 이것들은 절대 포기하지 않았다. 하나님이 절대 포기하지 않으시기 때문이다. 이 사람도 절대 포기하지 않았다.

하나님이 두신 길이 언제나 바로 우리 앞에 있다. 이 길은 바로 이 순간 시작된다. 이 사람은 너무 늦지 않았음을, 예수님이 모든 것을 회복하셨음을 깨닫고 울었다. 그가 해야 할 일은 "예"라고 말하고 그대로 행하는 것뿐이었다. 그는 그렇게 했다. 그는 자신의 죄를 고백했다. 그는 진심으로 회개했고 의심의 여지가 없었다. 나는 그가 기쁨에 찬 아이처럼 천국으로, 죽음에서 시작되는 새 생명에 들어가는 것을 보았다.

사무실로 돌아와 그에게 쉽게 번역된 성경 한 권을 보냈다. 그가 약해진 두 팔로 들 수 있고, 읽고 이해할 수 있는 성경이었다. 마지막 며칠 동안 그 성경은 늘 그의 곁에 있었다.

그는 늘 미뤘다. 잘못된 선택을 되풀이했다. 그러나 마침내 '드러내기'로 결심했고, 이것이 그에게 요구되는 전부였다. 그는 내게 간단한 이메일을 보냄으로써 드러냈고, 이로써 그의 영원이 바뀌었다.

마라톤 선수인 친구 웨슬리가 내게 말한 두 번째는 "결승선이 생각보다 가깝다"는 것이다. 한 번에 한 걸음씩 내딛어라. 결승선이 생각보다 가깝다. 피곤하고 지쳤다면 자신에게 이 두 가지를 말하기 바란다.

확신을 유지하라

우리 시대 최정예 전투 부대와 함께 훈련할 기회가 생긴다면 어떻겠는가?

나는 이런 초대를 문자로 받았다. 가까운 군부대와 관계가 있는 친구가 나를 초대했다. 위치가 어디고, 무슨 부대였으며, 어떤 임무였는지는 말할 수 없다. 일급비밀, 극비 사항이다. 사실 이미 너무 많은 것을 말한 것 같다.

이 훈련에 여섯 명이 동참하기로 되어 있었다. 우리는 평범한 일반인이었다. 그러나 머릿속으로는 세상을 구할 특수 부대의 훈련을 돕기 위해 특별히 선택된 최정예 요원이었다. 훈련이 그다지 힘들지 않을 거라고 예상했다. 미식축구 경기처럼 사이드라인에서 국가 안보를 위해 번뜩이는 관찰력을 발휘하면 될 거라고 생각했다.

그러나 시간이 가까워질수록 훈련이 생각보다 힘들 거라는 이야기가 들려왔다. 우리의 역할은 적군의 전투원이라고 했다. 특수 부대의 공격을 받으면 맞서 싸워 몰아내는 거였다. 멋지지 않은가! 우리 팀원 여섯은 문자로 쓸데없는 이야기를 나눴고 각자 무용담을 자랑했다.

어느 순간 우리가 이모티콘을 많이 쓰는 것이 보였다. 조금 당혹스러웠다. 잦은 이모티콘 사용은 특수 부대 전투에서 사나이다운 모습 같지 않았다. 나도 인정한다. 그래서 생각에 빠졌다. 우리는 군부대에 도착해 각종 포기 서류에 서명했다. 간단히 말하면 사망이나 상해에 관한 내용이었다. 이 시점에서 상황이 더 생생해졌다. 나는 조금 용기를 잃었다.

누구도 말하지는 않았지만 모두 이런 표정이었다. '내가 도대체 무슨 일에 휘말린 거야?'

우리는 준비를 마쳤다. 현대 세계에서 틀림없는 최정예 용사들을, 스케이트보드 패드를 착용하고 페인트볼 총으로 무장한 전투원들과 맞닥뜨린다는 뜻이었다. 두 번째로, 이번에는 나의 용기가 더 많이 새어 나갔다.

우리는 픽업트럭 짐칸에 탄 채 격렬한 충돌이 벌어진 제3세계 마을 같은 곳으로 이동했다. 트럭에서 내리자 일행 중 하나가 말했다. "이길 수 있을 것 같은데요." 그러나 그의 목소리는 모기 소리처럼 기어들었다. 내가 그의 말에서 실제로 받은 메시지는 이것이었다. "우리가 큰 곤경에 처했어요. 그러니 어서 숨을 곳을 눈 씻고 찾아보자고요."

우리는 흩어져 서로 다른 집에 배치되었으며 특수 부대가 나타나기를 기다렸다가 교전하라는 지시를 받았다.

나는 깨진 창문으로 짙은 어둠을 응시하면서 용기를 조금 더 잃었다. 그때 별안간 치누크 헬기와 블랙호크 헬기 예닐곱 대가 라이트도 켜지 않은 채 날아왔다. 다음 순간 예닐곱 명이 야간 투시경을 쓴 채 헬리콥터에서 수직 하강했다. 길가의 자동차 여러 대가 마치 로켓에 맞은 것처럼 폭발했다.

나중에 알고 보니 마을 전체에 영화 세트처럼 폭파 장치가 설치되어 있었다. 내가 배치된 집 지붕을 비롯해 사방에서 폭발이 일어났다. 사방에서 총소리가 들렸다. 모의 전투라는 것을 알았지만 모의 전투 같지 않았다.

다음 순간 불꽃이 번쩍했다. 내가 배치된 폐가로 9연발 폭죽이 날아들었다. 순간 본능이 나를 지배했다. 나는 어떻게 해야겠다는 의식적인 결정도 없이 엄폐물을 찾아 뛰었다.

지난 여러 해, 내가 과연 전투원이었는지 아니면 도망자였는지 종종 궁금했다. 이제 안다.

이 경험을 통해 배운 것이 있다. 나의 용기는 내가 확신하는 만큼만 실제이다. 나의 확신이 드러날 때 나의 용기가 증발한다. 나는 확신이 없었다. 훈련받지도 않았고, 전문 지식도 없었으며, 첨단 장비도 없었기 때문이다. 나는 특별한 헬기를 타고 오지 않았다. 평범한 픽업트럭을 타고 왔다.

나의 용기가 시험받았을 때, 내 확신이 측정되어 부족하다고 드러났다. 힘과 용기는 우리의 확신에 근거가 있는지 여부와 직접 관련이 있다.

용기를 내라

이 책의 메시지는 아주 단순하다. 포기하지 말라. 용기를 내라.

동일한 도전이 성경 페이지마다 울린다. 사람들이 어떤 상황에 처하든 성경은 용기를 내고 두려움에 맞서라고 말한다. 어디서 어떻게 용기를 찾는가? 당신이 처한 상황을 생각하면 용기의 뿌리는 언제나 실제적이다. 결코 감정이나 희망이나 연기나 마술 거울이 아님을 알 것이다.

아무 이유도 듣지 못한 채 그저 "용기를 내!"라는 말을 들은 적이 있는가? 아이는 어둠을 무서워한다. 아빠가 조급하게 말한다.

"사나이가 되라고! 용기를 내!"

이런 말은 실제로 아이들에게 별 도움이 안 된다. 그러나 아빠가 아이 방에 들어와 이유를 알려주고 옷장에 괴물이 없음을 보여준다면 도움이 된다. 아빠가 이렇게 말해주면 좋다.

"아빠가 바로 옆방에 있단다. 네가 부르면 언제든지 달려올 거야!"

우리는 확실한 근거가 필요하다. 다른 것처럼 용기도 일종의 기초 위에 세운 건물이다. 모노폴리 게임에서 한 사람에게 현금을 다 주고 쇼핑을 보내라. 모든 것이 첫 계산대에서 다 떨어진다. 현금밖에 없기 때문이다.

40대에 교회에 첫발을 내딛은 사람들이 자주 하는 말이 있다. 실제로 첫 테스트를 받기 전까지, 이를테면 직장을 잃거나 아이가 많이 아프기 전까지는 인생에 자신이 있었다고 말한다. 그런데 이들의 자신감이 전혀 근거가 없음이 드러났다. 예쁜 거품처럼 터져버렸다.

그제야 더 깊은 무엇이, 영혼까지 파고드는 무엇이 필요함을 깨달았고 하나님께 이것을 구했다.

히브리서 기자는 근거 없는 용기나 확신을 제시하지 않는다. 히브리서 전체가 그리스도의 우월성에 근거한다. 비교를 거듭해도 그분은 사람들이 지금껏 의지한 그 무엇보다 낫다.

우리가 포기하지 않는 이유가 있다. 우리에게 무슨 일이 일어나든 예수님이 낫기 때문이다. 구덩이가 아무리 깊어도 예수님이 더 깊다. 전망이 아무리 어두워도 예수님은 어둠을 몰아내는 빛을 주신다. 히브리서 12장 2절이 말하듯이 "예수를 바라보자." 위협적인 상황에 직면할 때 당신의 힘의 근원에 시선을 고정하라. 아이들은 부모를 쳐다본다. 선수들은 감독을 쳐다본다. 시민들은 위기의 순간에 지도자를 쳐다본다.

자신의 내면을 들여다본다고 문제가 해결되지는 않는다. 〈새터데이 나이트 라이브〉(SNL, 미국의 시사 풍자 코미디 프로그램)에 스튜어트 스몰리라는 인물이 나온다. 그는 거울을 보며 중얼거린다.

"왜 이리 멋진 거야. 왜 이리 똑똑한 거야. 미치겠어, 정말. 사람들이 반할 만하네."

그에게 정말 그렇다고 말해줄 수 있으면 좋겠다. 용기는 강력한 그 무엇에, 우리 밖에 있는 그 무엇에 근거해야 한다.

그래서 "용기를 내!"라고 말할 때 피상적이고 감흥적인 흉내 내기를 말하는 게 아니다. 거울에 비친 자기 모습에서 사실이 아닌 것을 말해놓고 흥분하는 것을 말하는 게 아니다. 또 운동할 때 음악을 들으며 들뜨는 것을 의미하는 것도 아니다. 용기는 잘 정립된 확신에 기초해야 한다.

'확신'(confidence, 개역개정 성경은 '실상'으로 옮겼다)이라는 단어는 히브리서 10-13장에 여러 차례 등장한다. 핵심은 확신을 그리스도 안에서 찾아야 한다는 것이다. 히브리서의 독자들은 확신을 위한 싸움에 돌입했으나 상황이 좀 섬뜩해졌다. 이들의 삶에 섬광탄이 몇 발 떨어졌고 이들은 경주를 시작했다. 반대 방향으로.

히브리서 10장 32-34절은 이들이 용기와 결단력을 가지고 경주를 시작했다고 말한다. 히브리서 기자는 "전날에 … 견디어 낸 것을 생각하라"고 말한다. 이들은 학대를 많이 겪었다. 고난을 받았다. 더러는 감옥에 갇혔고 더러는 재산을 몰수당했다. 그러나 이들이 버틴 것은 "더 낫고 영구한 소유"를 가졌기 때문이다. 다시 말하면 이런 뜻이다.

"너희는 우리의 최신형 TV와 고급 골프채를 빼앗을 수 있다. 그러나 너희가 우리에게서 빼앗을 수 없는 것이 있다. 그리스도 안에 있는 우리의 부유함이다. 너희는 우리를 때릴 수 있고 죽일 수도 있다. 그러나 우리의 영생을 빼앗을 수는 없다. 그리스도가 우월하다."

초기에 이들은 믿음이 새로웠고 담대하고 활력이 넘쳤다. 이제 이들은 지쳐간다. 싸움 때문에 지쳐가는 이들에게 히브리서 기자가 촉구한다. "그러므로 너희 담대함(confidence, 확신)을 버리지 말라 이것이 큰 상을 얻게 하느니라"(히 10:35).

그는 이렇게 묻고 있다. "실제로 무엇이 달라졌습니까? 그리스도께서 이전만큼 충만하지 않습니까? 그분의 복이 어떤 식으로든 퇴색했습니까? 그분은 여전히 여러분을 위하십니다. 영생은 여전히 영원

합니다. 여러분이 믿음에서 떠날지 모르지만 믿음은 절대로 여러분을 떠나지 않습니다."

우리가 예수님에서 다른 무엇이나 누군가에게로 옮겨갈 때 용기가 흔들린다. 정말 예수님이 나은지 의심하기 시작한다. 어쩌면 당신은 집을 떠나 대학에 들어간 다음 이렇게 생각했을지도 모른다. '예수님이 나은지 모르겠어. 예수님이 나의 온 생명보다 낫다고 들었어. 하지만 이제 객지에 혼자 나와 있잖아. 아주 좋아 보이는 것들이 눈에 보이는 걸.' 당신은 예수님 안에서 가졌던 확신에서 떠나 다른 것에 확신을 두기 시작했지만 문제가 없어 보였다. 삶이 당신의 집에 섬광탄을 던질 때까지.

당신의 확신을 버리지 말라. 그리스도에 대한 당신의 확신이 포기하지 않고 인내할 용기를 줄 것이다. 그러니 두 손으로 확신을 굳게 붙잡고 놓지 말라.

확신을 버리고 낙담하게 되는 몇 가지 상황을 살펴보자.

그리스도가 아니라 환경을 볼 때

히브리서 기자는 이렇게 촉구한다.

"너희가 피곤하여 낙심하지 않기 위하여 죄인들이 이같이 자기에게 거역한 일을 참으신 이를 생각하라"(히 12:3).

'낙심하다'(lose heart)는 "낙담하다"(discouraged) 또는 문자적으로 "너희가 용기를 잃지 않도록"으로도 번역된다. 여기서 말하는 그리스도인들이 용기를 잃었던 것은 삶이 이들의 바람대로 움직이지 않았기 때문이다.

확신을 환경에 두지만 그 환경이 계획대로 되지 않을 때, 확신이 흔들린다. 당신은 건강이 나아지고, 결혼생활이 나아지고, 일자리가 나아지고, 자녀들이 나아지며, 재정이 나아질 거라고 생각했다.

신학자 루이스 스미디스(Lewis Smedes)는 로스앤젤레스 카운티 병원의 에이즈 치료소 외래 과장 타미 그래머에 관한 글을 썼다. 어느 날 아침, 한 남자가 정기 진료를 받으러 병원을 찾았다. 그는 높은 의자에 피곤한 기색으로 말없이 앉았고, 신참 의사가 그의 옆구리에 바늘을 찔렀다. 의사가 환자의 얼굴을 보지도 않은 채 물었다.

"환자분, 환자분에게 시간이 얼마 남지 않았다는 거 아시죠? 기껏해야 1년 정도."

환자는 돌아가는 길에 타미의 진료실에 들러 고통에 일그러진 얼굴로 씩씩거렸다.

"저 망할 놈이 내 희망을 앗아갔다고요."

타미는 이렇게 답했다.

"그런 것 같네요. 다른 희망을 찾아봐야 할 때가 된 것 같습니다."[1]

하지만 다른 희망이 있는가? 희망을 걸고 확신한 것이 당신을 실망시킬 때, 예수님이 낫다는 것을 기억하라.

히브리서는 당신의 확신이 흔들리고 용기가 사라질 때 예수님을 '생각하라'(consider)고 말한다. 생각한다는 게 무슨 뜻인가? 그것이 의미하는 바를 "헤아리고 숙고한다"라는 뜻이다.

예수님이 십자가에서 당신을 위해 하신 일을 생각하는 시간을 가져라. 그분이 당신을 위해 어떻게 인내하셨는지 생각해보라. 우리는 예수님을 생각하는 대신 우리의 환경을 생각하는 경향이 있다. 우리는 자신이 겪는 일을 생각하고 숙고한다. 도전과 어려움을 생각한다. 공정하지 못한 것에 초점을 맞춘다. 자신의 좌절에 시선을 고정한다. 자신의 장애물에 얽매인다.

이 모든 것을 건너뛰고 예수님이 십자가에서 인내하신 일을 의도적으로 생각할 때 우리도 인내할 수 있다는 확신을 얻는다.

'생각하다'라는 단어는 "비교하다"라는 의미를 내포한다. 히브리서 기자는 예수님이 언제나 낫다는 것을 증명하기 위해 예수님을 다양한 사람과 다양한 것에 비교한다. 의도적으로 예수님과 비교하면 당신의 확신과 희망이 회복될 수 있다.

예수님을 당신의 중독, 빚, 질병, 상사, 과거 실패, 당신이 미래에 대해 갖는 두려움과 비교해보라. 그리고 생각하라. "예수님이 나은가?"

비교하는 또 다른 방법이 있다. 당신이 겪는 일과 예수님이 당신을 위해 겪으신 일을 비교해보는 것이다. 실망하고 낙심될 때 예수님이 하신 일을 생각하라. 예수님은 십자가에 달리실 것을 아시고, 당신을 위해 겟세마네 동산에서 고뇌하고, 재판을 받고, 학대를 당하고, 나무 십자가를 지고 언덕까지 올라가신다. 당신을 대신해 고통당하시는 전 과정을 머릿속에 그려보라. 이 이야기 속으로 들어가보라. 그분이 당신을 위해 하신 일을 깨달으라.

사하라 사막을 건너는 240킬로미터 울트라마라톤에 참가한 조 리(Joe Lee)에 관한 글을 읽었다. 그에 관한 글을 쓰기만 하는데도 목이 마르다. 그의 아내 앨리슨은 1년 반 전에 암으로 세상을 떠났다. 그는 그 마라톤에서 미국 암협회를 위해 모금 운동을 펼쳤다.

잔혹한 상황에서 하루가 지났을 때 이미 많은 참가자가 포기하고 헬리콥터로 이송되었다. 그가 128킬로미터 지점에 이르렀을 때 열기 때문에 신발 밑창이 떨어져 나갔다. 나는 그런 일이 가능한지도 몰랐다. 그래서 그는 이후로 사하라 사막을 횡단하는 동안 보호 장비가 거의 없었다. 발에는 온통 물집이 잡혔고 한 발 한 발 내딛기가 극도로 고통스러웠다.

그는 나흘 후 완주에 성공했다. 어떻게 극한 고통과 피로를 견딜 수 있었느냐는 질문을 받았다.

그는 이렇게 답했다.

"앨리슨을 계속 생각했습니다. 이것은 아내가 겪은 일에 비하면 아무것도 아닙니다."[2]

생각하라. 비교하라. 눈이 열리면 마음이 있어야 할 자리에 있게 된다. 지쳐 포기하고 싶을 때 예수님을 생각하며 자신에게 말하라. "이것은 그분이 겪으신 일에 비하면 아무것도 아냐!"

그리고 당신의 경주를 계속하라.

확신을 혼동한다

우리의 확신을 버리는 또 다른 방법이 있다. 자신에 대한 확신과 그리스도에 대한 확신을 혼동하는 것이다. 우리는 자신이 얼마나 자주 이렇게 하는지 깨닫지도 못한다.

이러한 혼동은 특히 자기 확신을 가르치는 서구 사회에 만연해 있다. 우리는 자신을 믿으라고, 원하면 무엇이든 될 수 있다고 배운다. 우리는 이러한 확신 때문에 세상에 나갈 용기를 얻는다. 우리는 이런 말을 듣는다. "믿고 성취하라. 너의 잠재력은 무한하다!"

이런 말이 우리의 마음을 고취시킨다. 우리를 정복자처럼 세상으로 달려 들어가게 한다. 멋지다. 그렇지 않을 때까지. 이런 순간은 꽤 빨리 다가온다. 이것은 실제로 무엇에 근거하는가? 결국 자기 확신의 정체가 드러난다. 우리는 우리가 자기 확신에 필요한 것을 갖지 못했음을 인정하지 않을 수 없다. 어떤 일이 일어난다. 우리는 단지 믿는다고 해서 그 일을 성취할 수 없다는 사실을 피할 수 없다. 우리의 잠재력은 무한하지 않다.

당신의 잠재력은 다른 사람들과 같다. 누군가 당신이 "백만에 하나"라고 했다면 사실이다. 그러나 그것은 저 남자도 그렇고, 저 여자도 그렇다. 다른 모든 이도 백만 명에 하나다. 백만 명 모두가 백만에 하나다. 그렇지 않은가? 그렇다면 참으로 우리를 구분하는 것은 무엇인가?

최근에 '데이트 사이트'에 관한 글을 읽었다. 사이트 이용자 수천 명이 각자의 적합성 조사에서 특정 질문에 어떻게 답했는지 보여주는 글이었다. 이 사이트 이용자들에게 "당신은 천재입니까?"라고 물었다.

조사 결과에 따르면 이 사이트의 남성 이용자 중 약 50퍼센트가 자신이 천재라고 보았다. 천재는 실제로 천 명에 한 명꼴이다. 따라서 이것은 남성 10명 중 5명이 자신이 천에 하나라고 생각한다는 뜻이다. 당신은 이러한 통계적 차이를 어떻게 이해하는가? 이 남성 중

다수는 검증되지 않은 자기 확신을 갖고 있다고 추측할 수 있다.

당신의 확신이 자기 자신에게 있다면 결국 그 확신이 부족한 것으로 드러날 것이다. 여러분 중 어떤 사람들은 자기 확신을 갖고 그럭저럭 잘 지냈기에 내가 무엇을 말하는지 정확히 안다. 이런 자기 확신이 당신에게 훌륭하게 작동했다. 이 확신이 큰 시험대에 오르기 전까지는 말이다.

의사에게서 진단 결과를 통보받기 전까지는 자기 확신이 잘 작동했다. 아내가 다 끝났다고 말하기 전까지도 자기 확신이 잘 작동했다. 가족과 친구들이 모인 방에 중재를 하러 들어가기 전까지도 자기 확신이 잘 작동했다. 당신이 그의 은밀한 문자 메시지를 발견하기 전까지도 그랬다. 당신이 자폐증이란 단어를 듣기 전까지, 당신이 해고 대상자라는 것을 알기 전까지 자기 확신이 잘 작동했다. 당신의 신념 때문에 아이들이 온라인에서 당신을 괴롭히고, 당신의 헌신이 그들의 타협에 대한 고발처럼 느껴져 동료들이 당신을 따돌리기 전까지도 자기 확신이 잘 작동했다.

그러나 당신의 확신을 자신에게 둔다면 경주 중에 당신의 상태가 드러날 것이다. 이것을 다시 생각해보라. 무엇이 사람들의 확신을 가장 많이 무너뜨린다고 생각하는가? 하나만 고른다면 뭐라고 답하겠는가?

이 질문을 어떤 상황에 대입해보면 도움이 될 것이다. 무엇이 프로 선수의 확신을 무너뜨린다고 생각하는가? 이 부분을 잠시 살펴보면 반복되는 주제가 있음을 알게 된다. 바로 '실패'이다.

실패를 경험하면 다음에 시도할 때 그 실패를 머릿속에서 떨쳐버리기가 쉽지 않다. 지난번에 성공하지 못했다면 다음에 같은 일을 할 용기를 갖기가 훨씬 더 어렵다. 영적으로도 다르지 않다. 우리의 확신이 자신에게 있을 때 경주를 힘차게 시작하겠지만 몇 번 넘어지고 나면 그 실패가 큰 타격을 입힐 것이다.

히브리서는 거듭 역설한다. 용기는 우리 자신이나 우리가 한 말에 대한 확신에서 오지 않는다. 확신은 우리가 한 일이 아니라 우리를 위해 행해진 일에 있다. 히브리서 10장 19절은 우리가 '성소'(성전의 지성소)에 새로운 방식으로, 예수님의 피로 들어갈 확신(담력)을 얻었다고 말한다. 성전에는 경계를 표시하는 휘장이 있었고 대제사장 외에 그 누구도 경계를 넘을 수 없었다. 그러나 우리를 위해 찢긴 예수님의 몸이 우리를 휘장 안으로 들여보낸다. 우리는 대제사장, 곧 예수님의 피로 씻음 받았기에 담대하게 들어갈 수 있다. 우리는 "믿음이 주는 온전한 확신"(full assurance that faith brings, 히 10:22 NIV 역자 사역, 한글 개역개정 성경은 '참 마음과 온전한 믿음'으로 옮겼다)을 가질 수 있다.

초기 독자들에게 이 말씀은 많은 것을 의미했다. 성전의 지성소에 들어간다는 것은 상상도 할 수 없는 일이었다. 그런데 우리를 깨끗하게 하시고 우리에게 새 힘을 주시는 대제사장 예수님과 함께라면 무엇이 두렵겠는가? 어찌 확신을 갖지 못하겠는가? 그분이 우리를 위해 길을 내셨다.

담대하라

나는 "담대하라"는 성경의 명령을 사랑한다. 낙심한 사람들에게 주는 말씀이다.

표면적으로는 이 말씀이 그다지 도움이 될 것 같지 않다. 그저 말하기에 좋은 말이다. 어쩌면 베개에 수를 놓거나 양로원에 걸어두기 좋은 말이다. 그러나 낙담한 사람에게 "담대하라"고 말하는 것은 배고픈 사람에게 배고프지 말라고 하는 것과 같다. 겁에 질린 아이에게 용감하라고 말하는 것과 같다.

그러나 성경이 우리에게 담대하라고 할 때는 자신에 대한 확신이 아니라 하나님에 대한 확신을 가지라는 것이다. 부자연스러운 자기 확신에 근거한 확신이 아니라 하나님이 누구신지에 근거한 확신 말이다.

히브리서 11장은 담대함을 배운 구약의 인물을 언급한다. 그의 이름은 기드온이다. 그의 이야기는 사사기 6장에 나온다. 사사기에서 이스라엘은 끊임없이 다른 민족의 지배를 받는다. 이때 이스라엘이 미디안 족속의 지배를 받고 많은 이스라엘 사람이 이들을 피해 산과 동굴에 숨었다. 이스라엘 백성이 하나님께 부르짖으면 하나님이 '사사' 구원자를 보내신다.

이번에는 천사가 기드온을 찾아와 그에게 사사가 될 거라고 말한다. 여느 이스라엘 사람들처럼 기드온도 숨어 있다. 그는 포도주 틀에서 밀을 타작한다. 천사가 그에게 말한다.

"큰 용사여 여호와께서 너와 함께 계시도다"(삿 6:12).

생각해보라. 기드온은 숨어 있다. 그러나 하나님은 그를 큰 용사로 보신다. 기드온은 즉시 천사에게 자신이 이 일에 적합하지 않은 온갖 이유를 제시한다. 모세가 하나님께 말했듯이, 당신과 내가 그러하듯이, 기드온은 용기가 없다. 확신이 없기 때문이다. 그는 자신이 힘없는 집안의 가장 힘없는 자라고 말한다.

"내가 여기 있사오니 다른 사람을 보내소서."

어쩌면 당신은 하나님이 이렇게 말씀하실 거라고 예상했을지도 모르겠다. "기드온, 잘 들어라. 나는 너를 믿는다. 네 자신을 깊이 살펴라! 네 안에 있는 잠재력을 찾아내라. 너는 할 수 있다!"

그런데 기드온이 빠른 박자의 배경 음악이 재생되는 동안 전투 훈련에 돌입했다는 암시가 없다. 그 어떤 고취도 없다. 감독이 하프타임에 들어와 사기를 돋우는 말을 해주지도 않는다. 그런 게 전혀 없다. 하나님은 그저 이렇게만 말씀하신다.

"내가 반드시 너와 함께하리니"(삿 6:16).

기드온은 제대로 무장도 하지 않은 300명을 이끌고 나가서 거대한 미디안 군대를 무너뜨린다. 때로 우리는 이것을 기드온의 영리한 전술에 관한 이야기로 가르치는데 그렇지 않다. 이것은 하나님의 능력에 관한 이야기이며, 기드온이 자신이 아니라 하나님의 능력에서 확신을 얻은 이야기이다.

사실 기드온이 자신이나 자신의 능력을 조금이라도 과신했다면 모든 게 허사로 돌아갔을 것이다. 우리는 이 모든 것에서 벗어나 하나님에 대한 확신에 근거한 용기를 갖는 법을 배워야 한다. "주는 나를 돕는 이시니 내가 무서워하지 아니하겠노라"(히 13:6).

나는 때로 담대함을 잃는다. 토요일 밤 저녁 예배 설교 후, 주일 아침 예배 전에 그렇다. 나는 때로 (너무나 자주) 토요일 밤에 바랐던 만큼 잘 되지 않으며, 그래서 다음 날 아침에 똑같은 설교를 다시 해야 한다. 이럴 때 기도하면 대개 성령께서 내게 필요한 힘을 주신다. 그러나 이따금 일 년에 몇 차례는 나 자신이 부족하다는 느낌에 짓눌린다. 주일 아침에 일어나면 두렵고 무섭고 확신이 사라진 느낌이다. 달아나 숨을 곳을 찾고 싶다.

왜 그런가? 토요일 밤이 나를 발가벗겼기 때문이다. 나 자신의 전문 지식을 의지했고, 이것이 얼마나 어리석은지 발견했다. 이따금 하나님은 환상을 벗겨내고 힘이 어디서 오는지 보여주신다. 우리가 힘을 얻기 위해 기댈 수 없는 곳이 어딘지 보여주신다.

이런 순간이 찾아오면 아내를 가만히 깨워 오늘이 그런 아침이라고 말한다.

"못 하겠어요. 하고 싶지 않아요."

어떤 배우자들은 이렇게 말할 것이다.

"여보, 잠시 잊으세요. 곧 괜찮아질 거예요. 가서 눈 좀 더 붙이세요."

나의 아내는 이렇게 말하지 않을뿐더러 이렇게도 말하지 않는다.

"여보, 당신이 최고예요! 자신을 믿으세요. 당신은 뛰어나고 역동적이고 섹시해요."

사실 아내는 내게 직접적으로 아무 말도 하지 않는다. 대신 하나님께 말한다.

아내는 내 손을 잡고 하나님의 진리가 나를 덮게 해달라고 기도한다. 아내의 기도에 나는 눈을 들어 나의 도움이 어디서 오는지 다시 생각한다. 아내는 내 믿음이 다름 아닌 예수님과 그분의 의(義) 위에 세워짐을 내게 일깨운다. 내가 아니다. 아내는 하나님이 여호수아에게 하신 말씀, 곧 강하고 담대하라는 말씀을 붙들도록 나를 돕는다. 내가 하나님의 이름으로 나아가기 때문이다. 내 이름이 아니다. 나는 그 손에 낀 장갑일 뿐이다. 생명과 능력과 활력은 하나님의 손에서 온다. 장갑은 장갑일 뿐이고, 나는 장갑일 뿐이다.

장갑이라는 사실에는 놀라운 자유함이 있다.

예수님께 확신을 두라

예수님은 나의 준비보다 낫고, 나의 관찰보다 나으며, 나의 설교보다 낫고, 내 청중의 인정보다 낫다. 예수님은 그 누구의 인정보다 낫다.

그분은 당신에게도 낫다. 당신이 살 수 있는 그 무엇보다, 당신이 포트폴리오에 보탤 수 있는 그 무엇보다 낫다. 그분은 그 어떤 웹사이트나 관계보다 낫고, 새로운 유행이나 방식보다 낫다. 예수님이 그 무엇보다 낫다. 예수님이 당신의 문제에 지배당하는 것보다 낫고, 당신을 무너뜨리려고 하는 자극과 유혹에 한 시간 더 종노릇하는 것보다 낫다.

하나님이 계획하지 않으신 결혼생활을 받아들이는 것보다 낫고, 당신이 아는 방식으로 그분을 영화롭게 하지 않는 직업보다 나으며, 그분의 특별한 임재와 복의 능력 가운데 번성하는 가정보다 낫다.

예수님은 당신의 과거보다 낫고, 당신의 현재보다 나으며, 당신이 상상할 수 있는 가장 놀라운 미래보다 낫다.

성경에서 우리에게 담대하라고 하는 부분을 찾아보라. 내가 좋아하는 부분은 요한복음 16장이다. 예수님은 자신이 곧 떠날 때를 대비해 제자들을 준비시키신다. 예수님은 제자들의 한계를 아신다. 예수님은 이들에게 맡기면 어리둥절해하고 자주 넘어지는 것을 아신다. 이들 모두가 세상을, 아니면 한 동네라도 바꾸기 위해 할 수 있는 것이 없다는 것도 아신다. 이들은 환난과 어려움은 말할 것도 없고 심한 박해에 직면할 것이다. 인간적으로 이들이 성공할 가능성은 30억 분의 1쯤 될 것이다.

예수님은 이것들을 하나도 걱정하지 않으신다. 그 자리에 있는 사람들 중에 가장 차분하다. 불안해하는 얼굴들을 보며 말씀하신다.

이것을 너희에게 이르는 것은 너희로 내 안에서 평안을 누리게 하려 함이라 세상에서는 너희가 환난을 당하나 담대하라 내가 세상을 이기었노라 요 16:33

마음에 새겨라. 예수님이 세상보다 낫다.

나는 세상과 세상이 당신에게 던져주는 것을 모두 안다. 당신은 걱정하고, 의심하며, 확신이 없다. 때로 당신이 잠에서 깨어났을 때 두려움에 짓눌려 옴짝달싹하지 못한다는 것을 안다.

그러나 당신의 염려를 예수님에게 말하는 대신에 변화를 위해 그 염려를 향해 되받아쳐라. 당신의 염려를 가로막아라. 염려에게 무례히 굴고 염려에게 예수님을 말하라. 염려에게 예수님이 낫다고, 당신의 염려보다 낫고 세상 그 자체보다 낫다고 말하라. 염려는 결코 지속되지 않지만 예수님은 영원하다.

예수님이 낫다. 당신의 확신을 그분에게 두라. 담대하라. 포기하지 말라.

멈출 수 없고 멈추지도 않겠다!

조금 오싹하게 들리는 말을 하겠다.

적어도 우리가 흔히 입 밖에 내는 말은 아니다. 누가 먼저 이 말을 하지 않았을까 싶어 구글에 검색도 해보았다. 검색 결과는 그리 많지 않았다. 사람들이 이 말을 입 밖에 내지 않더라도 내가 이런 생각을 한 유일한 사람이 아닌 것은 분명하다.

그리스도인들은 누구보다 '잘 죽는다'(die better).

맞다. 나는 이 말을 뒷받침할 연구를 하지 않았다. 그렇더라도 이 말에 설득력을 더할 역사 자료는 충분하다고 생각한다. 나는 입증되지 않은 증거를 토대로 말하지만, 이 말이 틀렸다고 나를 설득하기란 힘들 것이다.

내가 참석했던 첫 장례식이 기억난다. 초등학교 때 참석한 유일한 장례식이 아닐까 싶다. 가족끼리 잘 알고 지내는 이웃의 한 아들('대니얼'이라고 하자)이 친구('셰인'이라 부르겠다)와 함께 있었다. 끔찍한 사고가 일어나 두 아이 모두 기차에 치여 숨졌다.

둘은 절친한 친구였다. 그래서 두 가족은 장례식을 함께 치르기로 했다. 장례식장에서 대니얼의 친구들과 가족이 한쪽에 앉고, 셰인의 친구들과 가족이 반대쪽에 앉았다. 나는 부모님과 함께 대니얼 쪽에 앉았다.

그런데 양쪽 반응이 너무 달랐다. 나로서는 이해할 수 없었다. 대니얼 쪽에도 분명히 눈물과 슬픔이 있었다. 그러나 셰인 쪽에서는 울며불며 이따금 통곡도 했다. 이들에게 어떠한 위안도 찾을 수 없었다. 나중에 아버지에게 왜 양쪽이 다른지 물었다.

아버지는 이렇게 설명하셨다.

"그건 예수님이 만드신 차이란다. 대니얼의 가족은 대니얼이 천국에 있다는 걸 안단다."

나는 이것이 사실임을 알았다.

몇 년 전, 어느 집에 들어가 친구 프랭크에게 마지막 인사를 했다. 주일 밤이었고 프랭크의 생명은 한 시간도 채 남지 않은 것 같았다. 그는 집에 돌아와 있었다. 병원 침대가 거실에 놓여 있었고, 가족 일고여덟 명이 침대를 둘러서 있었다.

나는 안으로 들어갔지만 프랭크의 얼굴을 볼 수 없었다. 자녀들이 서 있는 틈을 비집고 들어갔다. 모두 울고 있었다. 프랭크만 빼고. 사실 프랭크는 아이처럼 미소를 짓고 있었다. 그의 아들이 내게 프랭크가 말을 할 수 없으며, 약물 때문에 인지 능력에 영향이 있다고 일러주었다.

나는 아들에게 물었다.

"아버지와 함께 기도해도 괜찮겠습니까?"

나는 허락을 받고 나서 침대 곁에 무릎을 꿇고 그의 손을 잡고 기도했다. 프랭크는 이따금 내 손을 꼭 잡았다. 내가 무슨 기도를 하는지 안다는 게 느껴졌다. 내가 일어났을 때 그의 얼굴에 아이 같은 미소가 다시 퍼졌다. 나는 그에게 말했다.

"프랭크, 왜 미소를 지으세요?"

"아버지는 저희가 하는 말을 알아듣지 못하세요."

아들이 설명했다. 그러나 프랭크는 거실 중앙에 놓인 탁자를 가리켰다. 내 눈에는 아무것도 보이지 않았다. 그의 아들이 얼굴을 좀 더 찌푸리며 말했다. "아버지는 아무것도 인지하지 못하세요."

나는 거실 탁자 쪽으로 걸어갔다. 책 서너 권과 잡지 예닐곱 권이 놓여 있었다. 잡지들 아래로 삐죽 뒤어나온 책이 보였다. 여러 달 전에 프랭크의 건강이 급격히 악화되기 시작했을 때 내가 선물한 책이었다. 조니 에릭슨 타다(Joni Eareckson Tada)의《천국》(Heaven)이었다. 나는 이 책을 들고 프랭크에게 돌아갔다.

"프랭크, 이것 때문에 미소를 짓는 거예요?"

나는 그에게 책을 내밀며 물었다. 그는 더 환한 미소를 지으며 손가락으로 책 표지의 '천국'이라는 단어를 가리켰다.

나는 책을 그의 팔과 몸 사이에 가만히 밀어 넣었다. 모두들 다시 흐느껴 울기 시작했다. 프랭크만 빼고. 그는 여전히 아름다운 미소를 지었다.

그리고 최근에는 임종을 앞둔 매트 카포텔리를 심방했다. 그는 몇 해 전 MTV에서 주관하는 터프맨 대회에서 우승했으며 프로레슬러로 활약하다가 개인 트레이너가 되었다. 나는 이따금 내 친구이자 개인 트레이너에 관해 쓰는데, 그 사람이 바로 매트이다. 그가 악성 뇌종양 진단을 받았을 때 그의 건강 상태는 내가 아는 그 누구보다 좋았다. 그런 그가 몹시 쇠약해졌고 결국 말하기조차 힘들어졌다.

집으로 그를 찾아갔다. 나는 그에게 대화하는 게 어렵다는 것을 안다고 했다. 그래도 그는 대화를 하고 싶어 했다. 나는 그에게 천국이 어떤 곳인지 말해주고 싶다고 했다. 그는 가만히 고개를 끄덕였다. 나는 성경이 천국을 어떻게 말하는지 들려주었다. 천국은 믿을 수 없을 만큼 아름답고, 완전한 쉼이 있으며, 맛있는 음식이 있고, 의미 있는 일들이 있으며, 사랑이 넘치는 관계가 있는 곳이라고 했다.

어느 순간 매트가 눈을 감고 머리를 의자 뒤쪽에 기댔다. 내 이야기를 듣는 동안 그의 온몸이 편안해지는 것 같았다. 내 이야기를 들으며 그의 뺨에 눈물이 주르르 흘러내렸다. 슬픔이나 두려움의 눈물이 아니었다. 나는 그 눈물이 무엇을 의미하는지 정확히 알았다. 안도였다.

결승선

성경에서 바울은 우리가 지금 당하는 고난이 천국에서 경험할 것에 비할 수 없다고 설명한다. 고린도전서 2장 9절에서 바울은 하나님이 그분을 사랑하는 자들을 위해 예비해두신 모든 것은 그 누구도 눈으로 보지 못했고 귀로 듣지 못했으며 마음으로 생각하지도 못했던 것이라고 말한다.

바울은 죽음 이후의 삶을 생각할 시간이 많았다. 그는 극한 고난을 겪었고, 친구들이나 자신이 사랑하는 일에서 격리되었다. 그는 결국 자신이 칼에 죽으리라는 것을 알았다. 이 모든 것을 통해 그의 믿음은 마지막 호흡이 다할 때까지 믿음을 지킬 확신과 계속 나아갈 용기를 주었다.

디모데후서는 바울이 죽기 전에 쓴 마지막 편지이다. 그는 차갑고 휑한 감옥에서 처형을 기다린다. 시간이 얼마 남지 않았음을 안다. 펜을 들고 미소를 지으며 믿음의 아들 디모데에게 편지한다.

전제와 같이 내가 벌써 부어지고 나의 떠날 시각이 가까웠도다 나는 선한 싸움을 싸우고 나의 달려갈 길을 마치고 믿음을 지켰으니 이제 후로는 나를 위하여 의의 면류관이 예비되었으므로 주 곧 의로우신 재판장이 그날에 내게 주실 것이며 내게만 아니라 주의 나타나심을 사모하는 모든 자에게도니라 딤후 4:6-8

바울은 자신의 삶을 돌아보며 디모데에게 말한다. "나는 선한 싸움을 싸우고 나의 달려갈 길을 마쳤다." 결승선이 눈앞에 보이자 바울은 삶의 끝에서 축하하고 있다.

어떻게 시작하는지가 중요한 게 아니라 어떻게 마치느냐가 중요하다. 인내가 차이를 만든다.

능력이 동일한 두 선수가 같은 대학 팀에 들어간다. 그러나 한 선수는 명예의 전당에 오르고, 한 선수는 발버둥치다가 학교를 그만두고 길거리 인생으로 전락한다. 두 기업가가 비슷한 투자를 받고 시장 상황도 엇비슷하다. 그러나 한 사람은 백만장자가 되고, 한 사람은 파산한다. 두 부부가 비슷한 상황에서 시작한다. 영성도 비슷하고 집안 내력도 비슷하다. 그러나 30년 후에 한 부부는 손자까지 두고 여전히 행복하게 살지만, 한 부부는 이혼해서 완전히 남남이 된다.

무엇이 성공과 실패의 두 모델을 가르는가? 다양한 요인이 있다. 스포츠 해설자들이 말하는 '그것 요인'(it factor)이 있다. 이 쿼터백과 저 포인트 가드는 '그것'을 가졌다. 좋다. 그러나 '그것'이 무엇인가? 자신감, 카리스마, 경쟁심인가? '그것'은 사람마다 다르다. 그러나 가장 중요한 '그것' 요인은 '인내'라고 생각한다. 견딤, 결단력, 끈질김이다.

어떤 사람들은 포기를 모르는 노력과 담대하고 끈질긴 정신을 가졌다. 장애물에 굴복하거나 도전에 겁먹지 않는다. 계속 믿을 확신과 계속 나아갈 용기를 가졌다. 모두 이들이 수건을 던지라고 할 때, 이들은 "한 번만 더!"라고 말한다.

잡지 〈러너스 월드〉(Runner's World)에 베스 앤 데치안티스(Beth Anne DeCiantis)의 이야기가 실렸다. 그녀는 올림픽 기록에 도전하고 있었다. 올림픽 마라톤에 출전하려면 여자 선수는 42.195킬로미터 완주 기록이 2시간 45분 이내여야 했다.

베스는 출발이 좋았으나 37킬로미터 지점에서 힘들어하기 시작했다. 베스가 마지막 직선 코스에 접어들었을 때 기록은 2시간 43분이었고, 기준 기록까지 2분밖에 남지 않았다. 그때 한쪽 발을 삐끗했다. 그녀는 비틀하더니 바닥에 넘어져서 20초 동안 멍하니 주저앉아 있었다. 관중이 그녀를 응원했다. 이제 1분도 채 남지 않았다. 베스는 일어나 걷기 시작했다.

남은 거리는 5미터 미만, 남은 시간은 10초. 베스는 또다시 넘어졌다. 관중이 소리를 지르기 시작했다. "일어나! 일어나!" 마지막 몇 초가 흐르는 동안 베스는 두 손과 두 팔로 기어 결승선을 통과했다. 기준 기록보다 3초 앞섰다.[1] 베스는 어떻게 끝내는지 알았다.

커뮤니케이션 이론가 폴 스톨츠(Paul Stoltz)는 《위기대처능력 AQ》(Adversity Quotient)라는 책에서, 우리가 오랜 세월 동안 지능 지수(IQ)라는 잣대로만 한 사람의 잠재력을 측정해왔다고 지적한다. 그러나 지능 지수가 높아도 실패하는 사람이 너무 많다. 그는 지능 지수보다 성공을 더 잘 예측하는 방법이 있다고 한다. 그것은 '역경 지수'(AQ, Adversity Quotient)이다. 사람이 얼마나 잘 견딜 수 있는가?[2]

포기하지 않는 사람은 역경 지수가 높다. 나의 아버지는 지도자에게 적합한 머리와 가슴은 있는데 적합한 어깨가 없는 지도자 이야기를 즐겨 한다. 이들은 지식과 열정이 있어도 짐을 지우면 주저앉고 만다. 이들은 역경을 이겨내지 못한다.

폴 스톨츠의 말대로라면 좋은 소식이 있다. 지능 지수는 많이 올릴 수 없더라도 역경 지수는 극적으로 올릴 수 있다. 하나님이 함께 하시면 인내하고 역경을 이겨내는 능력을 기를 수 있기 때문이다.

히브리서 기자는 점점 약해지고 낙담하는 이들에게 인내로 앞에 놓인 경주를 하라고 독려한다. 보스턴 마라톤 코스에 출전한 친구에게서 그 코스에 악명 높은 언덕이 있다고 들었다. 사람들은 그곳을 '심장 파열의 언덕'(heartbreak hill) 혹은 '상심의 언덕'이라고 부른다.

마라톤 선수들이 몇몇 언덕길을 이겨낸 후에 30킬로미터 지점에서 보스턴 마라톤의 가장 길고 가파른 언덕을 만난다. 높은 언덕 중에 가장 최악의 지점으로, 전체 4분의 3지점이다. 이때 주자들은 힘찬 마무리를 위해 심호흡을 하며 최대한 힘을 모은다.

주자들은 장거리 경주에서 벽에 부딪혔다는 이야기를 한다. 근육에 저장된 글리코겐이 분해되어 젖산이 쌓인다. 우리는 이런 일이 일어날 때 알아챈다. 더 이상 한 걸음도 내딛지 못할 것만 같다. 혹은 그렇다고 들었다. 아무리 뛰어난 선수라도 30킬로미터 지점에서 벽에 부딪힌다는 것이다. 보스턴 마라톤의 바로 이 지점에서 내리막길이 오르막길로 바뀌고 '심장 파열의 언덕'이 손짓한다.

다른 마라톤 코스에도 이 같은 심장 파열의 언덕이 있다고 한다. 그런데 그런 언덕은 실제 달리기가 아닌 다른 것에도 존재한다. 우리가 오르지 못한 언덕이 우리의 심장을 파열시킨다. 우리는 목표를 세우고 최선을 다하지만 벽에 부딪힌다. 우리의 역경 지수가 드러나는 순간이다. 때로 가장 안 좋은 것은 우리가 오르지 못한 언덕이 아니다. 우리에게 인내력이 없음을 알게 되는 것이다.

고린도후서 4장에서 바울은 이런 순간의 도전과 분투를 말한다. 고린도교회 교인들은 그들 앞에 놓인 경주를 하고 있다. 그러나 길고 가파른 언덕이 연이어 나타난다. 바울은 이들이 가진 힘이 이들에게서 온 것이 아니라고 설명한다. 하나님에게서 온 것이다. 이들이 인내하는 것은 그분의 힘으로 달리기 때문이다.

우리가 사방으로 욱여쌈을 당하여도 싸이지 아니하며 답답한 일을 당하여도 낙심하지 아니하며 박해를 받아도 버린 바 되지 아니하며 거꾸러뜨림을 당하여도 망하지 아니하고 고후 4:8,9

〈리빙 바이블〉은 9절을 이렇게 풀어 옮긴다.

"우리는 일격을 당하고 주저앉지만 다시 일어나 계속 나아간다."

바울은 고린도교회 교인들에게 이렇게 말하고 있다. "우리가 이런 사람들입니다. 우리는 일격을 당할 때 다시 일어서는 사람들입니다." 인내로 경주하려면 쉼표만 있어야 하는 곳에 마침표를 찍는 일을 절대 하지 않는 반항심이 있어야 한다.

"대저 의인은 일곱 번 넘어질지라도 다시 일어나려니와 악인은 재앙으로 말미암아 엎드러지느니라"(잠 24:16).

무엇이 바울을 계속 나아가게 했는가? 왜 바울은 일격을 당할 때마다 다시 일어섰는가? 바울은 고린도후서 5장에서 무엇 때문에 자신 앞에 놓인 경주를 계속했는지 설명한다. "그리스도의 사랑이 우리를 강권하시는도다"(고후 5:14). '강권하다'(compel)는 매우 강한 단어로, 강력한 통제력을 의미한다. 강권하다를 "멈출 수 없고, 멈추지도 않겠다"라고 정의할 수도 있다. 계속 나아가려면 힘이 있어야 하는데, 그리스도의 사랑에 그 힘이 있다. 그 사랑이 우리를 강권한다.

이 구절을 나 자신의 삶과 연결해서 생각해보았다. 목사로서 피곤하고 지칠 때 무엇이 계속 나아가도록 나를 강권하는가? 정직하게 말하면, 때로 죄책감이 나를 강권한다. 나는 나의 행동과 말과 생각을 안다. 나의 온갖 실수와 죄를 안다. 때로 죄책감과 수치심이 나를 강권한다. 그러나 그 죄책감이 결국 나를 넘어뜨린다는 것을 안다. 죄책감은 절대로 나를 일으켜 세우지 않는다.

때로 두려움이 나를 강권한다. 나는 잘못된 동기로 옳은 일을 한다. 다른 사람들의 생각이나 실패에 대한 두려움이 나를 강권한다. 두려움이 나를 추적한다. 그래서 나는 달리기 시작한다. 그러나 나를 추적하는 것에 지친 나머지 내가 어디로 가는지 주목하지 못한다.

바울은 그리스도의 사랑이 우리를 강권한다고 말한다. 그리스도를 향한 우리의 사랑이 아니라는 데 주목하라. 그리스도의 사랑이 우리를 강권한다. 나를 향한 그리스도의 사랑이 나를 강력하게 통제한다. 그래서 나는 멈출 수 없고, 설령 그럴 수 있더라도 멈추지 않을 것이다.

히브리서 11장 1절이 믿음을 어떻게 정의했는지 기억하는가? 자신이 바라는 것과 보이지 않는 것을 확신하는 것이다. 당신의 과제는 눈앞에 심장 파열의 언덕만 보일 때에도 믿음을 지키는 것이다.

내리막이나 단거리는 누구나 달릴 수 있다. 등 뒤에서 바람이 분다. 그러나 오르막길이 나타나고 햇볕이 따갑게 내리쬐며 지치고 힘이 빠질 때는 어떻게 되는가? 삶에서 우리가 그 사랑을 정확히 이해하지 못할 때, 그 사랑을 개인적으로 경험할 때 그리스도의 사랑이 우리를 강권한다. 그리스도의 사랑이 우리를 그만두지 못하게 한다.

축하의 순간

바울은 자신이 선한 싸움을 싸웠고 달려갈 길을 마쳤다고 말한다. 어려운 싸움이었다. 그러나 디모데에게 면류관이 그를 기다린다고 말한다. 바울은 이것을 '의의 면류관'이라고 부른다. 예수님이 완주한 모든 주자에게 면류관을 씌워주시듯이 그의 머리에도 면류관을 씌워주실 것이다.

바울은 마지막 직선 코스를 달리고 있다. 그가 축하하는 것은 자신의 싸움이 실제이지만 일시적이고 이제 다 끝났기 때문이다. 실제 축하는 대개 분투 이후에 이어진다. 축하의 크기는 도전의 크기에 상응한다. 산 정상에 올랐을 때 기쁜 것은 등정이 길고 힘들었기 때문이기도 하다.

당신의 삶에서 축하의 순간을 떠올려보라. 대부분 인내 뒤에, 전력을 다한 후에 오지 않는가? 당신은 그만두고 싶었으나 그러지 않았다. 당신이 축하할 수 있는 것은 계속 나아갔기 때문이다. 학습 장애가 있지만 A학점을 받는다. 공정한 대우를 못 받았지만 승진한다. 난임으로 고생하다가 소원을 이루었다. 거의 그만둘 뻔했는데

30주년을 축하하고 있다. 중독과 싸웠는데 10년째 술을 입에도 대지 않는다. 화학 치료와 방사선 치료가 너무 힘들었는데 마침내 차도가 있다는 말을 듣는다.

우리는 그렇게 축하의 순간을 맞는다. 그러나 궁극적인 축하는 천국에 이를 때 이뤄진다. 우리의 소망은 천국에 있다. 고린도후서에서 바울은 우리가 왜 낙담하지 말아야 하는지 일깨운다. 그는 우리의 '겉'(몸)은 낡아진다고 말한다. 그러나 '속'(영)에서는 이 과정이 거꾸로 진행된다. 우리는 그리스도를 점점 닮아간다. 우리는 날로 새로워진다(고후 4:16). 겉은 쇠하지만 속은 번성한다.

바울은 일상의 어려움이 우리를 단단하게 하고 성장시키며 예수님이 당한 고난이 무엇인지 알게 하기 때문이라고 말한다. 그는 영원한 영광이 세상의 고난을 능가한다고 말한다.

"우리가 주목하는 것은 보이는 것이 아니요 보이지 않는 것이니 보이는 것은 잠깐이요 보이지 않는 것은 영원함이라"(고후 4:18).

믿음은 보이지 않는 것을 확신하는 것이고, 보이지 않는 것은 영원한 것이다. 당신의 눈에 심장 파열의 언덕밖에 보이지 않을 수도 있다. 이것이 결승선을 막을 것 같다. 그러나 이것은 일시적이며, 언덕 저편에 더 큰 상이 기다린다.

바울은 천국에서 우리를 기다리는 것을 묘사할 때, 17절에서 현재의 환난이 "가볍고 순간적"(light and momentary, NIV 역자 사역, 한글 개역개정 성경은 '경한 것'으로 옮겼다)이라고 말한다.

바울은 감옥에 갇혔고 건강이 갈수록 나빠지고 이제 시력마저 잃고 있는 것이 분명하다. 그는 자신의 바람과 달리 스페인(당시 서바

나)이나 새로운 선교지에 갈 수 없었다. 몇몇 친구는 그를 잊었다. 그가 세운 몇몇 교회는 쉬지 않고 싸우는 것 같다. 그는 세상 기준으로 보면 외로움과 좌절 가운데 살았다. 그의 미래는 곧 그의 이름이 불리고 집행자가 그의 목을 치는 것이다.

그런데 그는 축하한다. 그의 말이 축하로 가득하다.

왜 그런가? 그는 아주 놀라운 광경이 자신을 기다리고 있고, 누구도 헤아릴 수 없다는 것을 알기 때문이다. 그에 비하면 이 모든 환난은 가볍고 일시적일 뿐이다. 작은 일에 땀 빼지 말라. 바울이 마지막에 이런 말을 남겼다.

"주께서 나를 모든 악한 일에서 건져내시고 또 그의 천국에 들어가도록 구원하시리니 그에게 영광이 세세무궁토록 있을지어다"(딤후 4:18).

그리스도인들은 잘 죽는다. 바울은 찬양하며 떠났고, 그의 천국 소망은 그가 맛볼 수 있을 만큼 가까웠다.

천국이 인간의 영혼에 산소라는 말이 있다. 달리느라 피곤하고 숨이 찰 때 천국을 바라보고 새 힘을 얻어라. 심장 파열의 언덕 너머에 당신의 천국 본향이 있다. 계속 달려라. 포기하지 말라.

눈을 고정시켜라

다른 사람들은 이때 잔혹한 처형을 보았을 것이다. 불의를 보았을 것이다. 비극적인 결말을 보았을 것이다. 죽음의 고통을 보았을 것이다. 그러나 바울은 송별 파티를 보았다. 바울은 더 먼 해변을 향해, 자신의 소중한 꿈을 뛰어넘는 엄청난 일이 성취되는 곳을 향해 출항하는 배를 탄 자신을 보았다. 그는 실제로 디모데에 이렇게 말했다. "나의 떠날 시각이 가까웠도다"(딤후 4:6). "떠나다"로 번역된 단어는 문자적으로 "출항하다"라는 뜻이다. 죽음은 두려움도 끝도 아니었다. 바울은 대관식을 기대했다.

그리스나 로마에서 승리한 선수는 월계관을 썼다. 그러나 바울은 시들거나 빛이 바래지 않는 면류관을 고대한다. 바울이 면류관을 말할 때 사용하는 단어는 예수님이 십자가에서 쓰신 가시관을 묘사하는 단어와 같다. 예수님이 가시관을 쓰실 때, 그분의 마지막 말씀은 '테텔레스타이'였다. "끝났다!"(한글 개역개정 성경은 "다 이루었다!"(요 19:30)로 옮겼다).

그러나 "끝났다"(It is finished)라는 번역은 그분이 의미하신 바를 온전히 전달하지 못한다. 실제로 이것을 패배의 외침으로 읽으면 의미를 놓치게 된다. 예수님 당시 이것은 전투에서 믿을 수 없는 승리를 거둔 후 병사가 거리를 다니며 외치는 말이었다. 메시지는 이런 것이었다. "끝났습니다. 우리가 이겼습니다. 잔치를 시작합시다!" 예수님은 궁극적인 심장 파열의 언덕 꼭대기에 선 십자가에서 이렇게 말씀하셨다. 그분은 모든 심장 파열의 언덕 너머에 영원한 소망의 지점이 있음을 아셨다.

히브리서 12장을 마지막으로 한 번만 더 들여다보자. 우리에게 주시는 말씀이다.

"믿음의 주요 또 온전하게 하시는 이인 예수를 바라보자 그는 그 앞에 있는 기쁨을 위하여 십자가를 참으사 부끄러움을 개의치 아니하시더니 하나님 보좌 우편에 앉으셨느니라"(히 12:2).

예수님은 자신 앞에 있는 기쁨을 위해 십자가를 참으셨다. 의문이 생긴다. 그 기쁨이 무엇이었는가?

그 기쁨이 그분을 믿을 수 없을 만큼 강권했던 게 틀림없다. 그분이 참으신 것을 생각해보라. 신체적, 정서적, 관계적, 영적 고통이다. 주님은 우리의 모든 죄와 죄책을 자신에게 지우셨다. 그분은 자신 앞에 있는 기쁨을 위해 이 모두를 참으셨다.

이것이 무엇이었는가? 그분이 세상에 올 만한 가치가 있는 무엇으로 보인다. 그분이 세상에 오셔서 십자가에 달리셨기 때문이다. 예수님은 어떤 기쁨을 위해 세상에 오셨는가? 도대체 어떤 기쁨이었기에 그분이 그 모든 아픔을 당할 가치가 있었는가?

나는 그것이 당신과 나였다고 믿는다. 우리가 그분 앞에 있는 기쁨이었다. 우리가 천국에서 함께할, 그분과 함께할 다른 길은 없었다. 그래서 그분이 십자가를 참으셨다. 당신과 나를 위해.

이 사랑이 나를 강권한다. 이 사랑이 당신을 강권하는가?

내게 아무도 남지 않았다고 생각될 때, 이 사랑이 내게 힘을 준다. 세상이 나를 진흙탕에 처박는 것처럼 보일 때 이 사랑이 나를 계속 나아가게 한다. 이 사랑이 나를 일으켜 세우고 다시 경주 코스로 밀어 넣는다. 이 사랑이 내 힘을 새롭게 하고, 내가 독수리처럼 날갯짓하며 솟구치고 달려도 곤비하지 않으며, 걸어도 피곤하지 않게 한다.

그래서 나는 다시 경주를 이어간다. 세상은 최악의 일을 하도록 내버려두라. 예수님의 사랑이 가볍고 일시적인 환난보다 가치가 있다.

포기하지 말라.

276

후_주

프롤로그

1. *New Oxford American Dictionary*, third ed. (2010), s. v. "encourage
-ment."

1장

1. Chris Tomlin, "How Great Is Our God," *Arriving* (sixsteps/Sparrow,
2004). 〈위대하신 주〉.
2. Larry Laudan, *The Book of Risks* (New York : Wiley, 1994).

2장

1. Hector Tobar, *Deep Down Dark* (New York : Farrar, Straus and
Giroux, 2014).
2. Søren Kierkegaard, *This Sickness Unto Death* (New York : Penguin,
1989). 《죽음에 이르는 병》(범우사).
3. Gerald Sittser, *A Grace Disguised* (Grand Rapids : Zondervan, 2004),
33. 《하나님 앞에서 울다》(좋은 씨앗).

3장

1. James K. Glassman, "Whine, the Beloved Country!" *The American
Enterprise*, June 2004, 48.
2. Malcolm Gladwell, *David and Goliath : Underdogs, Misfits, and the
Art of Battling Giants* (New York : Little, Brown and Co., 2013). 《다윗
과 골리앗》(21세기북스).

2부

1. Alex Hutchinson, "How Much Does an Extra Pound Slow You Down?" *Runner's World*, June 7, 2017, https://www.runnersworld.com/nutrition-weight-loss/a20856066/how-much-does-an-extra-pound-slow-you-down/.

4장

1. Robert Leahy, *Anxiety Free : Unravel Your Fears before They Unravel You* (New York : Hay House, 2009), 4.

2. Leahy, *Anxiety Free*, 3, 4.

3. Søren Kierkegaard, *The Concept of Anxiety : A Simple Psycho-logically Orienting Deliberation on the Dogmatic Issue of Hereditary Sin*, ed. and trans. by Reidar Thomte (Princeton: Princeton University Press, 1980), 61. 《불안의 개념》(한길사).

4. Edward Hallowell, *Worry : Controlling It and Using It Wisely* (New York : Pantheon, 1997), 215.

5. Fred R. Shapiro, "Who Wrote the Serenity Prayer?" *The Chronicle Review* (April 28, 2014).

6. Scott Stossel, "Surviving Anxiety," *The Atlantic* (January/February 2014), https://www.theatlantic.com/magazine/archive/2014/01/surviving_anxiety/355741/ .

7. Joseph Califano, *High Society: How Substance Abuse Ravages America and What to Do about It* (New York: PublicAffairs, 2007), 1-2.

8. Kyle Idleman, *Grace Is Greater* (Grand Rapids: Baker, 2017), 99. 《은혜가 더 크다》(규장).

5장

1. "The Shawshank Redemption (2004) Quotes," IMDb.com(2018년 9월 21일 접속), https://www.imdb.com/title/tt0111161/quotes.

7장

1. Philip Yancey, *Finding God in Unexpected Places* (Colorado Springs: Waterbrook, 2008), 179. 《어! 하나님 웬일이세요》(두란노).

9장

1. Kaitlyn Tiffany, "Netflix Accuses Its Users of Watching 500 Million Hours of Adam Sandler Films," *The Verge*, April 17, 2017, https://www.theverge.com/2017/4/17/15331674/netflix-adam-sandler-movies-half-a-billion-hours. 넷플릭스 이용자들은 변호사를 통해 이를 강하게 부인했다.

10장

1. Lewis Smedes, *Standing on the Promises* (Nashville: Thomas Nelson, 1998), 58.
2. Greg Miller, "Marathon Man Inspired by Wife's Suffering," *Preaching Today* (2018년 9월 21일 접속) https://www.preachingtoday.com/illustrations/2004/july/15441.html.

에필로그

1. 다음을 보라. Terry Fisher, "Persevering to the Finish Line"(2018년 9월 24일 접속), *Preaching Today*, https://www.preachingtoday.com/illustrations/1998/april/2946.html.
2. Paul Stoltz, *Adversity Quotient: Turning Obstacles into Opportunities* (New York: Wiley & Sons, 1999), 6. 《위기대처능력 AQ》(세종서적).

DON'T GIVE UP
포기하지 마

초판 1쇄 발행　2019년 3월 22일

지은이　카일 아이들먼
옮긴이　전의우

펴낸이　여진구
책임편집　안수경
편집　김아진, 권현아, 이영주, 김윤향, 최현수
책임디자인　마영애 | 노지현, 조아라
기획·홍보　김영하　　　　　　　　　해외저작권　기은혜
마케팅　김상순, 강성민, 허병용　　　마케팅지원　최영배, 정나영
제작　조영석, 정도봉　　　　　　　경영지원　김혜경, 김경희

이슬비전도학교　최정식　　　　　　303비전성경암송학교　박정숙
303비전장학회 & 303비전꿈나무장학회　어운학

펴낸곳　규장

주소　06770 서울시 서초구 매헌로 16길 20(양재2동) 규장선교센터
전화　02)578-0003　　팩스　02)578-7332
이메일　kyujang0691@gmail.com　　홈페이지　www.kyujang.com
페이스북　facebook.com/kyujangbook　인스타그램　instagram.com/kyujang_com
카카오스토리　story.kakao.com/kyujangbook
등록일　1978.8.14. 제1-22

ⓒ 한국어 판권은 규장에 있습니다.
이 출판물은 저작권법에 의해 보호를 받는 저작물이므로 무단 전재와 무단 복제를 할 수 없습니다.

책값　뒤표지에 있습니다.
ISBN　978-89-6097-574-3　03230

규 | 장 | 수 | 칙

1. 기도로 기획하고 기도로 제작한다.
2. 오직 그리스도의 성품을 사모하는 독자가 원하고 필요로 하는 책만을 출판한다.
3. 한 활자 한 문장에 온 정성을 쏟는다.
4. 성실과 정확을 생명으로 삼고 일한다.
5. 긍정적이며 적극적인 신앙과 신행일치에의 안내자의 사명을 다한다.
6. 충고와 조언을 항상 감사로 경청한다.
7. 지상목표는 문서선교에 있다.

하나님을 사랑하는 자 곧 그의 뜻대로 부르심을 입은 자들에게는 모든 것이 合力하여 善을 이루느니라(롬 8:28)

규장은 문서를 통해 복음전파와 신앙교육에 주력하는 국제적 출판사들의
협의체인 복음주의출판협회(E.C.P.A:Evangelical Christian Publishers
Association)의 출판정신에 동참하는 회원(Associate Member)입니다.